长江经济带农业绿色效率
提升路径研究

陆 杉 ◎著

中国财经出版传媒集团

经济科学出版社
Economic Science Press

·北京·

图书在版编目（CIP）数据

长江经济带农业绿色效率提升路径研究/陆杉著
. −−北京：经济科学出版社，2024.5
ISBN 978 − 7 − 5218 − 5913 − 3

Ⅰ.①长⋯　Ⅱ.①陆⋯　Ⅲ.①长江经济带 − 地方农业
经济 − 农业经济发展 − 研究　Ⅳ.①F327.5

中国国家版本馆 CIP 数据核字（2024）第 101892 号

责任编辑：李　雪
责任校对：蒋子明
责任印制：邱　天

长江经济带农业绿色效率提升路径研究
陆　杉　著
经济科学出版社出版、发行　新华书店经销
社址：北京市海淀区阜成路甲 28 号　邮编：100142
总编部电话：010 − 88191217　发行部电话：010 − 88191522
网址：www. esp. com. cn
电子邮箱：esp@ esp. com. cn
天猫网店：经济科学出版社旗舰店
网址：http：//jjkxcbs. tmall. com
固安华明印业有限公司印装
710 × 1000　16 开　20.25 印张　250000 字
2024 年 5 月第 1 版　2024 年 5 月第 1 次印刷
ISBN 978 − 7 − 5218 − 5913 − 3　定价：99.00 元
审图号：GS 京（2024）1351 号

目　　录

第1章

绪　　论

1.1　研究背景及意义

1.1.1　研究背景

改革开放以来，依靠石油农业的传统粗放型农业生产方式既刺激了农业经济的增长，又带来了水资源危机、土地荒漠化、农产品农残超标等一系列危害，严重制约了农业农村的可持续发展。相关研究表明，截至 2011 年，我国农业生产碳排放量以年均 5% 的速度持续增长。[1] 根据 2020 年的《第二次全国污染源普查公报》，我国农业污染已经超过了工业和生活污染，成为面源污染的第一大来源。因此，促进农业农村的绿色发展已然成为全社会亟待解决的重要问题。在这一背景下，2023 年 2 月发布的《中共中央　国务院关于做好 2023 年全面推进乡村振兴重点工作的意见》再次强调要推动农业农村绿色发展，深入推进农业投入品减量化，推动农业农村高质量发展。

长江经济带涉及九省二市，是中央重点实施的"三大战略"发展区域之一，生态地位突出。由 2010 年发布的《全国主体功能区规划》可知，作为国家级农产品主产区之一的长江流域，区域内的太湖平原、江淮地区、鄱阳湖平原、洞庭湖平原、江汉平原及成都平原均为我国重要粮食主产区，在农业发展战略格局中占据着重要地位。但近年来，生产经营方式不合理、资源开发强度大等问题，造成了大气污染、面源污染、农产品农残超标等一系列危害，这种以环境资源为代价换取农业经济增长的粗放式发展使生态环境问题日益显现，给流域内农业发展带来了巨大冲击。李裕瑞等（2015）在研究长江经济带农业发展的现状特征时发现，农户在农业生产过程中倾向于通过不断持续增加化肥和农药的施用量来实现农业经济的稳产和高产。[2]尚二萍等（2018）研究耕地贵金属超标问题时发现四川盆地、长江中游及江淮地区的点位超标率分别为 43.55%、30.64%，均远超过全国平均水平 21.49%，给流域内农业高质量发展带来了巨大冲击。[3]与此同时，长江经济带覆盖范围广，地区之间的要素禀赋、经济发展水平、社会文化、政治环境差异显著，地区之间存在各自为政、互不衔接的问题，不利于资源的共建共享，极大制约了区域内要素自由流动以及农业协同发展。[4-6]因此，2020 年 11 月 14 日，习近平总书记在全面推动长江经济带发展座谈会上强调要推动长江经济带上中下游协同联动发展，在严格保护生态环境的前提下，全面提高资源利用效率，加快推动绿色低碳发展。2021 年发布的《"十四五"全国农业绿色发展规划》也指出要系统推进长江流域农业农村的生态环境保护，减少农业污染物排放。

因此，在环境约束背景下，科学评价长江经济带农业绿色效率，并深入探究农业绿色效率的时空演变特征和空间收敛性，识别各影响因素对农业绿色效率的空间异质性影响，可以为科学制定长江经济带农业绿色发展政策、实现农业可持续发展和协同发展提供一定参考依据，具有重要意义。

1.1.2　研究意义

（1）理论价值。

一是丰富并补充农业绿色效率的相关理论。本书从理论上构建农业绿色效率的评价指标体系、时空演变以及影响因素分析框架，能够补充和完善有关农业绿色效率的理论体系。二是开拓农业绿色效率的研究视角及研究领域。本书从空间经济学视角对农业绿色效率区域发展差异、空间相关性、空间分布格局及收敛性进行验证分析，并利用局部参数估计方法—GWR（geographical weighted regression）模型、Dagum 基尼系数、核密度估计方法考察长江经济带农业绿色的空间差异，以及各因素对农业绿色效率的空间异质性影响，并构建动态空间条件 β 收敛模型，从时空双维度检验其收敛特性，可为今后的研究提供经验参考。

（2）应用价值。

一是揭示农业绿色效率地区发展差异和动态演变规律，能够帮助了解长江经济带农业绿色效率发展现状，为转变传统农业生产方式、协调地区农业资源、缩小农业绿色发展差距、推动地区协同发展等提供依据，具有重要的现实意义。二是进行基于地市空间层面的影响因素时空异质性影响研究，这有助于全面了解促进和抑制不同地区农业绿色效率增长的具体因素，可以为深入开展地区绿色农业提供针对性实践指导，同时也为政府有关部门科学制定政策与规则，相关行业机构、农业组织及农户正确实施农业绿色管理提供决策依据和参考。

1.2 研究内容与研究方法

1.2.1 研究内容

本书从农业绿色发展视角出发，采用超效率 MINDS 模型和超效率 SBM 模型测算长江经济带农业绿色效率，探究增长趋势及效率损失的主要原因，分析乡村劳动力输出和农村金融、农地规模经营与农业绿色效率之间的内在关联，考察长江经济带农业绿色效率在区域差异、空间相关性、空间分布格局以及收敛性上的演变特征，并运用GWR 模型分析各因素对长江经济带农业绿色效率的空间异质性影响，通过构建 Rubinstein 讨价还价模型、演化博弈模型和中介模型、门槛模型探究政府所给予农户的财政补贴对农户生产行为的影响，旨在把握其动态演变规律，以期促进长江经济带农业绿色的协同发展。具体内容如下：

第 1 章为绪论。介绍本书的选题背景和研究意义，并对本书的研究内容和研究方法进行简单的阐述。

第 2 章为文献综述、概念界定和理论基础。分农业传统生产效率、农业绿色效率、长江经济带绿色农业研究三大部分对现有文献进行梳理，总结现有研究的结果与不足；界定农业生产效率、农业绿色效率概念，避免出现概念混淆；阐明本书理论基础，为后文农业绿色效率的测算、时空演变及影响因素分析提供理论支撑。

第 3 章为长江经济带农业发展概况。对长江经济带的研究区域进行界定和划分，并详细介绍长江经济带经济社会发展情况、农业经济发展现状和农业绿色发展状况，以全面了解长江经济带农业发展现状。

第 4 章为长江经济带农业绿色效率测度评价。对长江经济带地区进行界定并划分为上中下游，介绍区域内农业生产条件和农业经济发展现状；依据现有研究以及可获得的数据，构建长江经济带农业绿色效率的投入产出指标体系，并运用超效率 MINDS 模型和超效率 SBM 模型测算 2001 ~ 2019 年长江经济带 126 个地级市的农业绿色效率，分析其增长趋势并探究导致效率损失的主要原因。

第 5 章为长江经济带农业绿色效率的影响因素分析。分析了乡村劳动力输出对农业绿色效率的直接与间接影响，以及农村金融、农地规模经营和农业绿色效率的内在关联，并运用中介效应模型和门槛效应模型分析乡村劳动力输出和农村金融对农业绿色效率的影响机制。

第 6 章为长江经济带农业绿色效率时空演变分析。首先，应用 Dagum 基尼系数对长江经济带农业绿色效率的区域差异进行分析，揭示区域差异的主要来源；其次，将研究期依据"五年"规划划分为"十五""十一五""十二五"及"十三五"四个时期，运用 ESDA 分析方法从横纵向角度探究长江经济带农业绿色效率在整体上的空间相关性以及局部空间上的集聚效应；再次，利用标准差椭圆分析方法对长江经济带农业绿色效率总体空间格局演变及分区域空间格局进行分析，揭示其在空间上的演变规律；最后，构建 σ 收敛和考虑空间效应的绝对收敛探讨长江经济带农业绿色效率的敛散性。

第7章为长江经济带农业绿色效率时空演变的影响因子分析。基于已有研究及数据可获得性，选取工业化水平、城镇化水平、财政支出、农地经营规模以及农业机械化水平作为影响农业绿色效率时空演变的重要因素，利用GWR模型分析这五个因素在"十五""十一五""十二五"及"十三五"时期对长江经济带农业绿色效率的空间异质性影响及动态演变规律，识别各因素对不同地区农业绿色效率的具体影响。

第8章为政府在农业绿色效率提升中的作用机理分析。该章节在前一章的影响因素分析基础上，通过构建Rubinstein讨价还价模型和演化博弈模型探究政府所给予农户的财政补贴对农户生产行为的影响以及其在农业绿色发展中的作用机制。

第9章为国内外经验。通过梳理国内外农业发展经验和总结主要结论，在充分考虑地区经济发展水平、农业生产特点的基础上，为提升长江经济带农业绿色效率提供经验启示。

第10章为政策建议和研究展望。基于1~9章的研究结果，在充分考虑地区经济发展水平、农业生产特点的基础上，提出针对长江经济带地区农业绿色发展的相关建议，并基于本书研究的不足提出对未来研究的展望。

1.2.2 研究方法

（1）文献分析法。本书主要围绕长江经济带农业绿色效率测算、时空演变以及影响因素展开研究。基于国内外农业绿色效率相关文献，界定本书的核心概念，同时确定并回顾有关理论基础；基于已有研究，结合长江经济带农业绿色生产特性和数据可得性构建长江经济带农业绿色效率的投入产出指标体系；总结和归纳影响农业绿色效率的主要因素并分析其具体的影响机理。

（2）比较分析法。本书综合运用横纵向比较分析方法对长江经济带农业绿色效率的时空分异及影响因素进行探究，以揭示农业绿色效率在时间维度和空间维度的演变特征。一方面，在时间维度上，将研究期划分为"十五""十一五""十二五"及"十三五"四个时期，探究长江经济带农业绿色效率时空演变特征并进行各因素对农业绿色效率空间异质性影响的动态演化分析；另一方面，在空间维度上对长江经济带农业绿色效率的冷热点、空间分布格局、影响因素的空间异质性进行分析。

（3）实证分析法。梳理本书所涉及的相关理论，在对农业绿色效率空间差异特征、收敛特性以及影响因素定性把握的基础上，选取合适的效率测度模型，利用中介效应模型和门槛效应模型，对乡村劳动力输出和农村金融、农地规模经营对长江经济带农业绿色效率的影响机制进行检验。

（4）空间分析法。通过探索性空间数据分析方法（ESDA）检验长江经济带农业绿色效率的空间相关性和集聚性；运用标准差椭圆方法揭示农业绿色效率空间分布格局演变特征；基于空间计量模型进行农业绿色效率的绝对 β 收敛检验；采用 GWR 模型探究各因素对农业绿色效率的空间异质性影响。此外，将 GIS 技术与标准差椭圆、GWR等多种地理空间分析方法相结合，通过绘制冷热点分布图、标准差椭圆、影响因素回归系数空间分布图等将数据可视化，对长江经济带农业绿色效率的时空差异及演变特征进行分析。

（5）博弈论分析法。博弈论主要用于研究不同行为主体在采取决策时的不同策略选择及其策略支付，探究博弈主体在交互过程中根据对手的可能行为做出的反应及反应的均衡结果。本书在第 8 章将利用博弈论分析方法，通过构建 Rubinstein 讨价还价模型和演化博弈模型，探究政府所给予农户的财政补贴对农户生产行为的影响以及其在农业绿色发展中的作用机制。

第 2 章

文献综述、概念界定和理论基础

2.1 国内外研究现状及发展动态

农业发展如何突破自身的弱质性，走上高质量发展道路，是我国探索农业现代化道路过程中要解决的关键问题之一。农业的绿色发展正成为国内外关注的科学问题，也是农业地理学、经济地理学、生态学等多学科交叉前沿问题（Todorovic M. et al.，2016）[7]。对农业效率的研究大致分为两个阶段：第一，农业传统生产效率研究阶段。该阶段研究主要考虑农业生产技术，以劳动力、资本作为投入，以农业产值或粮食产量作为产出，一定程度上考虑到政府行为。第二，农业绿色效率研究阶段。农业绿色效率考虑的是经济、环境和社会效益相结合的综合效益。但目前，该阶段的研究还不是很完善，大多数研究都考虑了农业环境效益，很少结合农业经济和社会效益进行综合研究。

2.1.1 农业传统生产效率研究

19世纪80年代起，国外开始对农业传统生产效率进行研究。鲍尔（Ball，2001）等通过测算1973～1993年美国和九个欧洲国家的农业生产效率得出这些国家的农业生产率水平与资本、土地、劳动力以及中间投入水平密切相关。[8]还有一些学者对不同国家或地区的农业生产效率展开比较和关联分析，发现贫穷国家整体的生产效率低下是造成农业效率低下的主要因素，比如全球167个国家形成的各大洲对比分析（Bravo-Ureta et al.，2007）[9]、印度和美国具体州市的对比分析（Dubey et al.，2009）[10]等。

国内这方面研究相对起步较晚，主要从城市化水平、劳动力结构以及政府等方面出发，对农业生产效率及其影响等方面进行研究（杨刚等，2013；彭代彦等，2016）[11-12]。在农业传统生产效率研究阶段，国内外多数研究更多注重农业生产所带来的经济效益，较少考虑环境因素如农业碳排放、面源污染等非期望产出所带来的负面影响。

长期以来，业界学者对农业效率的研究主要集中在农业生产效率、农业技术效率和全要素生产率、农业机械使用效率与农业土地产出效率上。随着人口数量的激增，对于粮食种类和数量的需求也在不断增加，提高农业生产效率早已成为经久不衰的重要议题。章德宾（2018）基于规模效率视角对蔬菜种植业的生产效率进行了研究，发现大规模农户比小规模农户更有效率，即生产过程中存在规模效益递增规律。[13]叶文忠等（2018）通过对特定区域内农业生产效率影响因素的实证分析发现，先天的资源条件和后天的相关产业发展程度都能提升生产的效率。[14]乔志霞等（2017）将个体维度和家庭维度进行综合考量，发现个体维度的农户自有生产要素对土地净生产率促进作用最为显著。[15]苏昕等（2017）以城镇化情境中劳动力的转移为研究视角，认为农村劳动力转移对农业生产效率的制约作用越来越显著。[16]傅东平等（2017）对广西全区的农业生产效率进行动态测算后，发现气候变化对生产效率有明显的负面影响。[17]除此之外，还有不少学者对农业生产的效率影响因素进行了研究，提出要素配置情况、农业科技服务、农业科技进步贡献率、农业专业镇发展水平、农地流转、农机具购置补贴、农均可支配收入、财政支农支出等因素都能在一定程度上对农业的生产效率产生影响（Pierluigi et al.，2017；E. Nikolaeva，2018；Sayema et al.，2018；林文声等，2018；刘魏等，2018）。[18-22]张莉侠等（2016）使用 SBM 超效率模型对部分地区运用至农业生产中的科技创新效率进行了测算，并对其主要影响因素进行分析，发现技术的引进和吸收程度、部门的创新能力和发展水平会显著影响创新效率。[23]吉小燕等（2016）提出农业生产过程中管理的无效率会直接导致农业技术效率的低下。[24]卢华等（2016）通过对特定区域的微观数据研究后发现，产权清晰能有效提高农业技术效率。[25]不仅如此，吴晨（2016）通过对不同经营主体的实证分析发现，农业生产的专业大户和龙头企业能够凭借其独有的人才和资本优势，保持较高的技术效率。[26]此外，还有不少学者对农业技术效率影响因素进行了研究与分析，他们认为人力资本存量、社会信息化水平、生产规模等因素同样会对农业技术效率产生一定的影响（Monica et al.，2018；吕洪渠等，2017；袁航等，2018）。[27-29]

而对于效率的测算方面，大多数学者运用了 DEA 方法或改进的 DEA 方法，选取适当的投入产出指标对其进行了测算（Elena et al.，2015）[30]。徐辉等（2018）对生产效率进行测算时发现，管理因素和环境因素对生产效率有明显的影响作用。[31] 开燕华等（2018）基于PCA - DEA 方法对江浙沪地区的农业效率动态波动情况进行了测算，从而得出该区域农业效率的时空演变规律。[32] 曲昊月等（2018）则选取了 DEA - Malmquist 指数法对 35 个国家农业效率的动态演变进行了测算，从而寻找不同类型经济体之间的效率差异与规律。[33] 潘彪等（2018）使用了 DEA - Tobit 两阶段法测算了 15 年内各省的农用机械使用效率，认为购机补贴能促进农机使用效率的提高。[34] 郑德凤等（2018）采用考虑非期望产出的 SBM 模型结合探索性空间数据分析方法对所选区域进行了效率测度和空间分布分析。[35] 王耀中等（2016）运用非导向的 VRS SBM 超效率模型检验了变量之间的内生关系。[36] 日隆等（Rilong et al.，2016）在农业技术异质性的基础上，使用跨边界DEA 方法对农业部门的能源效率进行测度，发现加大技术创新力度和提高管理效率能够显著促进能源使用效率的改进。[37]

农业生态效率关系国家整体产业环境效益，我国农业活动产生的温室气体排放总量极大，我国是全球第二大主要排放源国家，农业生产活动排放的二氧化碳等温室气体已经占欧盟全部成员国排放总量的十分之一以上（Agita et al.，2014；Roberto et al.，2016）。[38-39] 为应对和解决新的农业环境挑战，近些年对农业生态效率的研究已不鲜见。

有学者从碳减排入手，在原有数据包络分析方法上进一步扩展，构建方向输出距离函数方法对国家层面农业系统进行评价（Greta et al.，2013）。[40] 或者利用数据包络分析的非参数方法，通过构建多产出和多投入的农业生产评价模型，以测算技术效率的帕累托 - 库普曼斯效度（Subhash et al.，2014）。[41] 还有依据能源利用率以及温室气体排放量的指标体系评价和比较不同类型的农业系统，以确定较为节能的农业生态系统生产模式（Byomkesh et al., 2019）。[42]有学者通过构建传统、空间的马尔可夫概率转移矩阵，分析我国农业生态效率的时空动态演变特征，探寻我国农业生态效率在波动中逐渐上升的态势（侯孟阳等，2018）。[43]还有利用考虑不良产出的 SBM 模型，与探索性空间数据分析方法结合，对省域的农业生态效率以及不同区域的空间差异进行分析（郑德凤等，2018）。[44]解春艳等（2017）运用 Bootstrap 自举的方法分析了互联网信息技术提高农业生态效率、实现农业发展可持续的可行路径。[45]冉启英等（2017）测算了各省市在环境约束下的农业全要素环境效率。[46]陈红等（2017）测算了环境规制对农业生态全要素效率的作用机制，得出两者存在一定正向关系的结论。[47]董明涛（2016）对原有粗糙集理论方法进行了改进，通过构建生态农业发展效率评价体系，以探索农业生态效率及其影响因素之间的作用关系。[48]当前，农业生产中的水资源的稀缺性和普遍不高的用水效率现象阻碍农业的绿色发展，因此，不少学者开始致力于农业用水效率研究，试图从该方向探寻农业可持续发展的具体优化路径（Sara et al., 2018；Qingling et al., 2019）。[49-50]甚至有学者利用 GML 指数法计算各省技术进步指数及其分解指数以及效率追赶指数，并运用不同的权重矩阵和计量模型估计上述两种要素对水资源利用效率的影响（马剑锋等，2018）。[51]除此之外，有学者研究发现国内农业生产的能源利用效率由东部沿海地区向中西部内陆地区逐渐下降，各地域间的差异颇为明显（周辉等，2016）。[52]

确实，随着农业生产资源的日益减少和农村人口的不断输出，可持续农业发展的紧迫性日渐凸显，农业生态发展已成为当前和未来经济发展的新走向（Zhiyang. et al., 2018；İlkay. et al., 2019）。[53-54]农业生产及其相关农业管理部门应当在鼓励提高经济效率提升的同时实现农业生态环境可持续高效发展（Muditha et al.，2017）。[55]促进农业生态效率的显著提升、保证农产品的有效供给的前提在于农业产业链中的各部门应当综合考量农业生产过程中的生态保护与经济发展这两方面，实现两者协同发展（姜学民等，2015）。[56]有必要从生态农业视域出发，科学客观地度量和提高农业生态环境效率，进一步促进农业生态生产与资源合理利用、环境协调发展的良态循环（张可等，2016）。[57]另外，对农业资源利用效率、农业生态效率、农业绿色效率等方面的效率准确测算，可以客观反映出各阶段的"农业生态化"发展进程，以便及时监督以及调整偏差（王宝义等，2016）。[58]洪开荣等（2016）建立了农业生态效率测算的系统结构，并分别对农业生态系统整体以及子系统效率值进行测度。[59]著名的可持续发展的三重底线也得到了广泛认可，包括经济效益、环境效益、社会效益，是指经济主体通过适当的行为不仅能减少对生态环境和社会福利带来的破坏，还能给自身带来长期的竞争优势和经济利润（Elkington，1997）。[60]近来，诸多学者研究表示政府对农业部门的财政补贴在提高农业收入、增加粮食产量以及增强环保意识等方面发挥了不可替代的作用（Rodrigo et al.，2016；Pedro et al.，2018；Benjamin et al.，2019；Daniel et al.，2019）。[61-64]不仅如此，还有不少学者指出，通过发展循环农业、培养职业农民等途径也能提高农业生态效率（Yu et al.，2018；Long et al.，2019；王子成，2015；姚增福等，2018）。[65-68]

2.1.2　农业绿色效率的内涵与测算研究

农业传统生产效率单纯以农业总产值和农业经济绩效为导向进行评价，并未考虑农业生产过程中产生的环境污染问题，难以充分体现农业的可持续发展能力（冯丹萌等，2021）。[69]随着对生态环境重视程度的提高，人们发现农业生产活动在带来经济效益的同时，也带来了农业碳排放超标、面源污染严重等环境问题，给社会带来了福利损失。基于此，一些学者开始将资源环境要素纳入农业生产效率的分析框架中，农业的绿色化发展逐渐受到广泛关注。

（1）农业绿色效率的内涵与指标体系研究。

农业绿色效率是"绿色效率"理论在农业经济领域的应用与发展，是集经济、社会和环境于一体的农业生产绩效，常用来衡量农业绿色发展的有效性。学术界已有研究中与农业绿色效率相关的关键词包括农业生态效率[70-72]、农业环境效率[73-75]、农业经济环境效率[76]等，虽叫法不一，但本质是一样的，都是将环境因素纳入研究框架，强调以尽可能少的生产投入和尽可能低的环境污染，获得尽可能多的期望产出，进而促进农业生产过程中经济、社会与环境效益的综合发展。

在农业绿色效率的评价指标体系中，现有研究将环境污染纳入研究体系的方法主要有两种：一是把环境污染视为投入要素，如莱因哈特等（Reinhard et al.，1999）采用随机超越对数生产前沿函数，将环境因素作为投入要素测算了荷兰奶牛场的农业环境效率。[77]惠婷等（2021）将代表降水资源、灌溉资源以及作物生产环境影响的淡水、蓝水以及灰水足迹作为投入指标纳入农业生产函数当中，对陕西省的农业绿色效率进行了测算。[78]二是把环境污染视为非期望产出，从投入产出角度构建农业绿色效率的指标体系。在投入指标方面，学者们一般选取化肥、农药、机械动力、劳动力、土地等生产要素。[79-81]产出指标则主要涉及两个方面：首先是期望产出。学术界在农业绿色效率期望产出的选取上基本达成共识，一般为农业总产值或农林牧渔总产值。其次为非期望产出。国外研究选取的非期望产出指标主要是农业碳排放量。[82-83]国内研究倾向于选取农业面源污染为非期望产出或是将农业碳排放和面源污染同时视为非期望产出。[84-85]

（2）农业绿色效率测算方法。

在农业绿色效率的测算方法上，对应农业绿色效率评价指标体系的构建，也大致可分为两类：一是基于参数的随机前沿生产函数（SFA）。SFA 方法是将环境污染变量作为要素投入来测算生产效率，在模型中纳入测量误差、忽视重要变量等统计噪声以及自然气候等随机因素，从而使结果更具科学性和合理性。[86-87]因此，部分学者选择采用 SFA 方法测度农业绿色效率，如匡远配（2021）利用 SFA 模型测算了我国 26 个省市粮食生产绿色效率，发现中国粮食生产生态效率整体上呈波动性上升趋势。[88]但 SFA 方法具有主观性的不足，需要提前设定生产函数的具体形式以及非效率项的分布形式，而这种预先设定所具有的潜在误差会影响最终结果的准确性，故而 SFA 方法不适合多投入多产出的分析（叶璐、王济民，2020）。[89]

二是基于非参数的数据包络分析方法（DEA）。DEA 方法对效率的测算是基于数学规划模型，最终测算得到的效率值是相对效率。该方法无须主观设定参数和函数，对决策单元的评价较为客观公平，能够较准确地计算多投入多产出的效率，因而成为各类效率评价中最为常用的方法。[90]弗里等（Färe et al.，1989）最早在考虑非期望产出的情况下使用环境 DEA 技术分析生产效率。[91]目前，DEA 方法已被广泛应用于农业绿色效率的测算当中。[92-94]DEA 模型又可进一步分为径向、非径向、径向和非径向混合模型。其中，径向 DEA 模型通过同比例降低投入或扩大产出来改进要素的投入产出配置，从而使无效的决策单元达到生产可能集有效前沿面。径向 DEA 模型中以 CCR 模型

（规模报酬不变）和 BCC 模型（规模报酬可变）为主。径向 DEA 模型在国内外早期研究中应用较多，如皮卡佐—塔迪奥等（Picazo - Tadeo et al.，2011）利用 DEA 模型测算发现西班牙坎普斯县 171 农场的农业绿色效率普遍偏低。[95]任红霞（2019）基于 DEA - CCR 和 DEA - BCC 模型测算了 2012 ~ 2016 年兰西城市群的农业绿色效率。[96]非径向 DEA 模型则放松了径向 DEA 的假设，投入和产出要素的变动无须同比例，其中最具代表性的是 SBM 模型。相比于径向 SBM 模型，非径向 SBM 模型改进了前者无松弛改进的缺陷，应用最为广泛。刘等（Liu et al.，2020）、皮什加尔 - 科姆莱等（Pishgar - Komleh et al.，2021）、汪亚琴等（2021）、王圣云等（2021）[97 - 100]均采用 SBM 模型测算了农业绿色效率。径向和非径向混合 DEA 模型是由托尼等人（Tone et al.，2010）[101]提出的集径向 DEA 和非径向 SBM 模型于一体的混合距离函数，综合考虑了径向松弛变量和非径向松弛变量。但该方法在农业绿色效率的应用相对较少。陈菁泉等（2020）将生态环境指标纳入两阶段网络 EBM 模型中测算了我国各省市的农业绿色效率。[102]

2.1.3 农业绿色效率影响因素研究

（1）农业绿色效率的影响因素研究。

由现有研究可知，农业绿色效率会受到多方面的影响，具体来看可将其划分为两方面：一是受到微观主体行为的影响，主要是指农户在生产过程中通过调整生产要素对农业绿色效率产生影响；二是受到宏观经济和外部环境的影响，其中宏观经济方面主要包括农地确权、财政支农、工业化、城镇化、农业产业结构、区域经济发展、农村劳动力转移等。

在微观主体层面，农业生产过程中农村劳动力、农用化肥、薄膜、农药、机械设备等的投入均会对农业绿色效率产生影响。熊鹰等（2019）在研究四川省农业绿色效率的影响因素时发现，农业绿色效率的损失是由于化肥、农膜、农药等的过量投入。[103]刘华军等（2020）发现农机动力、播种面积的过量投入以及农业碳排放强度的超标是农业绿色效率低下的重要原因。[104]总体而言，微观层面上的研究相对丰富，且基本达成了一致，认为农药、化肥等农用化学物质及非期望产出的排放是抑制农业绿色效率增长的主要因素。

在宏观经济及外部环境层面，学者们多采用全局计量分析方法探究各影响因素对农业绿色效率的作用方向和作用程度。谌贻庆等（2016）采用 Tobit 模型研究发现农业生产技术进步能够显著促进农业绿色效率的增长。[105]邦菲留等（Bonfiglio et al.，2017）指出农业年轻劳动力的投入与积极参与农业环境计划有助于提升农业绿色效率。[106]王宝义等（2018）在探究农业绿色效率影响因素时，发现人均农业产值的增长以及农业规模的扩大能够带来农业绿色效率的增长，而农业受灾率、农业机械密度、财政支农的提高则会抑制农业绿色效率的增长。[107]吴梵等（2020）基于空间杜宾模型分析了农业科技创新对农业绿色效率的具体影响，发现农业科技创新对农业绿色效率存在明显的空间溢出效应。[108]

（2）乡村劳动力输出对农业绿色效率的影响。

目前，关于乡村劳动力输出对农业绿色效率的具体影响的研究并不多，一些有关劳动力输出的文献都集中于对粮食生产（Brauw et al.，2015；Ahmed et al.，2018)[109-110]、城乡收入水平及其差距和减贫效应（杨金阳等，2016；刘华珂等，2017)[111-112]、农业固定资本或要素投入

（周晓时，2017；吴伟伟、刘耀彬，2017）[113-114]、农业土地流转及规模经营（Sklenicka et al.，2014；Deininger et al.，2016）[115-116]、农村家庭教育投资（杨晔、徐研，2016；刘燕、吕世辰，2018）[117-118]等方面的研究，但也有少许学者对乡村劳动力输出影响农业绿色效率的问题进行了研究，主要集中于乡村劳动力输出与农业可持续发展（张燕、邓义，2009）[119]、农业绿色环境（李启平等，2011）[120]以及农业现代化（杜如宇等，2019）[121]等方面。当然，从更微观和准确的角度考虑，有学者指出，随着乡村劳动不断向城镇输出，从积极的层面考虑，这避免了农村地区因为人口过度密集而造成的农业内卷化效应。农业内卷化效应是美国人类学家克里福德·盖尔茨最有名的一个论点。第二次世界大战之后，盖尔茨居住在印度尼西亚，专心研究当地的农耕生活，于是发现当地耕作存在两种截然不同的形式，分为稻作（水稻耕作）与火种（火种就是古代一种通过焚烧砍伐获得耕地的种植方法）。其中大部分印度尼西亚地区采取稻种形式，长期停留在不断加强种植、增加种植人数的一种简单重复、没有进步的轮回状态。因此，他把这种现象称为"农业内卷化"，主要特征是劳动密集化、系统内部精细化和复杂化，并且表现为低效率状态（王跃梅等，2013）[122]有学者认为，乡村劳动力输出会给农村绿色效率带来负面影响（杨肃昌、范国华，2018）[123]也有学者指出，其对于农业绿色效率具有显著的正向影响（侯孟阳、姚顺波，2018）[124]除此之外，还有研究得出，乡村劳动力技能低下以及无效率的土地规模经营也是影响农业绿色效率重要原因（张杨、陈娟娟，2019）[125]不可否认，乡村劳动力输出的确对农业绿色效率造成显著影响，学术界也开始持续关注这一问题，但其对于农业绿色效率影响研究还有待深入剖析。已有研究多从理论层面分析，且都片面地将农业劳动力输出与提升或降低农业绿色效率关联起来，缺乏具体的路径分析。实际上，农业绿色效率是一个复杂结果变量，劳动力输出作用于农业绿色效率的过程中，而需通过诸多要素形成间接作用。以农业反哺为农业资本为例，其可通过农业资本要素的"显性"增加，实现农业技术"隐性"进步，提高农业机械化水平；也可通过土地流转种植大户抑或成立农村合作社，使融资、采购、生产、销售等环节成本相对较低，实现农业规模化、集约化发展，鼓励农业先进设备和技术应用的同时也有利于提高农业绿色效率（苏昕、刘昊龙，2017）。[126]相对于个体农户盲目增加化肥、农药等污染性要素投入的生产方式，成熟的机械化和集约化生产方式更有利于农业绿色可持续发展（张聪颖等，2018）。[127]另外，还有一些特别值得探究的问题，如基于乡村劳动力输出方式以及农业绿色效率构成的复杂性，已有零星研究开始关注乡村劳动力输出对农业绿色效率的非线性影响。

（3）农村金融、农地规模经营与农业绿色效率。

已有关于农村金融、农地规模经营与农业绿色效率的研究，大多集中在三个方面：一是农村金融对农业生产效率的影响研究。巴什尔等（Bashir et al.，2010）研究发现信贷对稻米生产率具有显著的正向影响，是提高农业生产率的重要工具。[128]李晓阳等（2017）指出农村金融对农业全要素生产率具有抑制作用。[129]胡等（Hu et al.，2021）认为农村金融通过提供贷款以支持农业专业化合作生产而对农业生产效率产生影响。[130]目前大多数学者在不考虑环境约束下的条件下研究农村金融与农业生产效率之间的关系，少有学者探究金融对农业绿色效率的影响；二是农村金融对农地规模经营的影响研究。大部分学者认为金融发展是农村土地流转的重要推动力，土地流转则是实现农地规模经营的有效途径。[131-132]信贷可得性会影响农户的非农就

业以及生产性投资水平，从而影响农村土地流转行为。[133]很多学者认
为农村金融对农地规模经营存在正向影响。[134-135]三是农地规模经营
对农业绿色效率的影响研究。部分学者从线性角度指出农地规模经营
对环境存在正外部性。[136]还有部分学者认为农地规模经营与农业绿色
效率之间并不是单纯线性关系，多从农地规模经营自身出发考察其对
农业绿色效率的非线性影响。[137]

（4）政府财政支农对农业绿色效率影响的研究。

近年来，许多学者经研究发现政府对农业部门的财政补贴在增加粮
食产量、提高农业收入、增强环保意识等方面发挥了重要作用（Rodri-
go et al. ，2016；Pedro et al. ，2018；Benjamin et al. ，2019；Daniel et
al. ，2019）。[138-141]不仅如此，还有很多学者认为通过培养职业农民、
发展循环农业、建立生态补偿机制等途径可以提高农业绿色效率，实
现农业可持续发展（Yu et al. ，2018；Long et al. ，2019；王子成，
2015；姚增福等，2018）。[142-145]邢俊霞（2023）认为可以通过财税
政策引领推动生态经济带城市产业生态化发展，以此来提高农业绿色
效率。[146]唐一帆等（2022）利用熵权－TOPSIS法测算农业绿色发展
水平，将财政支农表示为财政支农力度与财政支农规模，运用面板向
量自回归模型（PVAR模型）实证检验财政支农对农业绿色发展的影
响。[147]结果发现：财政支农在短期内促进了农业绿色发展，但长期效
应较弱。财政支农力度和财政支农规模对农业绿色发展的贡献度不
高，还有提升空间。财政支农通过农村经济发展对农业绿色发展有正
向促进作用，但正向冲击强度不大。黄志斌等（2022）通过多元线性
回归模型，研究财政支农资金对农业生态效率的影响；利用门槛面板
模型，检验财政支农资金与农业生态效率是否存在门槛效应。[148]

2.1.4 农业绿色效率时空演变研究

在农业生态效率时空演变特征研究方面，受到区域差异、资源要素、政策变化等因素综合影响，各省市或区域的农业生态效率在时间和空间上呈现出一定差异性。[149]其中时序演变特征的研究结果基本表明农业生态效率随时间发展呈现增长趋势，如程翠云等（2014）研究表明我国生态农业发展水平总体较低，但随着经济发展呈现一定增长态势。[150]由于农业资源禀赋与自然区位条件的区域异质性，各区域农业生态发展差异性逐年显著，探究农业高质量发展水平及空间分异规律成为学者们关注的重点。

在农业绿色效率的地区发展差异上，部分学者基于全国层面进行了研究：程翠云等（2014）基于中国 31 个省市数据测算了农业绿色效率，并按"低、较低、一般、较高、高"五个等级刻画了其地区差异，发现农业绿色效率基本以秦岭—淮河为分界线，分界线以北效率较低，以南效率较高。王蕾等（2019）利用三阶段 DEA 模型分析中国农业绿色效率的时空差异时发现东南沿海省市的农业生产效率显著高于全国水平。[151]洪开荣等（2016）指出农业绿色效率存在区域不平衡现象，中国农业绿色效率表现为东部最高，西部、中部次之，东北部地区最低。[152]还有部分学者就陇东黄土高原、淮河流域、粮食主产区、安徽省等区域内部农业绿色效率进行了对比分析。[153-156]尽管当前对于农业绿色效率的区域差异研究较为丰富，但学者们认为农业绿色效率的区域差异究竟是呈扩大还是缩小趋势，尚未达成一致。部分学者认为农业绿色效率的区域差异会随时间推移而缩小，如李兆亮等（2017）运用泰尔指数对我国农业绿色效率的区域差异进行了分析，发现我国农业绿色效率区域差异较为明显，但整体上表现为区域差异缩小趋势，其中区域内差异影响最大。[157]杜辉等（2019）通过 Dagum 基尼系数探究了我国农业绿色效率的区域差异，同样也得出了农业绿色效率整体区域差异在不断缩小的结论，但其认为区域差异的主要来源是超变密度。[158]还有部分学者认为农业绿色效率的区域差异呈扩大趋势，如李博等（2016）发现碳排放约束下的农业生产效率存在明显的区域差异，区域差异趋于扩大。[159]漆雁斌等（2020）研究发现农业绿色生产水平差异正在扩大，且区域间差异的扩大速度加快。[160]

在农业绿色效率的空间相关性和空间格局上，大部分学者采用 ESDA 方法测算农业绿色效率的全局莫兰指数和局部莫兰指数以发掘地区农业绿色效率是否在全局及局部上存在空间聚集效应。梳理文献后发现部分学者认为农业绿色效率存在显著的空间正相关性和明显的地理集聚特征，[161-162]但也有学者认为农业绿色效率不存在全局相关性，但存在局部空间自相关。[163]除 ESDA 方法外，侯孟阳等（2018）通过构建空间马尔科夫链概率转移矩阵对我国不同省市农业绿色效率的时空演变差异进行了深入分析，发现农业绿色效率较高的省市对邻近地区具有正向作用，而农业绿色效率较低的省市对邻近地区具有负向作用，进而导致农业绿色效率在空间格局上逐渐表现为"高高集聚、低低集聚"的俱乐部收敛。[164]

针对农业绿色效率的收敛性研究主要是为了考察区域间农业绿色效率的差距是否随着时间的推移逐渐缩小，在研究农业绿色发展及区域差异方面具有重要意义。梳理文献发现大多数研究是从经典收敛角度探讨农业绿色效率的空间差异，如刘等（Liu et al.，2011）分析并研究了美国 48 个州的农业效率收敛情况，发现其存在绝对收敛与条件收敛，但不存在收敛。[165]阿莱克西亚迪斯（Alexiadis，2012）发现

1995～2004 年欧盟 26 个国家的农业生产效率不存在绝对收敛，但存在显著的俱乐部收敛。[166]相较于国外农业绿色效率的收敛性研究，国内相关研究起步较晚。韩海彬等（2013）认为环境约束下中国各地区的农业生产效率既存在收敛，又存在绝对收敛。[167]方方（2019）运用绝对收敛和条件收敛对京津冀地区的农业绿色效率进行了检验，发现其存在地区追赶效应。[168]葛鹏飞等（2018）研究发现除粮食主产区存在绝对 β 收敛外，全国、东中西部以及其他粮食功能区均不存在绝对 β 收敛和 σ 收敛，但全国及各区域均存在显著的条件 β 收敛。[169]侯孟阳等（2019）深入探究了空间视角下的中国农业绿色效率收敛性，发现中国农业绿色效率存在显著的空间收敛性，且条件收敛速度显著快于绝对收敛速度。[170]梳理文献可知，当前对于农业绿色效率的收敛性分析多基于全国、东中西部、城市群或省域层面，缺乏流域层面的收敛性分析。

2.1.5　农业绿色效率时空演变的影响因子研究

农业生产是自然再生产与社会再生产的结合，不仅受到自然条件的制约，也受到人类社会经济活动的影响。随着全球气候变化对区域农业生产的影响日益加深，探究农业气候资源的变化趋势、气候变化对农业区域布局、农作物气候生产潜力及耕地格局的影响日益成为焦点（石晓丽，2015；黄祖辉；2021）。[171-172]如相关研究发现气候变暖导致中国作物的熟制边界北移（Liu et al.，2021）。[173]探究不同尺度气候事件与农业气象的时空格局可为区域农业的防灾、减灾及稳定生产提供科学支撑（王利民等，2021）。[174]

除了对自然条件的分析外，农业绿色效率空间演变的形成因素的研究大多集中在宏观层面，主要从国家整体层面和区域层面考察农业基础条件和社会经济水平两大因素所导致的农业绿色发展的地区差异性。有学者认为农业投入和地区自身差异也可能导致农业绿色效率的空间分异（刘华军等，2021）。[175]也有学者对一些特定区域的农业绿色发展产生空间分异的原因进行探究，如郑云等（2021）研究发现长江中游城市群农业生态效率的各驱动因子在不同时间和地区也存在一定相似性和差异性[176]，正是这种差异性导致农业绿色效率空间分异特征的产生。

2.1.6　文献述评

（1）当前考虑农业绿色效率的研究多以西方发达国家为研究情境，美国、欧盟等国家和地区研究相对成熟，中国本土化的研究还处于起步阶段。同时，国内学者选取的农业绿色效率研究样本多为全国层面、区域层面（东部、中部、西部等）、省市层面、粮食主产区等，缺乏流域的研究。长江经济带地区地域辽阔，涉及沿江九省二市，在农业发展战略格局中地位突出。因此，本书选取长江经济带这一重要战略区域，坚持从该区域独特情境出发，将定性研究与定量研究相结合，从地市级层面分析区域内农业绿色效率的时空演变特征及影响因素，探讨驱动地区农业绿色效率协同发展的可行路径。

（2）影响农业绿色效率的因素众多，但极少有学者探讨长江经济带乡村劳动力和农村金融、农地规模经营对农业绿色效率的作用机制和门槛特征。由于农业生产要素的投入，乡村劳动力输出并非简单直接作用于农业绿色效率，极有可能通过中间路径对其产生影响。基于乡村劳动力输出对农业绿色效率存在明显的影响效应，可进一步探究其是否对本书结果变量存在路径影响值得深入考量。而农村金融作为为农村地区提供金融服务的重要机构和体系，对于农民融资、投资和风险管理起着至关重要的作用。通过提供贷款、储蓄、保险等金融产品和服务，农村金融可以促进农民的生产经营活动，增加农业绿色投入，提升农业绿色效率。因此，针对性地研究乡村劳动力输出和农村金融、农地规模经营对农业绿色效率的影响机制，能为推动长江经济带农业高质量发展提供新的路径。

（3）农业绿色效率的时空演变特征存在争议，亟待进一步深入研究。相关文献从不同视角，应用不同的方法就不同区域、时期的农业绿色效率的区域差异、空间相关性、空间格局以及收敛性进行了分析，得出的结论存在一定差异。这主要是因为研究区域不同，区域自然条件、经济水平、资源禀赋等的差异导致研究结果受到特定研究对象和特定情境的限制而不具有普适性。因此，本书以长江经济带为研究对象，探讨农业绿色效率的区域差异、空间相关性、空间分布格局以及收敛性，更具针对性。

（4）当前对于农业绿色效率时空演变的影响因子的探讨多采用未考虑空间因素的 OLS 模型、GMM 模型、Tobit 模型等全局回归模型。随着地理经济学的发展，部分学者开始将空间因素纳入农业绿色效率时空演变的影响因子研究中，采用 SEM、SLM、SDM 模型等空间计量模型进行回归估计，但其仍属于全局参数估计，无法反映各因素对农业绿色效率时空演变的空间异质性影响。少数学者尽管对影响因子的空间异质性影响进行了研究，但多是将地区划分为不同区域（如上游、中游、下游），继而采用全局参数估计方法进行回归分析，未能充分体现各因子对农业绿色效率影响的地理空间分异特性。局部参数分析方法如地理加权回归模型（GWR）和地理探测器方法尚未有效应用到农业绿色效率的研究当中。

2.2　概 念 界 定

2.2.1　农业生产效率

效率，是指决策单元在生产过程中的实际产出与最优产出的比值，其实际内涵会依据领域和时期的变化而表现出不同的含义。在经济学领域，不同学者对于效率的理解也存在一定差异。马克思对效率的理解是既定时间内能生产的最大劳动成果；萨缪尔森对于效率的理解是基于资源要素利用角度，认为效率是资源要素在经济生产活动中被最大化利用；帕累托则从资源配置角度理解效率，认为当生产活动中不存在资源的其他最优配置时，即在不使其他资源利用效率变差的情况下，一种资源的配置不可能会变得更好，则这种资源配置在一定程度上来说是最优的。综上可知，在经济学中效率是用来衡量投入生产资料的利用情况。

将效率应用到农业生产领域，则可以表示农业生产过程中的资源配置状况，即在充分利用资源的情况下追求农业经济产出的最大化以及农业生产要素投入的最小化。从投入角度来看，某一生产单元为提高农产品产量，无须以增加投入要素为代价，则该生产单元的农业生产是有效的；从产出角度来看，当生产单元能够在不减少产出的情况下提高农业生产效率时，该生产单元的农业生产被认为是有效的。换句话说，农业生产单元在充分利用资源的前提下，达到了最大的产出水平，而不牺牲其他方面的效益。

2.2.2　农业绿色效率

传统农业生产效率主要是对农业生产的经济产出和经济绩效进行评价，未考虑农业生产对生态环境的污染和破坏，无法体现农业可持续发展的能力。随着农业面源污染、农业碳排放等农业环境污染问题的突出，农业绿色发展受到严重制约。部分学者开始在传统农业生产效率的基础上，将农业环境污染作为农业绿色发展的内在约束，在农业绿色效率的评价指标体系当中考虑农业污染指标并将其视为农业生产过程的非期望产出，探究农业要素投入、经济产出和非期望产出三者之间的关系。

从农业绿色效率词义上来说，"绿色"是指从生态环境保护方面考虑，"效率"则是基于经济学角度的思量。故而，农业绿色效率考虑的是集经济社会发展与环境保护于一体的综合指标。相对于农业生产效率，农业绿色效率认为农业生产经营活动不仅要实现资源的有效配置和最大化利用，同时还要实现生产方式的绿色，能够充分体现农业经济可持续发展的本质及内涵。总体来说，农业绿色效率指的是农业生产过程中的要素投入同期望产出（农业经济产出，如农业总产值）和非期望产出（农业污染排放，如农业碳排放）的投入产出水平。通过测算农业绿色效率来表征农业经济的实际绩效，有助于合理配置农业生产过程中的要素投入，实现农业经济产出的最大化和农业环境污染的最小化。

2.3　理 论 基 础

2.3.1　发展经济学理论

本书把发展经济学理论归纳到一个统一的框架中，从历史的维度分析农业发展经济过程。发展经济学的代表人物主要有亚当·斯密、大卫·李嘉图、罗伯特·马尔萨斯、马克思、刘易斯、索洛、斯旺、萨缪尔森、张培刚、阿罗、罗伯特·卢卡斯、保罗·罗默等。其中，以刘易斯的"二元"经济理论和张培刚的《农业与工业化》最具典型代表性，随着工业化进程的加快，工业部门的发展为农业提供了动力。

中国自古以来就是农业大国，农业生产效率较低，长期处于"马尔萨斯陷阱"的 M 型增长之中，由于受制于当时的封建体制等因素影响，缺乏创新与生产活动相结合以及相应的激励机制的制度环境，因此，在资本积累与技术创新结合的这个问题上一直没有取得突破，造成了所谓的"大分流之谜"。随着工业化进程的加快，改革开放后，家庭联产承包责任制得到落实，农业劳动生产率不断提高，释放出大量农业剩余劳动力，农村劳动力开始由第一产业向第二、三产业转移，中国逐渐步入"二元经济"发展阶段，开始 L 型经济增长。这一时期劳动力无限供给，廉价的劳动力是我国的优势要素资源，伴随着资源重新配置效率的提高，农民开始大量地使用化肥、农药、地膜等工业原料促进农业增产。

近年来，劳动力短缺和普通劳动力工资上涨问题不断显现，一些大城市开始出现"用工荒"问题，标志着中国人口红利开始消失，劳动力增长停滞，这说明刘易斯拐点开始到来，进入 T 型经济增长阶段。如何避免"中等收入陷阱"，进入到以索罗模型为代表的新古典 S 型经济增长阶段，步入到发达国家行列，张培刚在《农业与工业化》一书中，通过分析农业与工业化之间的动态关系，给出了答案。引入生产技术的变化，进行制度与技术的创新，降低私人成本，提高社会产量，不断释放改革红利，打破固有利益藩篱，提高激励机制，再次激发出广大劳动人民的生产积极性，对于现代农业发展而言，农业绿色发展应运而生。农业绿色发展是一场由传统农业生产方式向现代农业生产方式的变革，旨在满足人民日益增长的对美好生活的需求。

2.3.2　农业绿色发展理论

从"留得青山在，不怕没柴烧"再到"望得见山，看得见水，记得住乡愁"，中国人自古以来就有农业绿色发展的基因。纵观人类文明史，人类已经从农业文明、工业文明，来到了生态文明。20 世纪 70 年代开始，资源短缺和环境污染问题开始在发达经济体显现，引起了学者们对于经济发展方式的思考，绿色发展理论运用而生，经济学家开始关注资源、环境约束条件下对经济发展的影响。

绿色农业是人类农业文明发展的新阶段，是人类为保护美好家园实现长久生存的重要举措，是贯穿于农业生态建设全过程、各方面的整体工程，反映了一个社会的农业文明进步状态。绿色农业理论则建立在绿色发展理论上，是绿色发展在农业部门上的实践，是介于农学与生态学之间的一类交叉理论，通过在农业生产经营过程中采用先进农业生产技术和现代化管理方式实现资源的优化配置并提高资源的利用效率，以期实现农业的高质量发展，强调以绿色促进发展和以发展保障绿色。

作为农业的新发展模式，农业绿色发展可通过物质、信息、知识等要素在农业生产、农业生态以及社会经济中的交互传递，在农业发展中融入绿色理念，将传统粗放型农业发展方式转变为集约型农业绿色发展方式。这就意味着农业绿色发展的关注对象不仅是农业生产本身，还包括资源环境代价问题、社会发展以及经济增长问题。但现有农业发展模式已无法满足资源环境保护的要求，农户为追求经济效益的最大化，往往选择大量投入农用化学物质以及依赖石油农业，对农业资源环境造成了巨大伤害。耕地土壤肥力、固碳效应下降造成的农业碳排放以及面源污染问题说明当前农业发展方式与我国可持续发展战略相悖。因此，农业生产在追求经济效益的同时也要兼顾环境效应，加强农业生产过程中的技术创新、管理创新、制度创新，处理好政府与农户、农业企业与农户以及政府与农业企业之间的关系，提高投入生产资料的利用率，降低农业生产活动中的污染排放及环境破坏程度，以实现农业经济的绿色化和生态化。

2.3.3　分工理论

农业是第一产业，是国民经济的基础，产业的划分，本身就是社会化的分工，市场的分工。那么，农业在国民经济中扮演什么样的角色，承担什么分工，这对农业的发展来说至关重要。

亚当·斯密在《国富论》中指出，劳动分工可以使绝对成本降低，社会财富增加，提高专业化程度，促进生产技术革新。[177]分工，不只是个人化决策，它是不同专业化形成的交易网络，这里边有一种合作共赢在里边。分工是古典经济学的范畴，接下来在19世纪，新古典边际效用学派用微积分的数学方法来探求生产者、消费者的边际效用，进行边际分析，得出了边际效用递减等一系列规律，在经济学领域爆发了"边际革命"。遗憾的是，他们对分工却只字不提，完全把生产者和消费者割裂开来，殊不知生产者既可以是生产者又可以是消费者，消费者既可以是消费者又可以是生产者，他们在一个分工网络里边。马克思和恩格斯在《共产党宣言》中指出分工发展和市场拓展之间存在循环累积的相互促进关系，是经济发展的重要机制；生产关系及其上层建筑适应生产力发展要求是保障这一机制持续运行的制度条件。并进一步在斯密的基础上指出了两类分工的存在，即第一类分工（社会分工）和第二类分工（企业内分工），批评了斯密没有看到"两类分工"的差别，廓清了两类分工在分工发展和市场扩展方面相互促进的作用机理。

要实现农业的高质量发展，解决中国农业发展不平衡、不充分的问题，需要提高农业增长效率。这可以通过社会分工、提升劳动者技能、完善使用工具以及进一步扩大市场规模来实现。通过促进社会分工、合作与专业化生产提高农业生产效率，形成超大规模的市场，促进良性循环，加大对农业绿色发展的投资，扩大农业绿色发展市场规模，进一步推动分工的扩大。这样的发展将使超大规模人口转化为超大规模市场优势，从而推动农业实现长足进步发展，为国民经济发展发挥关键作用，成为国家经济发展的重要支柱。

2.3.4 农业外部性理论

外部性指的是一个经济主体的行为对社会或其他经济主体行为的

影响，这种影响和作用具有非市场性，独立于市场机制之外，无法依靠市场机制惩治从事负外部性经济活动的主体，而从事正外部性经济活动的主体也不会获得相应的收益。依据影响效应进行划分，外部性能够被划分为"外部经济（正外部效应）"和"外部不经济（负外部效应）"。当经济主体的经济行为为其带来的私人收益高于社会收益时，这被称为具有外部经济性；反之，如果开展经济行为所需要耗费的私人成本低于社会成本时，这被称为具有外部不经济性。

农业生产周期长、资金周转慢、技术进步滞后等使农业自身具有明显的收益外部化特点。而农业绿色生产对农业生产技术提出了更高的要求，但农业技术创新所具有的公共物品或准公共物品性质导致了"研发资源垄断"以及"市场失灵"等现象的存在，削弱了农业技术创新的动力。同时，农业绿色生产易受到外部因素（如气候环境、自然灾害等）的影响，尤其是当前我国农业生产多是家庭小规模生产，风险承受能力较弱。以上这些特点使得农业绿色生产易承受外部成本影响或流失外部收益，农业绿色生产表现出外部性。根据严立冬等（2009）[167]的研究，农业绿色生产的外部性特征表现为，一是从影响效应上看，农业绿色生产的外部性属于正外部性。农户从事绿色生产所带来的生态环境改善使社会整体受益，但是农户自身并未得到相应补偿，故农业绿色生产具有正外部性的特点；二是从产生时空上看，农业绿色生产兼具代内、代际外部性双重特征。农业绿色生产不仅满足了当代人对绿色农产品的需求，其资源节约及生态安全理念也会影响后代的生产行为，解决代际农业绿色生产的负外部性问题；三是从发展方向上看，农业绿色生产的外部性是单向的，农业绿色生产会使未从事该项活动的人与社会受益；四是从根源上看，农业绿色生产具有制度外部性和科技外部性，一项制度的实施或一项技术的溢出均会导致私人成本与社会成本存在差异。

为将农业绿色生产的外部性内部化，就必须借助政府财政补贴政策。首先，政府 R&D 投入的增加在一定程度上可以纠正农业技术创新的外部性，并对创新效率产生"杠杆效应"。其次，政府的财政政策能在农业绿色发展中起到补偿、导向和调控作用。绿色农业的正外部性导致私人收益低于社会收益，从而制约了农户开展绿色生产活动的意愿。而补贴政策可降低农户从事绿色生产的私人成本，不仅避免了生产者中部分边际人群的退出而且提高了部分边际人群的生产积极性。因此，有必要通过国家财政政策解决因外部性导致的市场失灵问题。

2.3.5　全要素生产率理论

一般而言，农业全要素生产率是指人力资源、财力资源以及物力资源开发利用的效率。从增长的方面看，农业生产率与土地等生产要素投入相同，均会对经济的增长产生显著影响。从效率层面入手，生产率是一定期限内领域内产出与各要素投入的比率，具体到农业绿色效率，主要考虑农业产出与投入的比例关系。本质上看，它体现的是某个区域为了均衡农业生态落后和发展农业经济在一定时间内展示出的能力和生产努力程度，是农业技术发展对经济繁荣的促进作用。全要素生产率是用来权衡生产效率的综合变量，它分别为效率、技术改进以及规模经济。在测算方法上对资本、劳动以及土地等要素投入之后的余值不予考虑，因其包含未识别带来增长的成分和概念上以及度量上的差异，它仅能对效益改进和技术进步的程度进行相对权衡。本书以全要素生产率理论为基础，凭借非参数的数据包络分析方法对全国农业绿色效率进行评价，并将分析结果作为后续分析的基础。

2.3.6　生态农业理论

生态农业是农业文明发展的一个新阶段，是为保护和建设农业生态环境而取得的物质、精神以及制度三重成果的总和，是贯穿于农业生态建设整个过程的一项重大工程，体现了一个社会的农业文明进步状态。生态农业是结合了生态与经济两重理论，充分利用现代科学技术与管理方法，汲取传统农业的有用经验而逐渐发展起来的，能收获经济、社会和生态综合效益的当代高效农业。生态农业理论要求把粮食与多种经济作物生产相结合，大规模经营与农林渔业发展相协调，农业与第二、三产业相对接，努力建设农业生态工程，协调经济发展和农业生态之间、环境保护与资源利用之间的矛盾，构建生态－经济良性生态互动循环，进一步实现经济、社会和生态三大效益的统筹。随着中国新型城市化进程持续推进和交通网络的快速布局，生态农业的发展潜力将得以进一步释放。

生态农业理论同时又是介于农学与生态学之间的一类交叉理论，在农业生产系统和生态环境系统的交互作用下，探析农业生产经营活动对生态环境的影响，强调实现发展农业与保护生态环境的有机统一。具体而言，就是从自然生态层面和农业生产层面结合的角度探析生态农业系统运行的内在规律，提出促进农业生态系统与农业生产系统协调，指导生态农业发展的路径与对策。

第 3 章

长江经济带农业发展概况

3.1　研究区域界定及划分

　　长江经济带作为典型的流域经济，是依托沿江经济区而发展起来的宏观经济协作带，是经济步入新常态后国家重点实施的三大战略之一。依据《国务院关于依托黄金水道推动长江经济带发展的指导意见》，长江经济带覆盖上海市、浙江省、江苏省、安徽省、湖北省、湖南省、江西省、重庆市、四川省、贵州省以及云南省 11 个省市，横跨我国东中西三大区域，面积约 205 万平方千米，占总国土面积的21.4%，在区域发展总体格局中地位十分突出（见图 3 - 1）。

　　为深入探究长江经济带农业绿色效率的时空演变特征及影响因素，本书以地级市为研究单元，并在考虑不同地区经济发展水平以及资源禀赋差异的基础上，进一步将该地区划分为上中下游三大区域。鉴于研究区域在空间上的连续性以及数据的可获得性，剔除湖北省的仙桃市、潜江市、天门市以及神农架林区四个地区，故最终研究区共包含长江经济带的 126 个地级市，具体地级市划分及分布如表 3 – 1 所示。

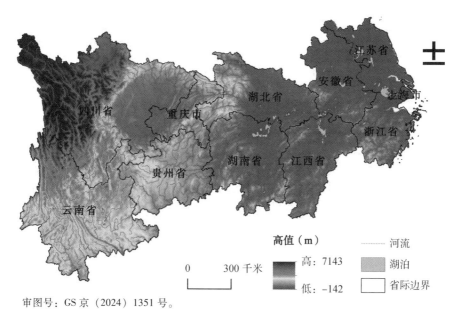

审图号：GS 京（2024）1351 号。

图 3 – 1　长江经济带分布图

表 3 – 1 　　　　　　　　　　长江经济带上中下游地级市分布

区域	省、市	地级市
长江经济带上游	重庆、四川、贵州、云南	重庆市、成都市、攀枝花市、泸州市、德阳市、自贡市、绵阳市、遂宁市、广元市、内江市、乐山市、南充市、宜宾市、广安市、达州市、资阳市、眉山市、巴中市、雅安市、甘孜藏族自治州、阿坝藏族羌族自治州、凉山彝族自治州、贵阳市、六盘水市、遵义市、安顺市、黔南布依族苗族自治州、黔东南苗族侗族自治州、黔西南苗族侗族自治州、毕节市、铜仁市、昆明市、昭通市、曲靖市、玉溪市、红河哈尼族彝族自治州、文山壮族苗族自治州、普洱市、西双版纳傣族自治州、楚雄彝族自治州、德宏傣族景颇族自治州、丽江市、怒江傈僳族自治州、迪庆藏族自治州、大理白族自治州、保山市、临沧市
长江经济带中游	江西、湖北、湖南	南昌市、景德镇市、萍乡市、赣州市、九江市、新余市、鹰潭市、宜春市、上饶市、吉安市、抚州市、武汉市、黄石市、十堰市、荆州市、鄂州市、宜昌市、襄阳市、荆门市、孝感市、黄冈市、咸宁市、恩施土家族苗族自治州、随州市、长沙市、株洲市、湘潭市、衡阳市、邵阳市、岳阳市、常德市、张家界市、益阳市、永州市、郴州市、娄底市、怀化市、湘西土家族苗族自治州

区域	省、市	地级市
长江经济带下游	上海、江苏、浙江、安徽	上海市、南京市、常州市、苏州市、无锡市、徐州市、南通市、连云港市、淮安市、盐城市、扬州市、镇江市、泰州市、宿迁市、杭州市、嘉兴市、湖州市、舟山市、金华市、绍兴市、温州市、台州市、丽水市、衢州市、宁波市、宣城市、宿州市、滁州市、池州市、阜阳市、六安市、合肥市、蚌埠市、淮南市、铜陵市、马鞍山市、淮北市、芜湖市、安庆市、黄山市、亳州市

3.2　长江经济带经济社会发展情况

党的十八大以来，从国家到沿江各省市，始终坚持生态优先、绿色发展的战略定位，推进生态环境整治，促进经济社会发展全面绿色转型，力度之大、规模之广、影响之深，前所未有。根据国家及各省市统计公报，沿江 11 省市经济总量占全国（不含港澳台）的比重从 2015 年的 45.1% 提高到 2021 年的 46.6%，对全国经济增长的贡献率从 47.7% 提高到 50.5%，长江经济带对全国的重要性日益凸显。

长江经济带覆盖 11 个省市，沿线共有 216 个城市，包括 2 个直辖市和 5 个副省级城市，首尾连接两大金融核心区重庆市江北嘴和上海市陆家嘴，总面积约 205 万平方千米，以 21% 的国土面积承载了全国 40% 以上的人口和 40% 以上的 GDP，人口和经济占据全国"半壁江山"。

面对新冠疫情压力，以及国内外风险和挑战明显上升的复杂局面，长江经济带在"生态优先、绿色发展"战略定位的指引下，坚持稳中求进工作总基调，积极落实绿色高质量发展总要求，经济增长保持韧性，创新驱动力稳步提升，新旧动能加快转换，经济结构持续优化，充分展示出黄金经济带的活力和潜力。在绿色发展理念的指引下，长江经济带的GDP逐年上升，从2017年38.22万亿元，占全国（不含港澳台）的45.9%上升至2022年56万亿元，占全国（不含港澳台）46.3%。2022年，长江经济带地区经济继续保持中高速增长态势，占全国的比重持续上升，区域内升级差距缩小，产业结构进一步优化，服务业、工业、战略性新兴产业发展各有千秋。

从表3-2可以看出，2019～2021年GDP实际增速由6.1%增加至8.1%，2021年全国经济回暖，长江经济带11省市GDP增速全部为正值，长江经济带GDP增速为8.6%，高于全国（不含港澳台）GDP增速8.1%。2022年受新冠疫情影响，全国GDP增速普遍下滑，上海疫情严重，GDP增速出现负值。总体来看，长江经济带地区经济规模实现了持续稳定增长。受新冠疫情影响，增速明显放缓，但相对于全国经济增速优势仍然突出。根据2022年中国及各省市统计公报，2022年全国（不含港澳台）人均GDP为85698元，长江经济带人均GDP为93239元，高出全国（不含港澳台）水平7541元。11省市中5个省市人均GDP超过全国（不含港澳台）平均水平。长江经济带人均经济规模继续攀升，领先全国同期水平的幅度进一步扩大。

表3-2　　2019～2022年长江经济带11省市GDP增速及人均GDP情况

地区	GDP实际增速（%）				人均GDP（元）			
	2019年	2020年	2021年	2022年	2019年	2020年	2021年	2022年
上海	6	1.7	8.1	-0.2	153299	156803	175420	179401
江苏	6.1	3.7	8.6	2.8	116650	121333	137039	144475
浙江	6.8	3.6	8.5	3.1	98770	100738	113032	118831
安徽	7.5	3.9	8.3	3.5	60561	62411	70321	73687
江西	8	3.8	8.8	4.7	54640	57065	65560	71009

续表

地区	GDP 实际增速（%）				人均 GDP（元）			
	2019 年	2020 年	2021 年	2022 年	2019 年	2020 年	2021 年	2022 年
湖北	7.5	−5	12.9	4.3	76712	73687	86416	92170
湖南	7.6	3.8	7.7	4.5	60104	62537	69440	73498
重庆	6.3	3.9	8.3	2.6	74337	78294	86879	90688
四川	7.5	3.8	8.2	2.9	55619	58009	64326	67785
贵州	8.3	4.5	8.1	1.2	43727	46355	50808	52348
云南	8.1	4	7.3	4.3	49323	52047	57686	61736
长江经济带	7.2	2.9	8.6	3.1	78276	80396	88812	93239
全国（不含港澳台）	6.1	2.3	8.1	3	70078	71828	80987	85698

资料来源：2019～2022 年中国及各省市统计公报。

长江经济带东有长三角城市群，西为中西部广阔腹地，市场需求潜力和发展回旋空间巨大。在当前全球经济增速放缓、不确定性增多，我国经济已由高速增长阶段转向高质量发展阶段的大背景下，推动长江经济带高质量发展，必须充分发挥长江黄金水道独特作用，构建现代化综合交通运输体系，推动沿江产业结构优化升级，培育具有强大竞争力的三大城市群，使之成为引领我国经济高质量发展的排头兵。

从表 3－3 可以看出，三大城市群 GDP 总量持续上升，发展加速。自 2018 年至 2022 年，长江下游（沪苏浙皖四省市）GDP 总量基本稳定占全国（不含港澳台）GDP 的 24.1%；长江中游（赣鄂湘三省）GDP 总量基本稳定占全国（不含港澳台）GDP 的 11%；长江上游（云贵川渝）GDP 总量基本稳定占全国（不含港澳台）GDP 的 11.2%。

表 3 – 3　　　　2018～2022 年长江经济带 11 省市 GDP

在全国（不含港澳台）GDP 占比情况

地区	2018 年		2019 年		2020 年		2021 年		2022 年	
	GDP（亿元）	占全国（不含港澳台）比重（%）	GDP（亿元）	占全国（不含港澳台）比重（%）	GDP（亿元）	占全国（不含港澳台）比重（%）	GDP（亿元）	占全国（不含港澳台）比重（%）	GDP（亿元）	占全国（不含港澳台）比重（%）
上海	36011.8	3.90	37987.6	3.90	38963.3	3.80	43653.2	3.80	44652.8	3.70
江苏	93207.6	10.10	98656.8	10	102807.7	10.10	117392.4	10.20	122875.6	10.20
浙江	58002.8	6.30	62462	6.30	64689.1	6.40	74040.8	6.40	77715.4	6.40
安徽	34010.9	3.70	36845.5	3.70	38061.6	3.80	42565.2	3.70	45045	3.70
江西	22716.5	2.50	24667.3	2.50	25782	2.50	29827.8	2.60	32074.7	2.70
湖北	42022	4.60	45429	4.60	43004.5	4.20	50091.2	4.40	53734.9	4.40
湖南	36329.7	4	39894.1	4	41542.6	4.10	45713.5	4	48670.4	4
重庆	21588.8	2.30	23605.8	2.40	25041.1	2.50	28077.3	2.40	29129	2.40
四川	42902.1	4.70	46363.8	4.70	485018	4.80	54088	4.70	56749.8	4.70
贵州	15353.3	1.70	16769.3	1.70	17860.4	1.70	19458.6	1.70	20164.6	1.70
云南	20880.6	2.30	23223.8	2.40	24555.7	2.40	27161.6	2.40	28964.2	2.40
长江经济带	423026.1	46	455905	46.20	470809.6	46.50	532069.6	46.30	559766.4	46.30
全国（不含港澳台）	919281.1	—	986515.2	—	1013567	—	1149237	—	1210207	—
下游（沪苏浙皖）	221233.1	24.10	236951.9	23.90	244521.7	24.10	277651.6	24.20	290288.8	24
中游（赣鄂湘）	101068.2	11	109990.4	11.10	110329.1	10.90	125632.5	10.90	134480	11.10
上游（云贵川渝）	100724.8	11	109962.7	11.10	115958.8	11.40	128785.5	11.20	134997.6	11.20

资料来源：2018～2022 年中国和各省市统计公报。

在总量保持上升的情况下，长江经济带三大城市群的经济差距不断缩小。从表3-4可以看出，长江下游发达的长三角地区（沪苏浙皖）经济总量在长江经济带中所占比重有所下降，从2018年的52.3%下降到2022年的51.9%；长江中游地区赣鄂湘的占比从2018年的23.9%上升到2022年24.0%，长江上游地区云贵川渝的占比从2018年的23.8%上升到2022年的24.1%。随着西部地区巩固拓展脱贫攻坚成果工作的持续推进，长江经济带城市群间的经济差距逐步减小，初步呈现绿色高质量协同发展的趋势。

表3-4　　　　　　　2018～2022年长江经济带上中下游
城市群GDP占长江经济带GDP比重

地区	2018年		2019年		2020年		2021年		2022年	
	GDP（亿元）	占长江经济带比重（%）	GDP（亿元）	占长江经济带比重（%）	GDP（亿元）	占长江经济带比重（%）	GDP（亿元）	占长江经济带比重（%）	GDP（亿元）	占长江经济带比重（%）
下游（沪苏浙皖）	221233	52.30	2359529	51.80	244522	51.90	277652	52.20	290289	51.90
中游（赣鄂湘）	101068	23.90	109990	24.10	110329	23.40	125633	23.60	134480	24
上游（云贵川渝）	100725	23.80	109963	24.10	115959	24.60	128786	24.20	134998	24.10
长江经济带	423026	—	455905	—	470610	—	532070	—	559767	—

资料来源：2018～2022年中国和各省市统计公报。

3.3　长江经济带农业经济发展现状

　　长江经济带的农业产业不仅对全国经济发展具有重要影响，并且对其自身发展也起到重要的支撑作用。由图3－2可知，长江经济带第一产业增加值在研究期内呈现持续稳定的上升态势，年均增长率达8.863%，其占全国（不含港澳台）第一产业总产值的比重在50%水平上下波动。在此使用第一产业增加值代表农业产业增加值。可以看出，长江经济带农业产业的产出价值不断提高，随着农业产业化持续推进，农业规模化水平不断扩大，其农业产量也在稳定上升。但长江经济带农业产业的产出量占全国（不含港澳台）总值比重的波动幅度较大，近几年占全国（不含港澳台）总值的比重较低且呈现下降态势，

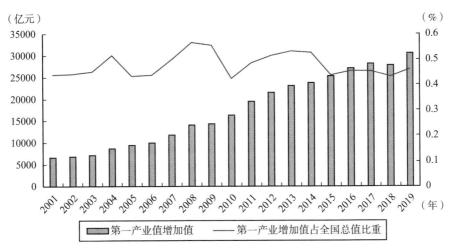

图3－2　2001～2019年长江经济带第一产业增加值及占全国（不含港澳台）比重

资料来源：2001～2019年中国和长江经济带各省市统计公报。

这表明尽管长江经济带农业产业的产出量逐年增长，但相较于全国（不含港澳台）的增长水平，其农业产业的相对产量近几年处于较低水平。

长江经济带横跨中国东中西三大板块，区域间地理位置、资源禀赋、经济发展水平及社会政治环境差异显著，导致其下中上游地区的生态系统协调发展差异明显。[178]具体在农业产业发展上，由图3-3可知，长江经济带上中下游地区第一产业增加值均呈现上升态势，在2001~2015年间，长江经济带三大地区第一产业增加值由大到小依次排序大致为下游地区＞中游地区＞上游地区，但在2016年以后，三大地区第一产业增加值排序变为上游地区＞中游地区＞下游地区。原因可能在于前期长江上游地区受地理因素限制，农业经济发展较中下游地区落后，农业基础设施薄弱，农业机械化普及率较低。但随着经济重心西向转移，上游地区农业经济水平逐渐得到提升，而中下游地

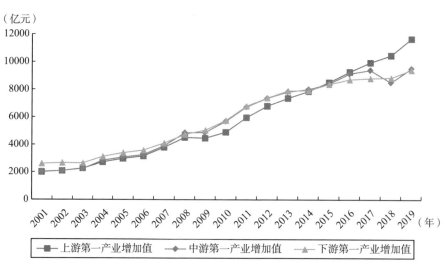

图3-3 2001~2019年长江经济带三大地区农业第一产业增加值

资料来源：2001~2019年中国和长江经济带各省市统计公报。

区由于产业重心向第二产业和第三产业转移，使其农业产业发展速度下降，上游地区基于其天然的农业发展条件，其农业产业增加值在"十四五"时期赶超了长江中下游地区。

从长江经济带农业产业结构角度进行分析，由图3－4可知，长江经济带种植业和畜牧业发展较为均衡，在研究期内农业占比＞牧业占比＞渔业占比＞林业占比，农业的发展态势呈现先减后增的"U"型趋势，牧业则与农业发展趋势相反呈现倒"U"型趋势，林业与渔业的变化趋势较小，整体均呈现略微增长态势，从图3－5可以看出，长江经济带农业产业结构在进行渐进式调整，多样化的农业结构正在初步发展。其中农业占比在50%～60%波动，占整个农林牧渔总产值的一大半，其原因在于长江流域是国家级农产品主产区之一，是我国重要的农业生产区域之一。分地区来看，长江上游地区农业产业占整个农林牧渔总产值的比重自2007年之后呈现逐渐上升态势，中游地区波动性较大，而下游地区自2010年农业占比呈现递减态势，其原因

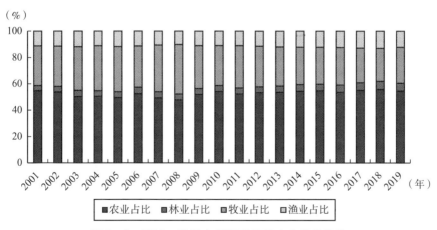

图3－4 2001～2019年长江经济带农业产业结构

资料来源：2001～2019年中国和长江经济带各省市统计公报。

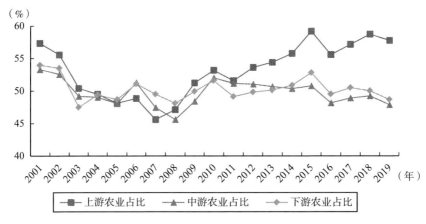

图3-5 2001~2019年长江经济带三大地区农业产业结构

资料来源：2001~2019年中国和长江经济带各省市统计公报。

可能在于长江下游地区的地理位置优越、生产技术先进以及人力资源丰富等条件使得其工业产业近年来发展迅速，资源要素向工业发展倾斜导致农业产业发展速度减缓。

从长江经济带粮食产量进行分析，从图3-6可以看出，长江经济带粮食总产量总体呈现上升趋势，2019年粮食总产量相较于2001年增长了4158.5万吨，年增长率为1.073%，长江经济带粮食产量占全国（不含港澳台）的比重在40%波动，占比大，其原因在于长江流域内的多个平原均为我国重要的商品粮基地，且随着长江经济带农业综合生产能力不断提升，区域内的粮食产出量稳中有升，但其粮食产量占全国（不含港澳台）的比重呈下降态势，还需进一步提升区域内的粮食产出动力。分地区来看，由图3-7可知，长江经济带下游粮食产量＞中游粮食产量＞上游粮食产量，其原因可能在于长江下游地区拥有先进的科学技术与丰富的劳动力，虽然下游地区耕地面积少，但先进的生产技术与优质的劳动力为粮食生产提供了巨大的动力，且下游地区工业化的快速发展也吸引了部分中上游地区的劳动力从第一产业转向第二产业，使中下游地区粮食产出量难以快速增长。

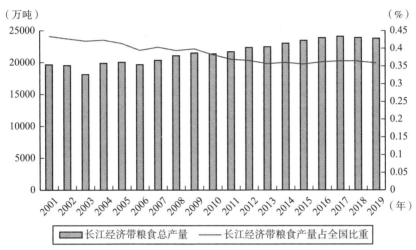

图 3 - 6　2001 ～ 2019 年长江经济带粮食总产量及占全国（不含港澳台）比重

资料来源：2001 ～ 2019 年中国和长江经济带各省市统计公报。

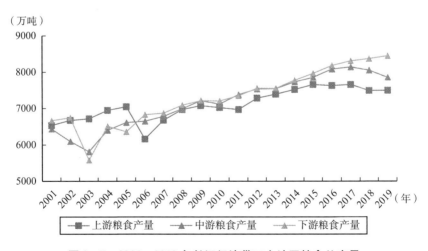

图 3 - 7　2001 ～ 2019 年长江经济带三大地区粮食总产量

资料来源：2001 ～ 2019 年中国和长江经济带各省市统计公报。

3.4　长江经济带农业生态发展状况

2022 年 2 月，《中共中央　国务院关于做好 2022 年全面推进乡村振兴重点工作的意见》发布，这是 21 世纪以来第 19 个指导"三农"工作的重要文件。20 世纪 50 年代以来，我国地理学者开展了大量关于农业资源、农业区划及不同农业类型布局的相关研究。[179-181] 随着农业产业化推进，一些地区农业长期的粗放式经营模式导致生态环境问题日益显现，造成了大气污染、水资源危机、土地荒漠化、农产品农残超标等一系列危害，引发了农业生态环境的负反馈。习近平总书记多次强调要高度重视和正确处理生态文明建设问题，形成绿色发展方式，坚定走生产发展、生活富裕、生态良好的文明发展道路，农业绿色发展更是被纳入了国家"十四五"规划和 2035 年远景目标。[182] 学者们从多个视角探究中国农业转型发展、农业绿色发展已成为研究热点，关于其模式类型[183-184]、时空格局[185-186]、动力机制[187]等方面的研究逐渐得到重视和关注。农业区域资源禀赋差异大，经济发展不平衡，受自然、经济、社会和技术等各方面要素的综合影响，各区域农业绿色效率必然存在很大差异。[188] 随着农业现代化、气候变化、粮食安全等问题的日益突出，要科学合理地减少农业碳排放和提升农业绿色效率，解决农业绿色发展不均衡问题，需要很好地把握区域农业绿色效率的发展现状。

近年来，我国工业化快速推进，相应资源消耗量也不断增加，工业废弃物产生量长期居高不下，并以每年 10% 的速度迅速增长。由于对危险废物的综合利用长期重视不够，大部分危险废物处于低水平综合利用、简单贮存或直接排放状态，虽然近些年随着经济的发展和环保法规的严格要求，企业在生产过程中均加大了环保的投入，但是整体来看还是有相当数量的企业对工业危废的危害性和资源性意识不足，未能采取无害化、资源化等更为环保的处理方式。

生态文明建设是关乎中华民族永续发展的根本大计。2007年，"生态文明"首次被写进了党的十七大工作报告。这是环境保护在国民经济建设中的地位发生历史性转变的一年。党的十八大提出了"美丽中国"，要求把生态文明建设放在突出地位，融入经济建设中，将"资源节约型、环境友好型社会建设取得重大进展"作为全面建成小康社会的五个目标之一。党的十九大提出，建设生态文明是中华民族永续发展的千年大计，把坚持人与自然和谐共生作为新时代坚持和发展中国特色社会主义基本方略的重要内容，把建设美丽中国作为全面建设社会主义现代化强国的重大目标，把生态文明建设和生态环境保护提升到前所未有的战略高度。

2021年12月17日，生态环境部等18部委联合印发《"十四五"时期"无废城市"建设工作方案》，"无废城市"是以创新、协调、绿色、开放、共享的新发展理念为引领，通过推动形成绿色发展方式和生活方式，持续推进工业废弃物源头减量和资源化利用，最大限度减少填埋量，将工业废弃物环境影响降至最低的城市发展模式，也是一种先进的城市管理理念。随着"无废城市"建设持续推进，着力解决当前工业废弃物产生量大、利用不畅、非法转移倾倒等突出问题是重中之重。过去的2021年，又被称为碳中和元年，这一年来，围绕碳达峰、碳中和展开的一系列改革引领发展方式系统性变革，让经济社会绿色转型和高质量发展进一步有机融合，是当前中国经济社会发展的重大议题。"双碳"政策催生巨大的需求空间。"双碳"目标提出后，再生金属由于其节能减排的潜力备受关注，更重要的是，叠加新冠疫情等宏观影响因素，"双碳"目标可能会带来巨大的再生金属需求空间。

随着中国经济不断发展，综合国力不断增强，发展模式逐渐向高质量发展模式转变，做大做强环保产业是保证发展质量，打赢污染防治攻坚战的重要举措。"绿水青山就是金山银山"，绿色发展作为新时期我国发展的五大理念之一，不仅渐渐深入人心，更是催生了一个体量巨大、潜力巨大的环保大产业。特别是近几年，国家对环保"高规格"的聚焦和"高密度"地出台相关政策文件，为已驶上快车道的环保产业装上了加速引擎。

近年来，国家环境整治力度不断加大，环保部门对工业废弃物管理要求不断提高，监管力度逐渐增强，尤其是危废市场热度递增，在督察重压下，非法处置危废将面临刑事处罚，从而导致需求加速释放，相应的综合利用能力缺口也随之加大。政策的持续加码和需求的稳定增长吸引了众多企业布局环境产业，而大多采用的是传统的焚烧、填埋工艺，产业前端无害化、资源化需要雄厚的人才和技术支撑，目前以单一和"小、散、弱"的布局为主，导致市场竞争加剧，行业格局演变剧烈，传统工艺和技术力量相对薄弱的企业正趋于阵痛和洗牌过程，整个产业面临急剧演变和重塑。

"十四五"时期，推动长江经济带高质量发展，应认真贯彻落实《"十四五"长江经济带发展实施方案》等规划政策，坚持生态优先、绿色发展的战略定位。在国家层面，推进绿色发展除了要在具体政策、财政投入、人才培养、制度供给上给予长期支持外，还要在国家战略、经济发展模式上进行"绿色"调控，从实际出发着力将绿色发展向纵深推进，才能更好地建设美丽中国，践行生态文明战略，为实现"双碳"目标而贡献力量。

3.5 本章小结

本章通过对长江经济带经济社会发展情况、农业经济发展现状以及农业绿色发展状况三个方面进行分析发现，长江经济带以21%的国土面积承载了全国40%以上的人口和40%以上的GDP，人口和经济占据全国"半壁江山"。长江经济带农业产业的产出价值不断提高，随着农业产业化持续推进，农业规模化水平不断扩大，其农业产量也在稳定上升。长江经济带作为我国经济最为活跃的地区，发展潜力巨大，坚持生态优先、绿色发展不仅是自身高质量发展的内在要求，而且对于推动我国经济转型具有重要意义。

第 4 章

长江经济带农业绿色效率测度评价

4.1　长江经济带农业绿色效率测度

4.1.1　模型选取

（1）超效率 MINDS 模型。

DEA 方法通过数学规划模型计算并比较决策单元之间的相对效率，避免了主观设定参数和函数，对决策单元的评价较为客观公平。以 SBM 模型为代表的 DEA 方法已被广泛应用于农业绿色效率的测算当中，但 SBM 模型的投影点为距离有效前沿最远的点，具有使效率值最小化的特点，会使非有效决策单元的实际表现被低估。而阿帕里西奥等（Aparicio，2007）[189] 提出的 MINDS（Minimum Distance to Strong Efficiency Frontier）模型的投影点为至强有效前沿最小距离的点，能有效克服 SBM 模型使效率值最小化的不足。因此，本书将运用考虑非期望产出的超效率 MINDS 模型测算 2001～2019 年长江经济带 126 个地级市的农业绿色效率。

假设每个决策单元有 M 种投入（$i = 1, 2, \cdots, M$），U 种期望产出（$r = 1, 2, \cdots, U$）以及 V 种非期望产出（$v = 1, 2, \cdots, V$），超效率 MINDS 模型的具体设定为

$$\max \rho = \frac{1 - \dfrac{1}{M} \sum_{m=1}^{M} s_m^- / x_{mf}}{1 + \dfrac{1}{U} \sum_{u=1}^{U} s_u^+ / y_{uf} - \dfrac{1}{V} \sum_{v=1}^{V} s_v^- / z_{vf}}$$

$$s.t. \begin{cases} \sum_{c \in E} \lambda_c x_{mc} + s_m^- = x_{mf} \\ \sum_{c \in E} \lambda_c y_{uc} - s_u^+ = y_{uf} \\ \sum_{c \in E} \lambda_c x_{vc} + s_v^- = z_{vf} \\ \lambda, \ s_m^-, \ s_u^+, \ s_v^- > 0 \end{cases} \quad (4-1)$$

其中，E 为生产可能性集合；第 f 个地级市的投入、期望产出和非期望产出向量分别记为 x_f、y_f 和 z_f；λ 为决策单元的线性组合系数；s_m^-、s_u^+ 和 s_v^- 分别表示投入要素、期望产出和非期望产出的松弛变量；ρ 为农业绿色效率，当 $\rho \geqslant 1$ 时，表示决策单元的投入要素被最大化利用，非期望产出实现最小化，同时期望产出也不存在不足，即该决策单元有效；当 $0 \leqslant \rho < 1$ 时，表示决策单元存在改进空间，可通过减少要素投入、降低非期望产出强度或提高期望产出来实现。

（2）超效率 SBM 模型。

传统 DEA 模型由于径向和角度问题无法将投入产出的松弛变量纳入模型中。基于此，Tone 提出了考虑非期望产出的超效率 SBM 模型，大幅度提升了效率测算的准确性。相对于超效率 MINDS 模型，

超效率 SBM 模型能够综合考虑多个输入和输出指标之间的关系，对单位的整体效率进行评估，而且对数据的要求也相对较低，只需单位的输入和输出数据即可进行评估，同时具有更广泛的应用范围，适用于各种领域，如生产效率评估、资源配置优化等。因此，本书还将运用考虑非期望产出的超效率 SBM 模型测算长江经济带农业绿色效率，能够更有效地对测算结果为 1 的农业绿色效率进行评价。模型表达式具体如下：

$$\rho^* = \min \frac{1 - \frac{1}{m} \sum\limits_{i=1}^{m} \frac{s_i^-}{x_{i0}}}{1 + \frac{1}{s_1 + s_2}\left[\sum\limits_{r_1=1}^{s_1} \frac{s_{r_1}^g}{y_{r_10}^g} + \sum\limits_{r_2=1}^{s_2} \frac{s_{r_2}^b}{y_{r_20}^b} \right]} \qquad (4-2)$$

$$s.t. \begin{cases} x_0 \geqslant X\lambda + s^- \\ y_0^g \leqslant Y^g\lambda - s^g \\ y_0^b \geqslant Y_b\lambda + s^b \\ s^- \geqslant 0, \ s^g \geqslant 0, \ s^b \geqslant 0, \ \lambda \geqslant 0 \end{cases} \qquad (4-3)$$

其中，ρ^* 为农业绿色效率值，s^-、s^g、s^b 均为松弛变量，s^- 表示投入冗余，s^g 表示期望产出不足，s^b 表示非期望产出冗余。

4.1.2 投入产出指标体系的构建

（1）指标选取原则。

超效率 MINDS 模型和超效率 SBM 模型都是基于投入产出指标体系对各决策单元的农业绿色效率进行评价，且测算结果的可信度会直接受到所选取的投入指标和产出指标的影响，因此构建科学的农业绿色效率投入产出指标体系是保障测算结果准确性的关键。在综合考虑长江经济带农业生产特点及农业绿色效率意义和内涵的基础上，本书主要基于以下原则进行评价指标的选取：

①目的性和科学性原则。建立评价体系的目的在于对农业绿色效率进行评价，因而构建指标体系应基于充分的科学依据，围绕农业生产资料投入以及资源环境而设计，通过要素投入、期望产出、非期望产出等从多方面多角度反映研究对象的农业生产真实特征，使所选取指标能够科学地反映出农业绿色效率的评价结果。

②系统性和代表性原则。农业绿色效率的评价指标体系是包括经济、社会和环境效益等多要素的复杂系统，因此指标的选取不仅要系统全面地考虑农业生产过程中涉及的多方面及其相互联系，还应考虑各项指标的代表性，同时避免选取含义类似的指标，以期最大限度地保证所构建的指标体系能够准确地反映研究对象的真实情况。

③可比性和可操作性原则。本书的研究对象为长江经济带126个地级市的农业绿色效率，涉及的决策单元较多。因此在进行指标选取时，一方面应确保各指标应具有可量化特点，不同决策单元的同一指标需具有一致的计算口径、计量单元等，保证决策单元之间具有可比性；另一方面，应考虑数据的可获得性，即所选取的指标数据为可通过统计年鉴等资料查取或合理计算获得的客观统计数据，保证效率测算的可操作性。

（2）指标选取。

依据已有相关文献，并在综合考虑农业绿色发展的特性和数据的可获得性后，本书基于农业生产要素投入、期望产出和非期望产出，构建长江经济带农业绿色效率评价指标体系（见表4-1），具体如下：

①投入指标。

资源要素投入：土地要素被认为是农业生产过程中的基本要素，

土地规模和质量会直接影响到农业产量。而劳动力作为农业生产的主体，在农业生产过程中同样必不可少。因此，本书选取土地要素和劳动力要素作为农业生产资源要素投入。考虑到土地复耕的影响，土地投入要素采用农作物总播种面积（千公顷）来衡量土地的实际种植面积。鉴于现有统计资料中只能获得第一产业从业人员数或农林牧渔从业人员数，故采用农业总产值占农林牧渔总产值的比重从第一产业从业人员数中分离出农业从业人员数（万人）。

资本要素投入：农业现代化生产离不开资本的支持，农业机械、农用化学物质以及灌溉等要素即为资本转换为农业生产要素的具体形式。农业机械作为农业现代化生产的主要动力，采用农业机械总动力（万千瓦）来衡量农业生产中机械的投入程度；农用化学物质投入采用农业化肥施用折纯量（万吨）来表征；灌溉设施投入通过有效灌溉面积（千公顷）作为代理变量来表征。

②期望产出。

由于本书所研究的农业属于狭义农业，故采用反映农业经济产出的农业总产值（亿元）来表征期望产出指标。

③非期望产出。

采用农业碳排放量（万吨）表示。由于农业碳排放来源广泛，目前学术界对农业碳排放的计算尚未达成一致。鉴于本书研究的是狭义农业的绿色效率，在估计农业碳排放时只计算农业生产活动所产生的直接碳排放，并不将农民生活中产生的碳排放纳入其中。参考田云等[190]（2012）的已有相关研究成果以及数据可得性，本书确定农业生产活动中产生碳排放的主要来源有化肥、土地翻耕以及农业灌溉。各排放源的碳排放系数参考李波等（2011）[191]以及中国农业大学生物与技术学院的研究，具体分别为农业化肥0.896（kg/kg）、土地翻耕 312.6 （kg/km^2）以及农业灌溉 20.476 （kg/hm^2）。依据 2006 年 IPCC 提供的碳排放计算公式，将农业碳排放计算公式定义为

$$C = \sum_{k=1}^{n} c_k = \sum_{k=1}^{n} \delta_k \omega_k \qquad (4-4)$$

其中，C 为农业碳排放总量；k 为碳排放源种类；c_k 指各种碳排放源的碳排放量；δ_k 为 k 农业碳排放源的碳排放系数；ω_k 为 k 碳排放源使用量。

表 4 - 1　　　　　　　　长江经济带农业绿色效率评价指标体系

指标类型	指标类别	指标名称	单位
投入	土地投入	农作物总播种面积	千公顷
	劳动力投入	农业从业人员数	万人
	机械投入	农业机械总动力	万千瓦
	化肥投入	农用化肥施用折纯量	万吨
	灌溉投入	有效灌溉面积	千公顷
期望产出	经济效益	农业总产值	亿元
非期望产出	环境负荷	农业碳排放量	万吨

4.1.3　长江经济带农业绿色效率投入产出现状分析

（1）投入现状分析。

投入产出指标体系的构建。借鉴现有的文献资料，将农业绿色增长的经济效益、环境效益、社会效益进行综合考量。根据柯布 - 道格拉斯生产函数的相关理论，结合我国农业绿色增长的特性和数据的可获得性，投入指标选取主要分为环境类（化肥、农药以及地膜的使用量等）和资源类（土地、能源、物资以及劳动力等）等一级指标体系。

各省市由于地形、气候、经济发展情况等各方面的差异，导致投入情况不一，但是大体趋势是一致的，下面将一一分析各省的投入情况。

①土地投入。农业生产中最为基本的要素就是土地，土地为农作物提供了生长的来源和空间，没有广阔的土地农作物难以生长，本书选用农作物总播种面积作为农业生产的土地投入指标。通过整理国家统计局和国家粮食局的长江经济带各省市的农作物播种面积，绘制图4-1，对长江经济带土地投入现状进行分析。

（万公顷）

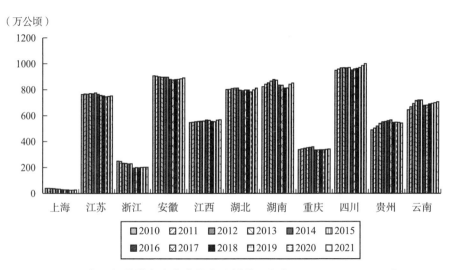

图4-1 长江经济带各省市农作物总播种面积条形图（2010~2021年）

从图4-1来看，东部地区的上海农作物总播种面积呈现持续下降趋势，农作物播种面积体量很小，表明上海地区土地城市化严重，大量农田减少，这也与上海的经济定位有关。东部地区的江苏农作物总播种面积总体降幅不大，从2010年的761.96万公顷下降到2021年的751.44万公顷，有一定的波动，总的来讲，江苏的农作物总播种面积在一定程度上有所下降。东部地区的浙江农作物总播种面积呈现一个下降的态势，从体量上看，下降幅度很大，甚至大于上海总播种面积的体量，从耕种面积的体量来看，浙江的农作物总播种面积不到江苏的一半。总的来看，东部地区农作物总播种面积呈现下降态势，其中浙江下降最为明显，上海次之，这应该与东部地区的经济发展定位有关。

安徽在中部地区的农作物总播种面积体量最大，总的来讲下降趋势不大，小幅波动，大体维持稳定。江西在中部地区省市中的农作物总播种面积是体量最小的，农作物总播种面积有一个小幅增长，从 2010 年的 545.77 万公顷小幅上升到 2021 年的 567.29 万公顷，农作物总播种面积总体来看稳中有升。中部地区省市湖北、湖南在农作物总播种面积上占有较大体量，农作物总播种面积表现为先下降后上升的趋势。湖南在中部地区农作物总播种面积与湖北情况大体相当。总的来看，中部地区除安徽外其他省市的农作物总播种面积呈现上升态势，这表明安徽的土地城市化程度要高于长江经济带中部地区的其他省市。

西部地区中重庆的农作物总播种面积体量最小，总体来看增幅较小，呈现波动趋势。四川在西部地区农作物总播种面积体量最大，四川的农作物总播种面积呈现稳中有升的态势，总体来看增幅不大。贵州在西部地区的农作物总播种面积增幅较为明显。云南在西部地区的农作物总播种面积体量仅次于四川，增长趋势与贵州类似。总的来看，西部地区省市的农作物总播种面积川、渝地区增长不明显，云、贵两省增幅明显，表明，川、渝两地的城市化进程要高于云贵地区。

从图 4 - 2 可以观察到东部地区农作物总播种面积所占体量较小，保持在 1000 万公顷上下，总体呈现下降态势，这也与长三角以二、三产业为主体经济发展定位有关。中部地区农作物总播种面积所占体量最大，在3000万公顷上下，总体保持稳中有升的态势。西部地区的农作物总播种面积保持在2500万公顷上下，除2015年有明显下降外，其他年份均保持增长的态势，最近几年有上升的趋势，表明西部地区越来越重视生态环境。

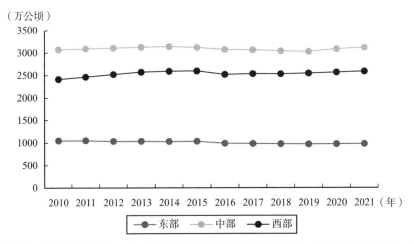

（万公顷）

图4-2 长江经济带东、中、西部省市农作物总播种面积趋势图（2010～2021年）

②水资源投入。水是生命之源，没有水就没有植物的生长，本书用有效灌溉面积来表示农业的水资源投入，通过整理国家统计局和国家粮食局（2010～2020年）的长江经济带各省市的有效灌溉面积，绘制图4-3，对长江经济带水资源投入现状进行分析。

从图4-3来看，东部地区的上海有效灌溉面积呈现下降的趋势，从灌溉面积的体量来看，上海的有效灌溉面积体量很小，也与上海本身的土地面积有关。东部地区的江苏有效灌溉面积总体表现为稳中有升，从2010年的381.97万公顷增长到2020年的422.47万公顷。东部地区的浙江有效灌溉面积总体保持稳中有升的态势，变化不大。从有效灌溉面积的体量来看，浙江的有效灌溉面积不到江苏的一半，当然也与浙江省的面积有关。浙江的有效灌溉面积占本省的农作物总播种面积接近 50%，表明浙江的有效灌溉率很高。总的来看，东部地区有效灌溉面积除江苏外呈现稍有下降的趋势，上升的空间仍然很大，节水灌溉技术仍需要提升。

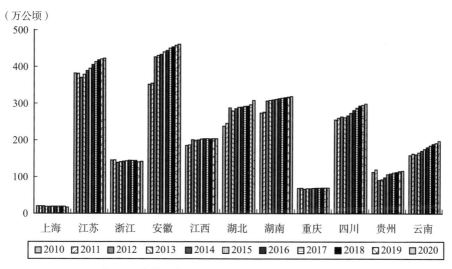

图 4 - 3　长江经济带各省市有效灌溉面积条形图（2010 ~ 2020 年）

安徽在中部地区的有效灌溉面积体量最大，呈现上升态势，尤其是 2012 年以后增幅明显，增幅近 100 万公顷。江西在中部地区省市中的有效灌溉面积体量较小，有效灌溉面积小幅增长，增幅并不明显。中部地区省市湖北有效灌溉面积体量大，有效灌溉面积大幅增长。湖南在中部地区有效灌溉面积体量最大，增幅没有湖北省明显，有效灌溉面积的增幅没有农作物总播种面积的增幅大。总的来看，中部地区有效灌溉面积提升仍然有很大空间，尤其是江西省，增幅最不明显。

西部地区中重庆的有效灌溉面积体量最小，总体来看增幅较小，表现为稳中有升。四川在西部地区有效灌溉面积体量最大，四川的农作物有效灌溉面积呈现稳中有升的态势。贵州在西部地区的有效灌溉面积呈波动趋势，体量大小与重庆相似。云南在西部地区的有效灌溉面积居第二位，呈现上升趋势，增幅没有农作物总播种面积大。这表明西部地区需要加大有效灌溉面积。

从图4-4可以观察到东部、西部地区有效灌溉面积所占体量较小，保持在600万公顷上下，总体呈稳中有升态势，西部地区的有效灌溉面积超过东部的有效灌溉面积。中部地区有效灌溉面积所占体量最大，是东、西部地区的两倍，有效灌溉面积总体呈现上升的态势，增幅明显，尤其是在2012年以后上升趋势明显，有一个跨越式飞跃，超过1200万公顷，2013以后增长又趋于平缓。总的来看，西部地区省市的有效灌溉增幅没有中部地区明显，有效灌溉面积需要进一步提升。

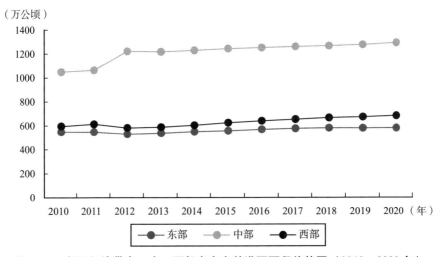

（万公顷）

图4-4 长江经济带东、中、西部省市有效灌溉面积趋势图（2010~2020年）

③能源投入。能源是农业发展的动力之源,本书用农用柴油使用量来表示农业生产的能源投入,通过整理国家统计局和国家粮食局(2010～2020 年)的长江经济带各省市的农用柴油使用量绘制下图,对长江经济带能源投入现状进行分析。

从图 4－5 来看,东部地区的上海农用柴油量呈现一个稳中有升的态势,从农用柴油量使用的体量来看,上海的农用柴油使用量体量很小。总体来看,增幅不大。东部地区的江苏农用柴油量小幅上升,从 2010 年的 97.5 万吨上升到 2021 年的 104.3 万吨。东部地区的浙江农用柴油使用量体量最大。总体表现为下降趋势,从 2010 年的 191.6 万吨下降到 2021 年的 176.9 万吨,这表明浙江的农用柴油量在减少投入冗余现象,缓解了环境污染情况。

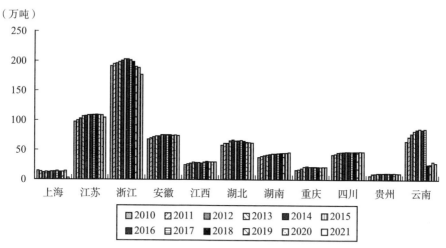

图 4－5　长江经济带各省市农用柴油使用量条形图(2010～2021 年)

安徽在中部地区的农用柴油使用量体量最大,呈现上升态势。从 2010 年的 68.1 万吨上升到 2021 年的 74.4 万吨,小幅上升。江西在中部地区省市中的农用柴油使用量体量较小。从 2010 年的 24.9 万吨上升到 2021 年的 29.9 万吨，农用柴油使用量总体稳中上升。中部地区，湖北在农用柴油使用量占有体量上与安徽相当，农用柴油使用量增长明显，从 2010 年的 58.3 万吨上升到 2021 年的 62.4 万吨。湖南在中部地区农用柴油使用量体量仅高于江西，从 2010 年的 37.8 万吨上升到 2021 年的 45 万吨。总的来看，中部地区农用柴油使用量呈现上升态势。

西部地区中重庆的农用柴油使用量体量不大，总体来看，呈现上升态势，从 2010 年的 16.4 万吨上升到 2021 年的 21.3 万吨，增幅不大。四川在西部地区农用柴油使用量体量仅低于云南，总体来看使用量呈现上升趋势，从 2010 年的 42.1 万吨上升到 2021 年的 47 万吨，四川的农用柴油使用量呈现稳中有升的态势。贵州在西部地区的农用柴油使用量体量最小，从 2010 年的 6.9 万吨上升到 2021 年的 10.4 万吨，增幅明显。云南在西部地区的农用柴油使用量体量最大，但从 2010 年的 65.3 万吨减少到 2021 年的 28.3 万吨。

从图 4-6 可以观察到西部地区农用柴油使用量体量最小，2010 年以后使用量增幅明显，但 2018 年出现大幅下降趋势。中部地区的农用柴油使用量略高于西部地区，总体呈上升态势，增幅较缓慢。东部地区农用柴油使用量所占体量最大，远高于中、西部地区，处于在波动中下降的趋势，2010 年以后农用柴油使用量超过了 300 万吨，然而东部地区的农作物总播种面积却是最小的，东部地区农用柴油使用量存在投入冗余现象，增加不良产出的产生，这与加大机械数量投入有关。

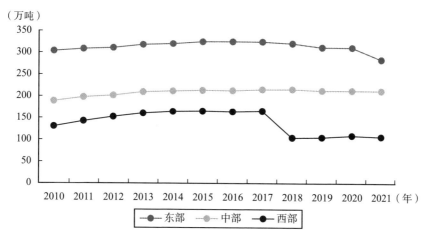

（万吨）

图 4 - 6　长江经济带东、中、西部省市农用柴油使用量面积趋势图（2010~2021 年）

④机械投入。机械可以代替人的劳动从而提高生产效率，本书拟用农业机械总动力表示机械投入，通过整理国家统计局和国家粮食局（2010~2021 年）的长江经济带各省市的农业机械总动力，绘制图 4 - 7，对长江经济带机械投入现状进行分析。

从图 4 - 7 来看，东部地区的上海的农业机械总动力体量最小，呈现下降的态势。从 2010 年的 104.1 万千瓦下降到 2021 年的 102.7 万千瓦，这表明上海的经济重心不在农业。东部地区的江苏农业机械总动力增幅明显而且一直处于增长的态势，这表明江苏省是一个农业大省，从 2010 年的 3937.3 万千瓦增长到 2021 年的 5148.2 万千瓦，总的来讲，江苏的农业机械总动力增幅很大，机械化程度大幅提升。东部地区的浙江农业机械总动力体量不是很大，然而农用柴油使用量却很大，这也表明，东部地区的农用柴油量存在投入冗余现象。

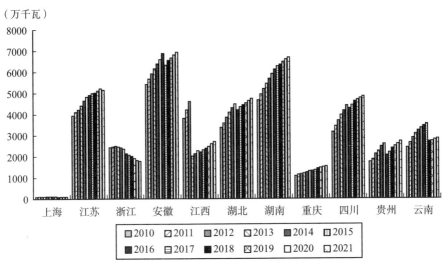

（万千瓦）

图 4 - 7　长江经济带各省市农业机械总动力条形图（2010～2021 年）

　　安徽在中部地区的农用机械总动力所占体量最大，呈现指数级上升趋势。从 2010 年的 5409.8 万千瓦上升到 2021 年的 6924.3 万千瓦，增长幅度明显。江西在中部地区省市中的农用机械总动力经历了先增后降再增的过程。总体上从 2010 年的 3805 万千瓦下降到 2021 年的 2695.4 万千瓦，在 2012 年达到了峰值，这表明 2012 以后江西的农业机械化程度发展缓慢。中部地区省市湖北的农业机械总动力一直处于增长态势，且增幅明显。湖南在中部地区农用机械总动力体量与安徽持平，增长幅度高于安徽，从 2010 年的 4651.5 万千瓦上升到 2021 年的 6676.4 万千瓦。总体来看，中部地区的农业机械总动力上升态势明显，尤其安徽、湖南两省增幅明显，湖北次之，江西需要加快农业机械化进程，走出 2012 年以后的颓势。

　　西部地区中重庆的农用机械总动力体量最小，与重庆的地形也有关系，从 2010 年的 1071.1 万千瓦上升到 2021 年的 1532.5 万千瓦。四川在西部地区农用机械总动力体量最大，总体来看，上升趋势明

显，从 2010 年的 3155.1 万千瓦上升到 2021 年的 4933.9 万千瓦，这
表明农业机械化呈现加快发展趋势。贵州在西部地区的农用机械总动
力增幅明显，2010 年为 1730.3 万千瓦，一直到 2015 呈现线性增长趋
势，到达峰值 2575.2 万吨后再下降，到 2021 年又上升到 2705.4 万
千瓦。云南在西部地区的农用机械总动力增长明显，从 2010 年的
2411.1 万千瓦上升到 2021 年的 2838.9 万千瓦。

从图 4 - 8 可以观察到东部地区的农用机械总动力增长最慢，体
量最小，东部地区的增长主要看江苏的增长，上海和浙江农业机械总
动力呈现下降趋势。西部在 2010 年增长趋势明显加快，增长明显。
中部地区的农用机械总动力体量最大，增长趋势明显，在 2012 年达
到一个峰值，之后有了小幅回落，但不是很明显，维持在一个高水平
的量级增长，以后的年份以缓慢的速度持续增长。总体来看，长江经
济带的农用机械总动力呈现了增长的趋势，农业机械化加快发展。

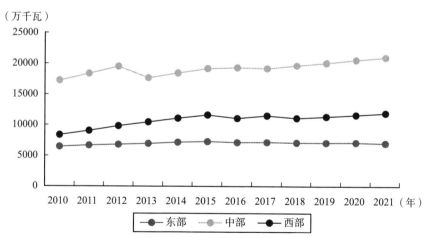

图 4 - 8　长江经济带东、中、西部省市农业机械总动力数趋势图（2010～2021 年）

⑤化肥投入。化肥是农作物的肥料，有助于农作物的增产，同时

也会产生面源污染、土壤板结等危害，化肥的投入使用是一把"双刃剑"。本书用化肥施用量表示农业的投入，通过整理国家统计局和国家粮食局（2010~2021年）的长江经济带各省市的化肥施用量，绘制图4-9，对长江经济带化肥投入现状进行分析。

从图4-9来看，东部地区的上海化肥施用量处于一个持续下降的态势，从化肥施用量的体量来看，上海的化肥施用量体量最小。从2010年的11.8万吨下降到2021年的6.6万吨。东部地区的江苏化肥施用量体量最大，呈现一个持续大幅下降的态势，开始下降的年份较早，表明对环境的污染程度减少。东部地区的浙江化肥施用量体量不是很大，总体表现为下降的趋势，总体来看，浙江的化肥施用量不到江苏的1/3。这表明东部地区的农用化肥投入呈现明显下降趋势。

安徽在中部地区的化肥施用量体量很大，呈现先上升后下降的态势。从2010年的319.8万吨上升到2014年314.4万吨，增幅明显，到2021年回落到284.7万吨，增长幅度下降，这说明安徽的化肥施用量最近几年开始呈现下降的趋势。江西在中部地区省市中的化肥施用量体量最小，化肥施用量小幅增长，增幅并不明显，最近几年开始呈现下降趋势。中部地区省市湖北在化肥施用量体量大，呈现先上升后下降趋势，从2010年的350.8万吨上升到2012年的354.9万吨，增幅明显，再到大幅回落到2021年的262.6万吨，已经低于2010年的施用水平。湖南在中部地区化肥施用量体量仅高于江西，也经历了先上升后下降的趋势，从2010年的236.6万吨上升到2012年的249.1万吨，再小幅下降到2021年的219.1万吨。总的来看，中部地区的化肥施用量呈现先上升后下降的态势，尤其湖北省最为明显，下降的趋势显现得比较早，安徽省次之。表明东部地区已经开始减少化肥的投入，注重农产品绿色、安全和品质。

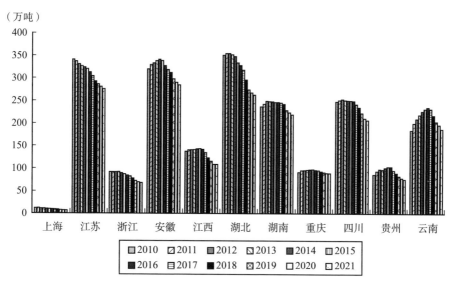

图 4 - 9　长江经济带各省市化肥施用量条形图（2010～2021 年）

　　西部地区中重庆的化肥施用量体量最小，总体来看波动不明显，2010 年为 91.8 万吨，2015 年达到峰值 97.7 万吨，2021 年回落到 89.1 万吨，下降趋势开始显现。四川在西部地区的化肥施用量体量最大，总体来看呈现先上升后大幅下降的趋势。贵州在西部地区的农用化肥施用量体量最小，呈现先增长后下降的趋势。云南在西部地区的化肥施用量体量仅次于四川省且上涨趋势明显，2010 年为 184.6 万吨，2016 年达到一个峰值 235.6 万吨，2021 年回落到 187.3 万吨。这表明西部省市开始呈现化肥施用量下降的年份最晚，西部省市化肥投入冗余现象严重。

　　从图 4 - 10 可以观察到东部的化肥施用量呈现一个持续下降的趋势，2010 年以后下降趋势明显。西部的化肥施用量呈现了一个先上升后下降的趋势，2012 年以后这个增长的趋势开始放缓，2016 年以后开始呈现下降的趋势。中部地区的化肥施用量最大，大于东、西部之和，

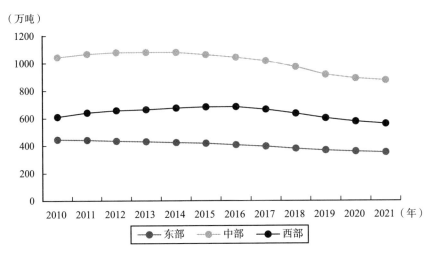

（万吨）

图 4 – 10　长江经济带东、中、西部省市化肥施用量趋势图（2010～2021 年）

呈现一个先增长后下降的趋势，在 2013 年达到峰值，之后开始出现下降的趋势。总的来看，长江经济带的化肥施用量开始呈现下降的趋势。

⑥农药投入。农药能够杀死害虫，有助于农作物的增产，同时也会产生面源污染、土壤板结等危害，农药的投入亦是一把"双刃剑"。本书用农药施用量表示农业的投入，通过整理国家统计局和国家粮食局（2010～2021 年）的长江经济带各省市的农药施用量，绘制图 4 – 11，对长江经济带农药投入现状进行分析。

从图 4 – 11 来看，东部地区的上海农药施用量处于一个持续下降的态势，从农药施用量的体量来看，上海的农药施用量体量最小。从 2010 年的 7038 吨，到 2021 下降到 2021 年的 2384 吨，降幅很大。东部地区的江苏农药施用量呈现一个持续下降的态势，从 2010 年的 90126 吨下降到 2021 年的 63547 吨，总的来讲，江苏的农药施用量降幅很大。东部地区的浙江农药施用量总体表现为下降的趋势，2010 年为 65075 吨，2021 年下降到 34563 吨，降幅明显，这表明东部地区更加注重农产品的有机健康。

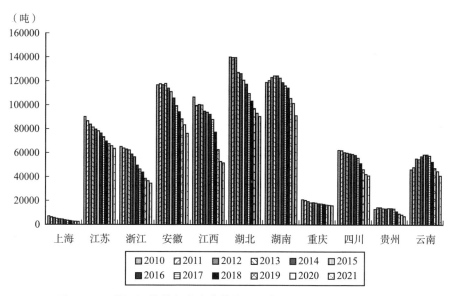

图 4-11　长江经济带各省市农药施用量条形图（2010~2021 年）

安徽在中部地区的农药施用量体量很大，呈现先上升后下降的态势。江西在中部地区省市中的农药施用量体量最小，农药施用量呈现持续下降的趋势。中部地区湖北农药施用量体量最大，农药施用量呈现下降趋势。湖南在中部地区农药施用量体量仅低于湖北，经历了先上升后下降的趋势。总的来看，中部地区的农药施用量体量大，呈现先上升后下降的态势，其中，湖南省下降趋势最不明显，下降年份最晚，这表明湖南省的农药投入冗余量较大。

西部地区中重庆的农药施用量体量小，总体来看呈现下降的态势。四川在西部地区的农药施用量体量最大，总体来看使用量呈现下降的趋势，2010 年为 62184 吨，2021 年下降到 40974 吨。贵州在西部地区的农药施用量体量最小，呈现波动的趋势，2010 年为 12938 吨，2012 年上升到 14450 吨，增幅明显并达到峰值，2021 年下降到 7048 吨，低于 2010 年农药施用量水平。云南在西部地区的农药施用量体量仅次于四川，且呈现了先上升后下降的趋势。这表明西部地区省市的农药投入量需要进一步降低，减轻对环境的污染。

从图 4－12 可以观察到东部地区的农药施用量呈现持续下降趋势，尤其是最近几年下降趋势明显。西部地区的农药施用量呈现出先上升后下降的趋势，2012 年以后这个增长的趋势开始放缓，2016 年以后开始显现下降的趋势。中部地区的农药施用量最大，大于东、西部之和，但也呈现出下降的趋势，下降趋势明显。总的来看，长江经济带的农药施用量开始呈现下降的趋势，尤其是在 2012 年之后，这表明人民的生态、环保、绿色意识越来越强，国家也在出台有关政策，控制农药的使用。

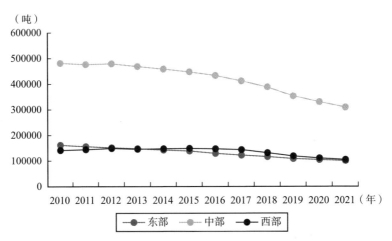

图 4－12　长江经济带东、中、西部省市农药施用量趋势图（2010～2021 年）

⑦农膜投入。薄膜能够保温，有助于农作物的增产，但同时也会

产生"白色"污染、土壤板结等危害，农膜的投入是一把"双刃剑"。本书用农用塑料薄膜使用量表示农业投入，通过整理国家统计局和国家粮食局（2010~2021 年）的长江经济带各省市的薄膜使用量，绘制图 4-13，对长江经济带农膜投入现状进行分析。

从图 4-13 来看，东部地区的上海薄膜使用量处于一个持续下降的趋势，从薄膜使用量的体量来看，上海的薄膜使用量体量最小。东部地区的江苏薄膜使用量体量最大，呈现先升后降的趋势，2010 年为100194 吨，2014 年达到峰值 119846 吨，2021 年下降到 105775 吨。东部地区的浙江薄膜使用量总体表现为先升后小幅下降趋势。总的来看，东部地区农膜使用量下降的趋势已经开始显现，但是，在农用薄膜的使用上仍存在投入冗余问题，对环境造成了污染。

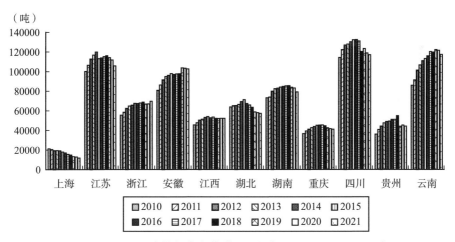

图 4-13　长江经济带各省市薄膜使用量条形图（2010~2021 年）

安徽在中部地区的薄膜使用量体量很大，呈现持续上升的态势。2010 年为 80721 吨，2021 年上升到 102605 吨。江西在中部地区省市中的薄膜施使用量体量最小，呈现先升后降的趋势，2010 年为 45491

吨，2015 年达到峰值 53977 吨，2021 年下降到 52196 吨。中部地区省市湖北在薄膜使用量上占有体量高于江西，薄膜使用量先上升后下降。湖南在中部地区薄膜使用量体量最大，呈现持续增长的趋势，这表明湖南需要进一步控制农用薄膜的使用，防止农业薄膜投入过量冗余，产生土壤污染。

西部地区中重庆的薄膜使用量体量最小，总体来看呈现先上升后下降态势，2010 年为 36602 吨，2021 年上升到 41159 吨。四川在西部地区的薄膜使用量体量最大，总体来看使用量呈现波动趋势，最近几年使用量开始下降。贵州在西部地区的薄膜使用量呈现为在波动中增长的趋势，从 2010 年的 36174 吨上升到 2021 年的 44224 吨。云南在西部地区的薄膜使用量上涨的趋势明显，从 2010 年的 85690 吨上升到 2021 年的 117326 吨，增幅明显，这表明农用薄膜的使用存在严重的投入冗余现象。

从图 4–14 可以观察到东部的薄膜使用量呈现先增长后持续下降的趋势，2014 年达到了峰值，之后缓慢下降。西部的薄膜使用量也呈现了先上升后下降的趋势，2015 年以后增长的趋势开始放缓，最近两年开始呈现下降的趋势。中部地区的薄膜使用量呈现了先增长后缓慢下降的趋势，在 2017 年达到了峰值，之后开始出现下降的趋势。总的来看长江经济带的薄膜使用量开始呈现下降的趋势，尤其是在 2015 年之后，这表明国家对环境的监管力度在提高，同时人民的生态、环保、绿色意识也越来越强，在有意识地控制薄膜的使用。

（2）产出现状分析。

产出指标包括期望产出指标和非期望产出指标，借鉴已有文献，本书选用农业总产值作为期望产出指标，将农业碳排放和农业面源污染作为非期望产出指标。

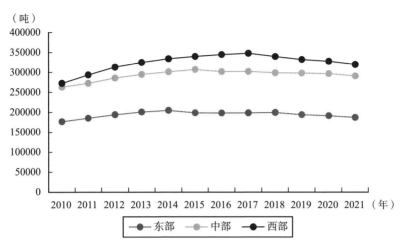

（吨）

图 4 - 14　长江经济带东、中、西部省市薄膜使用量趋势图（2010 ~ 2021 年）

第一，期望产出。本书以农业总产出来衡量期望产出，通过整理国家统计局和国家粮食局（2010 ~ 2021 年）的长江经济带各省市的农业总产出，绘制图 4 - 15，对长江经济带期望产出现状进行分析。

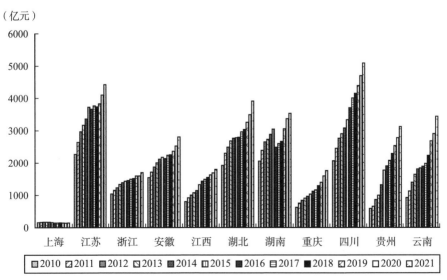

（亿元）

图 4 - 15　长江经济带各省市农业总产值条形图（2010 ~ 2021 年）

从图 4 – 15 来看，东部地区的上海农业总产值体量最小，呈现先上升后下降的态势。2010 年为 155.3 亿元，2013 年为 172.28 亿元，达到峰值，2021 年回落到 144.9 亿元，总体来看，农业总产值在下降。东部地区的江苏农业总产值增幅明显，呈现指数级增长，这表明江苏农业发展迅猛，从 2010 年的 2269.6 亿元增长到 2021 年的 4426.1 亿元，总的来讲，江苏的农业总产值增幅巨大。东部地区的浙江农业总产值增长势头没有江苏快，且农业总产值体量不足江苏省内的一半，从 2010 年的 1041.3 亿元上升到 2021 年的 1697.9 亿元。

安徽在中部地区的农业总产值增长迅速，从 2010 年的 1544.4 亿元上升到 2021 年的 2802.9 亿元，增长幅度明显。江西在中部地区省市中的农业总产值体量最小，呈现上升的趋势。2010 年为 801.4 亿元，2021 年为 1796.3 亿元，增长明显。中部地区省市湖北的农业总产值一直处于增长态势，且增幅明显，2010 年为 1921.7 亿元，2021 年为 3912.5 亿元。湖南在中部地区农业总产值增长最快，呈指数级增长，从 2010 年 2059.6 亿元上升到 2021 年的 3532.9 亿元。总的来看，中部地区的农业总产值上升态势明显，尤其湖北、湖南两省增幅明显。

西部地区中重庆的农业总产值呈现上升态势，2010 年为 623.3 亿元，2021 年为 1795.9 亿元，增幅明显。四川在西部地区农业总产值体量最大，上升趋势明显，呈现指数级增长，从 2010 年的 2096.3 亿元上升到 2021 年的 5089.5 亿元，是长江经济带所有省市中增长最多的。贵州在西部地区的农业总产值处于增长趋势，呈现指数级增长，从 2010 年的 587.3 亿元上升到 2021 年的 3123.7 亿元，增幅很大，尤其是在 2012 年以后。云南在西部地区的农业总产值增长明显，从 2010 年的 925.6 亿元上升到 2021 年的 3441.5 亿元，比 2010 年增长了近六倍。

从图 4 - 16 可以观察到东部的农业总产值增长较为平缓，体量最小。西部在 2017 年以后农业总产值超越中部，增长明显。中部地区农业总产值体量大，增长趋势明显，维持在一个高水平的量级。总的来看，长江经济带的农用总产值呈现增长的趋势，且西部地区增长最快，中部次之，东部增长较为缓慢，这也与各地区的经济地位有关，东部的外向型经济发展较快，中、西部农业占有较大比重。

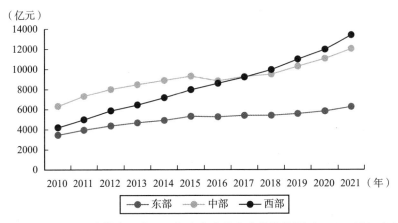

图 4 - 16　长江经济带东、中、西部省市农业总产值趋势图（2010～2021 年）

第二，非期望产出。

①农业碳排放计算。本书参考中国农业大学生物与技术学院以及李波（2011）[191]等人的研究确定农业生产活动中产生的碳排放主要来源及系数（见表 4 - 2），依据 2006 年 IPCC 提供的碳排放计算公式，计算农业碳排放量。

表4-2   农业生产中的主要碳源及其碳排放系数

碳源	碳排放系数	参考来源
农药	4.9341千克/千克	美国橡树岭国家实验室
化肥	0.8956千克/千克	美国橡树岭国家实验室
柴油	0.5927千克/千克	IPCC联合国气候变化政府间专家委员会
农用薄膜	5.18千克/千克	南京农业大学农业资源与生态环境研究所
机械投入	0.18千克/千瓦	中国农业大学生物与技术学院
灌溉	288.48千克/平方公顷	段华平等

经计算，绘制图4-17，对长江经济带农业的非期望产出的碳排放量现状进行分析。

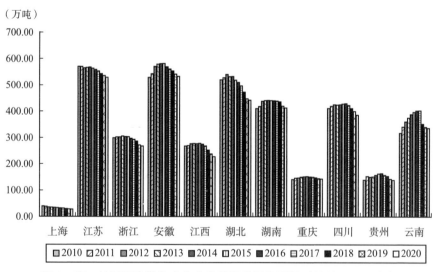

图4-17 长江经济带各省市农业碳排放量条形图（2010~2020年）

从图4-17来看，东部地区的上海农业碳排放量处于持续下降态势，从农业碳排放量的体量来看，上海的农业碳排放量体量最小。从

2010 年的 39.57 万吨下降到 2020 的 27.58 万吨，降幅很大。东部地区的江苏农业碳排放量呈现持续下降的态势。总的来看，江苏的农业碳排放量降幅不大。东部地区的浙江农业碳排放量总体表现为先上升后下降的趋势，2010 年为 299.25 万吨，2013 年达到一个小的峰值 305.87 万吨，2020 年下降到 272.33 万吨，降幅明显。

安徽在中部地区的农业碳排放量较高，呈现先上升后下降的趋势。2010 年为 528.66 万吨，2015 年达到峰值 581.86 万吨，之后呈现下降的趋势，到 2020 年回落到 532.99 万吨。江西在中部地区省市中的农业碳排放量不高，同样呈现先增长后下降的趋势。2010 年为 268.24 万吨，2015 年达到峰值 278.86 万吨，之后呈现下降趋势，到 2020 年下降到 227.59 万吨。中部地区省市湖北在农业碳排放量上占有体量最大，同样呈现先上升后下降的趋势，从 2010 年的 520.08 万吨上升到 2012 年的 540.79 万吨，达到一个峰值，再下降到 2020 年的 442.49 万吨。湖北省达到农业碳达峰的年份较早，降幅也很大。湖南在中部地区农业碳排放量上也经历了先上升后下降的趋势，从 2010 年的 410.66 万吨上升到 2014 年的 441.96 万吨，达到峰值，再下降到 2020 年的 413.48 万吨。总的来看，中部地区的农业碳排放量呈现先上升后下降的趋势。

西部地区中重庆的农业碳排放量体量较小，总体来看，呈现先上升后下降的态势，2010 年为 141.15 万吨，2015 年为 152.62 万吨，达到峰值，2020 年下降到 143.06 万吨。四川在西部地区的农业碳排放量体量最大，总体来看使用量呈现先上升后波动下降的趋势，从 2010 年的 411.1 万吨上升到 2016 年的 429.95 万吨，再到 2020 年有小幅回落，到了 386.22 万吨。贵州在西部地区的农业碳排放量体量不大，呈现先增长后下降的趋势，2010 年为 139.64 万吨，到 2016 年达到峰值 164.46 万吨，再到 2020 年下降到 138.74 万吨。云南在西部地区的农业碳排放体量仅次于四川，2010 年为 317.47 万吨，2017年达到峰值 403.34 万吨，到 2020 年开始呈现下降趋势。

从图 4-18 可以观察到东部的农业碳排放量呈现一个小幅持续下降的趋势，2011 年达到了峰值，之后的年份表现为持续下降的趋势，尤其是最近几年下降趋势明显。西部的农业碳排放量呈现了一个先上升后下降的趋势，2012 年以后增长的趋势开始放缓，2016 年达到峰值以后开始显现下降的趋势。中部地区的农业碳排放量最大，大于东、西部之和，呈现先增长后下降的趋势，在 2014 年达到了一个峰值，之后开始出现下降的趋势，最近两年下降趋势明显。总的来看，长江经济带农业碳排放量开始呈现下降趋势，东部地区农业碳达峰最早，中部次之，西部最晚，这表明国家对碳减排越来越重视，农民的生态、环保、绿色意识越来越强。

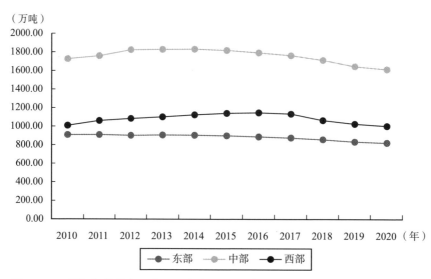

图 4-18　长江经济带东、中、西部省市农业碳排放量趋势图（2010~2020 年）

②农业面源污染计算。农业面源污染主要考虑农药、化肥以及农用薄膜的流失率或残留量。计算方式为污染源污染量＝污染性投入×其污染系数＋各类污染源污染总量。借鉴相关文献资料（朱兆良，2000；侯孟阳、姚顺波，2019）[192,170]等，农药流失系数、化肥残留系数以及农用薄膜残留系数分别为 50%、75% 以及 10%，通过此公式计算农业面源污染量。经计算，绘制图 4 - 19，以供对长江经济带农业的非期望产出的面源污染现状进行分析。

从图 4 - 19 来看，东部地区上海的农业面源污染处于持续下降的态势，从农业面源污染的体量来看，上海的农业面源污染体量最小。从 2010 年的 24.03 万吨下降到 2021 年的 13.2 万吨，降幅很大。东部地区的江苏农业面源污染呈现大幅下降的趋势，从 2010 年的 621.47 万吨下降到 2021 年的 503.47 万吨。东部地区的浙江农业面源污染体量

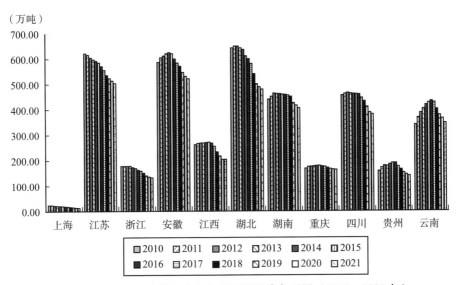

图 4 - 19　长江经济带各省市农业面源污染条形图（2010 ~ 2021 年）

资料来源：根据国家统计局和国家粮食局数据计算而得。

不大，总体表现为下降的趋势，从 2010 年的 177.21 万吨上升到 2013 年的 178.14 万吨，达到峰值，到 2021 年下降到 132.38 万吨。

安徽在中部地区的农业面源污染较为严重，呈现先上升后下降的趋势。江西在中部地区省市中的农业面源污染较低，呈现先增长后下降的趋势。中部地区省市湖北在农业面源污染占有体量最大，同样呈现先上升后下降趋势，从 2010 年的 641.91 万吨上升到 2012 年的 649.16 万吨，达到峰值，再下降到 2021 年的 479.42 万吨，湖北省达到农业面源污染峰值的年份较早，降幅也很大。湖南在中部地区农业面源污染也经历了先上升后下降的趋势，从 2010 年的 439.41 万吨上升到 2012 年的 463.12 万吨，达到峰值，再下降到 2021 年的 405.79 万吨。总的来看，中部地区的农业面源污染呈现先上升后下降的态势。

西部地区中，重庆的农业面源污染体量较小，总体来看，呈现先上升后下降的趋势，2010 年为 167.8 万吨，2015 年为 178.67 万吨，达到峰值，2021 年下降到 162.86 万吨。四川在西部地区的农业面源污染体量最大，总体来看使用量呈现先上升后下降的趋势，2010 年为 455.89 万吨，2012 年上升到 465.75 万吨，达到峰值，2021 年下降到 381.61 万吨。贵州在西部地区的农业面源污染体量不大，呈现先增长后下降的趋势，2010 年为 157.29 万吨，2016 年达到高峰 189.14 万吨，2021 年下降到 138.92 万吨。云南在西部地区的农业面源污染仅次于四川，且呈现波动趋势，2010 年为 339.4 万吨，2016 年达到峰值 433.84 万吨，到 2021 年回落到 346.85 万吨，开始呈现下降趋势。

从图 4-20 可以观察到东部的农业面源污染呈现持续下降的趋势，尤其是 2010 年以后下降趋势明显，2018 年下降到 700 万吨以下。西部的农业面源污染呈现波动的趋势，2011 年以后增长趋势开始放缓，2016 年达到峰值以后显现下降趋势。中部地区的农业面源污染体量最大，呈现先增长后下降的趋势，在 2014 年达到峰值，之后开始出现下降的趋势，最近两年下降趋势明显。总的来看，长江经济带农业面源污染开始呈现下降的趋势，尤其是在 2016 年之后，这表明国家对生态环境的保护越来越重视，农民也更加注重保护环境。

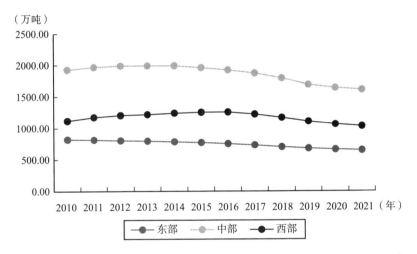

图 4 – 20　长江经济带东、中、西部省市农业面源污染趋势图（2010～2021 年）

4.1.4　数据来源及处理

本书基于 2001～2019 年长江经济带 126 个地级市的面板数据，构建评价指标体系测算其农业绿色效率。相关数据来源于长江经济带 11 个省市的统计年鉴、126 个市州的统计年鉴和统计公报、《中国区域经济统计年鉴》、EPS 数据平台等。针对部分缺失数据，通过年均增长率进行预测和补齐（见表4-3）。

表4-3　　　　农业绿色效率的投入产出指标体系描述性统计

指标名称	平均值	标准差	最小值	最大值
农作物总播种面积	516.34	397.03	13.45	3606.42
农业从业人员数	57.05	49.26	0.40	505.54
农业机械总动力	237.18	176.65	8.80	1464.70
农用化肥施用折纯量	15.61	13.03	0.18	97.73
有效灌溉面积	174.77	123.00	7.8	733.00
农业产值	113.66	109.13	2.70	1397.49
农业碳排放量	14.50	11.98	0.24	90.06

4.2　长江经济带静态农业绿色效率的测度评价

4.2.1　基于超效率MINDS模型的农业绿色效率的测度分析

本书以MAXDEA软件为计算平台，首先采用考虑非期望产出的超效率MINDS模型测算了2001~2019年长江经济带126个地级市的农业绿色效率，并基于测算得到的农业绿色效率年均值及年增长率绘制2001~2019年长江经济带农业绿色效率的时序变化趋势图，如图4-21所示。

从图4-21可知，长江经济带农业绿色效率值在0.9733~1.0306区间波动，整体表现为上升态势。具体来说，研究期内农业绿色效率变化可大致划分为三个阶段：2001～2003 年效率值呈倒"V"演变趋势，在 2003 年效率值跌至整个研究期的最低值，为 0.9733；2004～2013 年农业绿色效率增长十分平缓，效率值由 2004 年的 0.9882 增长至 2013 年的 0.9885，该时期长江经济带农业绿色发展基本处于停滞状态；2014～2019 年农业绿色效率表现为波动增长，该时期农业绿色效率年均增长速度达到 0.7%，效率值达到最高值 1.0306。研究期内农业绿色效率的波动情况与经济发展状况、发展方式的转变紧密相关。2004 年《中共中央　国务院关于促进农民增加收入若干政策的意见》回归"三农"领域后，国家和各级政府部门在农业农村问题上高度重视，"两减免，三补贴"等一系列的惠农、支农政策改善了农业生产条件。农业绿色效率起伏波动幅度减弱，并趋于平缓增长。2014 年《国务院关于依托黄金水道推动长江经济带发展的指导意见》提出要提升现代农业和特色生态农业发展水平，长江经济带农业绿色效率增长速度得到有效提高，表现为农业绿色效率明显提升。

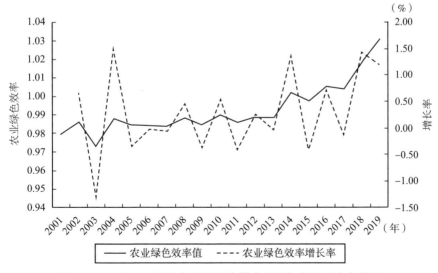

图 4 - 21　2001～2019 年长江经济带农业绿色效率时序变化图

4.2.2 基于超效率 SBM 模型的农业绿色效率的测度分析

本书使用 MATLAB 软件，运用考虑非期望产出的 Super-SBM 模型，同样测算出了 2001~2019 年长江经济带 126 个地级市的农业绿色效率。从全流域视角看，如图 4-22 所示，长江经济带 2001~2019 年整体年均农业绿色效率在 0.4775~0.6136 之间。具体来看，2001~2008 年农业绿色效率基本呈先降后升态势，其原因在于此阶段普遍存在农业基础设施薄弱、农业综合性生产能力差及产业结构不合理等问题，农业产量大幅度下降，随着"十五"时期出台一系列惠农政策，农业基础投资增加，农户生产积极性上升，农业产量得到有效回升。2008~2015 年流域内农业绿色效率呈现明显下降特征，表明 2008 年国际金融危机对农业产业影响存在一定滞后效应，且随着现代化农业推进，粗放的农业生产方式使得长江经济带生态污染逐渐加重。2015~2018 年间农业绿色效率开始缓慢上升，原因在于 2016 年《长江经济带发展规划纲要》正式印发，在统筹推进流域农业生态发展背景下，长江经济带农业污染问题得到改善，并且"十三五"规划建议着重强调走生态农业发展之路，缓解了长江经济带农业发展与环境污染不断激化的矛盾冲突，虽然生态环境保护力度加大，但由于保护政策的滞后效应、生态功能退化严重以及农业污染外溢等问题导致农业绿色效率提升较为缓慢，2018 年之后，长江经济带农业绿色效率呈现出明显上升趋势。

从三大地区对比视角看，农业绿色效率呈现"两端高，中间低"的空间分布格局。如图 4-22 所示，长江经济带三大地区农业绿色效率由高到低依次为上游＞下游＞中游。具体来看，上游地区年均农业

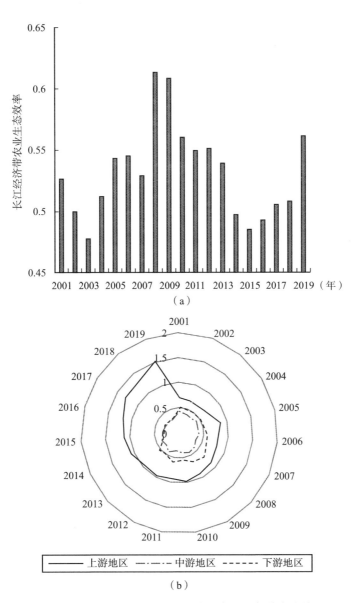

图 4 - 22　长江经济带及三大地区农业绿色效率均值

绿色效率在 0.6 ~ 1.5 区间波动，显著高于中下游地区，其演进趋势
逐年上升，中游地区变化趋势较为平缓，而下游地区呈波动下降态

势。可见，长江经济带资源禀赋与经济增长的空间异质性使三大地区农业生态发展不均衡现象逐渐凸显。具体来说，上游地区农业资源禀赋丰厚，得益于区域发展重心西向倾斜的政策红利，资金和劳动力等要素加速输入，经济基础得以改善且增长方式的路径依赖开始转变；中游地区农业基础相对薄弱。研究显示，长江中游耕地土壤重金属污染严重，且受限于人均土地资源短缺，其农业机械化与规模化程度低，但随着《促进中部地区崛起"十三五"规划》发布，长江中游地区开始加快建设农业绿色化产业体系；下游地区经济基础雄厚且农业技术化水平高，但由于其工业化的快速发展导致其弱化了农业经济，耕地非农化程度高，且农户为获得短期高收益而施用过多的农用化学物质，导致农业环境污染严重，不利于农业生态发展。

4.2.3 基于超效率 MINDS 模型和基于超效率 SBM 模型的农业绿色效率对比

通过比较超效率 MINDS 模型和超效率 SBM 模型计算得出的长江经济带农业绿色效率，本书观察到超效率 MINDS 模型的测度结果明显高于超效率 SBM 模型的测度结果。这是因为 MINDS 模型在 SBM 模型的基础上进行了改进，减小了决策单元的投入松弛变量。[193] 因此，相比于 SBM 模型，MINDS 模型的测度结果更为精确。此外，还发现超效率 MINDS 模型的测度结果整体呈上升趋势，超效率 SBM 模型的测度结果整体呈"W"趋势，但两者在局部上的变化趋势大致相同。

4.2.4 农业绿色效率投入产出冗余率及不足率分析

基于农业绿色效率内涵可知，农业绿色效率是以尽可能少的要素投入和尽可能低程度的环境破坏实现既定的期望产出，或是以既定的投入和一定的环境破坏实现期望产出的最大化。若是无法实现以上两种状态，则必然会出现农业绿色效率的损失，意味着农业绿色效率出现损失就是因为要素投入和非期望产出的冗余以及期望产出的不足。为深入了解导致地区农业绿色效率损失的原因，本书基于超效率MINDS 模型的测度结果，进行投入产出指标的冗余及不足分析，以2001~2019 年长江经济带地区（剔除农业绿色效率值大于或等于 1的地区）的要素投入、非期望产出的冗余值以及期望产出的不足均值除以各自对应指标实际值的均值，得到各项指标的投入冗余率、非期望产出冗余率以及期望产出的不足率，以期为长江经济带农业绿色效率改善提供方向指引。具体投入产出冗余率及不足率如表 4 - 4 所示。

从表 4 - 4 可知，2001~2019 年长江经济带农业绿色效率的期望产出不足率均为 0，说明长江经济带内农业绿色效率相对无效地区均已实现农业经济产出（农业总产值）的最大化，说明期望产出不足不是导致长江经济带农业绿色效率损失的原因，也就是说投入要素以及非期望产出的冗余是导致效率损失的主要原因。

表 4 - 4　　2001~2019 年长江经济带农业绿色效率投入产出冗余率

年份	投入冗余率					非期望产出冗余率
	土地	劳动力	机械	化肥	灌溉	
2001	0.1971	0.3930	0.0536	0.1738	0.2664	0.2203
2002	0.2462	0.4082	0.0502	0.1325	0.3001	0.2554
2003	0.3659	0.4399	0.1034	0.2600	0.3466	0.4170
2004	0.3810	0.1294	0.1737	0.1279	0.2971	0.3490
2005	0.2236	0.3532	0.1145	0.2598	0.2922	0.3827
2006	0.3260	0.4362	0.1188	0.2457	0.3095	0.3902

续表

年份	投入冗余率					非期望产出冗余率
	土地	劳动力	机械	化肥	灌溉	
2007	0.3012	0.4548	0.1692	0.2623	0.2647	0.3750
2008	0.2242	0.3783	0.1596	0.2688	0.2208	0.3410
2009	0.2582	0.5834	0.2644	0.2504	0.1961	0.3491
2010	0.3339	0.6095	0.2642	0.2553	0.1907	0.3287
2011	0.3460	0.7245	0.3082	0.4115	0.2774	0.5316
2012	0.3395	0.6902	0.2942	0.4216	0.2831	0.5077
2013	0.3503	0.7747	0.3563	0.5625	0.4173	0.5995
2014	0.4018	0.7000	0.2770	0.5425	0.3759	0.6106
2015	0.4576	0.6993	0.3014	0.6466	0.5256	0.6811
2016	0.5108	0.6745	0.2750	0.6669	0.5184	0.6853
2017	0.4412	0.6149	0.3783	0.5756	0.5012	0.6124
2018	0.3721	0.6632	0.4763	0.4708	0.3714	0.4885
2019	0.4054	0.4654	0.4656	0.4697	0.5687	0.5156
均值	0.3412	0.5364	0.2423	0.3686	0.3433	0.4548

注：2001~2019 年期望产出不足率均为 0。

在投入要素的冗余方面，研究期内长江经济带农业绿色生产过程中均存在一定的投入冗余或资源浪费现象，投入要素的整体配置及利用效率整体不高。具体来说，土地、劳动力、机械、化肥以及灌溉的投入冗余率的平均值分别为 34.12%、53.64%、24.23%、36.86% 以及 34.33%，由此可知在研究期内从整体上看劳动力要素投入冗余率最高，说明在农业绿色生产过程中投入了过多的劳动力资源，农村地区的剩余劳动力未得到有效利用，抑制了边际劳动生产率的提升，进而制约了农业绿色效率的增长。因此，有必要合理引导长江经济带地区农村剩余劳动力从农业部门转向非农部门。农用化肥的过量投入是导致农业绿色效率损失的第二大原因。长期粗放式的农业生产经营方式导致农业生产极度依赖农用化学品以期获得更多的经济产出，但是农用化学品的资源利用率相对低下，高强度的化肥施用导致土壤的盐渍化日益加剧，耕地污染严重，粮食生产面临危机。土地及灌溉要素的投入冗余是导致农业绿色效率损失的第三和第四原因。在耕地资源日益稀缺的情况下，耕地资源的投入本不该制约农业绿色效率的提高，出现这一现象的原因可能在于长江经济带地区的耕地资源并未得到高效利用，耕地利用效率较低，从而导致耕地要素的投入反而导致了农业绿色效率的损失。灌溉引起的农业绿色效率损失说明在农业灌溉过程中存在一定的水资源浪费。随着农业现代化进程的推进，地区多倾向于采用机械替代役畜来提高生产效率，但过量的机械投入同样导致了农业绿色效率的损失。

在非期望产出的冗余方面，研究期内农业碳排放均存在排放过剩现象，其冗余率平均值为 45.48%，农业生产所引致的环境污染问题较为严峻。非期望产出冗余率仅次于劳动力冗余率，说明其也是农业绿色效率损失的主要原因。如果能够进一步控制农业碳排放并降低资源的消耗，将有助于提高长江经济带农业绿色效率。

4.3　本章小结

本章在考虑不同地区经济发展水平以及空间分布特征的基础上，对长江经济带这一研究区域进行了空间范围的界定，并将其划分为上中下游三大区域。同时，参考已有研究，构建了包含投入要素、期望产出和非期望产出在内的农业绿色效率评价指标体系。接着，对不同省市、不同区域的农业绿色效率投入产出现状进行分析，并发现长江经济带农业不良投入在减少，期望产出在增加，非期望产出已经显现下降趋势。最后，运用超效率MINDS模型和SBM模型测算了2001～2019年长江经济带126个地级市的农业绿色效率，并探究了导致农业绿色效率损失的原因，分析了投入产出冗余及不足对效率损失的具体影响，结果表明长江经济带农业绿色效率值整体呈波动上升趋势，导致长江经济带农业绿色效率损失的主要原因是农业生产过程中投入要素和非期望产出的冗余，地区在农业节能减排上均存在很大进步空间。

第 5 章

长江经济带农业绿色效率的影响因素分析

  影响长江经济带农业绿色效率的因素众多，其中乡村劳动力输出和农村金融作为两个重要的因素，对农业绿色效率具有显著的影响。首先，乡村劳动力输出是指农村劳动力流向城市或其他地区的现象。在一定程度上，乡村劳动力输出可能导致农业劳动力的减少，进而影响农业生产的效率和可持续性。然而，乡村劳动力输出也可以促进农业现代化和技术进步，抑制农业固定资本，从而提高农业绿色效率。其次，农村金融在农业绿色效率提升中也扮演着重要的角色。农村金融的发展与农业生产的现代化密切相关，为农业生产和发展提供资金支持、风险管理和金融服务，促进农业生产的绿色化和高效化。因此，深入分析乡村劳动力输出和农村金融对农业绿色效率的具体作用机制，有助于寻找合理的政策措施，以期为实现长江经济带农业绿色效率的提升和农业的可持续发展贡献力量。

5.1 乡村劳动力输出对农业绿色效率的影响分析

  乡村劳动力输出作为一个重要的人口流动现象，对农村经济和农业绿色效率有着深远影响。大量农村劳动力选择外出工作,可能导致农村劳动力短缺、农业生产力下降等问题。尽管乡村劳动力输出会造成一定的资源流失,但也带来了农民收入的提升、技术传递和市场扩大等积极效应。因此,研究乡村劳动力输出对农业绿色效率的影响,有助于理解人口流动背后的机制,为优化乡村劳动力配置、提高农业绿色效率提供科学依据。

5.1.1 理论假设

(1) 乡村劳动力输出与农业绿色效率。

乡村劳动力向城市输出的过程中,不仅会对城市的经济发展和生态环境造成影响,同样对农业生态环境的影响颇大。根据已有研究,该种影响究竟是正向影响还是负向影响,领域内学者对此问题的研究结论迥异。通过追溯国内相关领域研究发展,早期学者从马克思主义农业生态思想视角定性地解释了乡村劳动力输出对农业绿色效率影响,且指出乡村劳动力输出对农业生态环境存在负的影响 (李繁荣,2012)[194]。此外,杨肃昌等 (2018)[123]和侯孟阳等 (2018)[124]关于乡村劳动力输出对农业绿色效率的影响进行了量化研究,前者认为该种影响为负向影响,后者反之。尽管研究结论迥异,但毋庸置疑,乡村劳动力输出对农业绿色效率确实存在显著影响,前一章也说明了这种显著作用。除此之外,前文就已分析,乡村劳动力输出对农业绿色效率的影响是否存在门槛效应非常值得深入探究。基于此,提出待检验假设:

H5 - 1:乡村劳动力输出对农业绿色效率影响的总效应是显著的,并且为正向影响。

H5 - 2:乡村劳动力输出对农业绿色效率的影响存在门槛效应,

即存在非线性影响或区间影响差异。

（2）乡村劳动力输出与农业固定资本。

乡村劳动力输出在影响农业固定资本的过程中存在收入效应、教育效应以及结构效应。收入效应是指随着乡村劳动力向城市输出，农户的人均非农收入水平会提高，进行农业机械化生产的机会成本会提高，从而加大农业固定资本。教育效应是指农户接受的职业教育培训或是接受学校教育的过程中获取知识越多，越能从过去个体农户封闭生产、不接受农业新理念和新技术到接受新型农业技术和设备应用于农业生产的过程。但是，新生代农民工受教育水平更高，长期未从事农业生产活动，一定程度上也减少了农业固定资本。结构效应为乡村劳动力输出势必造成乡村劳动力特别是高素质劳动力流失，为减少为此而造成的农业生产损失，很多农户会选择加大固定资产投入，以达到对丧失劳动力的弥补。总体而言，乡村劳动力输出有利于提升农业固定资本。基于此，提出待检验假设：

H5 – 3：乡村劳动力输出对农业固定资本的影响是显著的，并且为正向影响。

（3）乡村劳动力输出、农业固定资本与农业绿色效率。

首先，乡村劳动力输出对农业绿色效率总体上具有促进作用，但乡村劳动力输出可能会导致农户增加对农业机械等农业生产性固定资产的投入，从而对农业生态环境产生一定促进作用。

农业固定资本是乡村劳动力输出影响农业绿色效率过程中的一个不可忽视的间接要素。乡村劳动力流失后，土地逐渐流转至种植大户手中，实现农业的规模化、集约化发展，形成农业合作经营生产方式。[195]但不可忽视的是，此过程中会增加农业固定资产投入，产生碳排放、面源污染等农业污染物，对农业生态环境产生一定的负向影响。同时，继续留在乡村的务农人员文化水平低，导致农业生产投入更加不合理，污染性投入比例大。相对于个体农户盲目且无管理效率的农业生产方式，种植大户、合作社经营方式进行的规模化、集约化生产发展方式更符合农业生态发展要求，但就我国现阶段农业集约化水平是否对提高农业绿色效率发挥作用还值得怀疑。鉴于此，提出待检验假设：

H5 - 4：乡村劳动力输出对农业绿色效率的直接效应显著，且为正向影响。

H5 - 5：农业固定资本在乡村劳动力输出对农业绿色效率的影响中存在中介效应。

总之，影响农业绿色效率的因素错综复杂。随着城市化进程的推进，乡村劳动力输出势必对农业绿色效率产生较大影响。乡村劳动力输出对农业绿色效率的影响，可以通过增加个体农户经济收益、提高受教育程度或是改变农村生产结构特征对农业固定资本投入或农业经营规模产生影响，进而在生产过程中直接和间接对农业生态环境造成影响。鉴于此，在下面的实证部分，本书选择农业固定资本作为乡村劳动力输出影响农业绿色效率的中间变量，检验固定资产投入在乡村劳动力输出与农业绿色效率关系中的作用机制。乡村劳动力输出对农业绿色效率影响分析的理论假设机理，如图 5 - 1 所示。

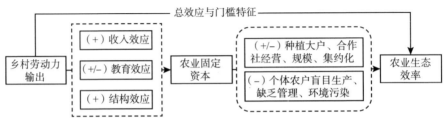

图 5 - 1　乡村劳动力输出对农业绿色效率的作用路径

注：图中" + "、" - "分别代表正向、负向影响。

5.1.2　乡村劳动力输出对农业绿色效率的中间作用分析

（1）指标体系构建与模型选取。

①指标体系构建。

核心解释变量：乡村劳动力输出（rl）。随着城市化和新型城镇化进程的推进，城乡之间绝对收入差异的增加，我国农村地区劳动力不断向城市输入。在此过程中，于劳动力输入地而言，乡村劳动力进入城镇，为当地工业提供劳动力的同时，也实现了农户个人利益的最大化；对劳动力输出地而言，农村地区本就发展落后，随着略高素质的乡村劳动力不断地流失，农村地区的经济发展肯定会受到极大影响，更有甚者，乡村劳动力输出是否会对农业绿色效率产生重要的作用，都非常值得深入探究。至此，本书选取乡村劳动力输出作为影响农业绿色效率的一个重要因素。有研究指出，乡村劳动力输出正向作用于农业绿色效率（王晓东等，2019）[196]。目前还没有关于乡村劳动力的直接测量指标，已有研究均通过多个指标进行综合评价。本书参照赵德昭（2014）在其研究中的估算方法[197]，利用制造业、建筑业、采掘业三个行业的职工人数总和减去对应的国有职工人数总和代表乡村劳动力输出量。

另外，鉴于乡村劳力输出量指标数据过多，这里不做展示，通过具体的计算，为进一步分析乡村劳动力输出差距对农业绿色效率的影响，根据张昊民等（2017）[198]的计算方法，本书将每个省份的乡村劳动力输出量减去该年 30 个省份中乡村劳动力输出量排名前三省份乡村劳动力输出量加总的均值，依次计算出每年每个省份的乡村劳动力输出差距（rl_gap），得到的乡村劳动力输出差距年份和省份均值分别如图5-2和图5-3所示。乡村劳动力输出差距年份均值在各年份存在较大差异，但随着时间的推移，每年30个省市的乡村劳动力输出差距均值处于上升的趋势；同时，乡村劳动力输出差距省份均值同样参差不齐，2003~2017年，宁夏、新疆等自治区内部的乡村劳动力输出差距均值相对较大，而广西、湖南等省市（自治区）内部乡村劳动力输出差距均值相对较小，各省市内部乡村劳动力输出差距均值也较为悬殊。

中介变量：农业固定资本（fi）。农业固定资本中很大比例反映在农业生产性投入，包括农用机械等投入。在乡村劳动力输出的过程当中，农业人口不断缩减，而农业粮食生产能力必须满足我国人口日常粮食消费数量，其中存在一定的矛盾，故不得不加大农业固定资产投入，包括农业机械，农药、化肥等生产要素。并且国家以补贴的形式鼓励乡村人口充分利用耕地，减少抛荒，实现规模化经营方式，高效率利用农业固定投入，向生态化农业生产方式发展。但是现阶段，

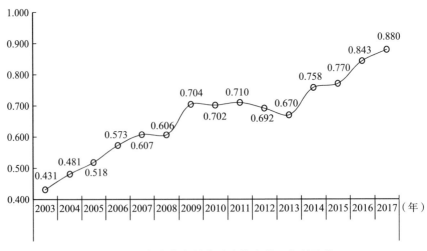

图5-2　全省市乡村劳动力输出差距年份均值

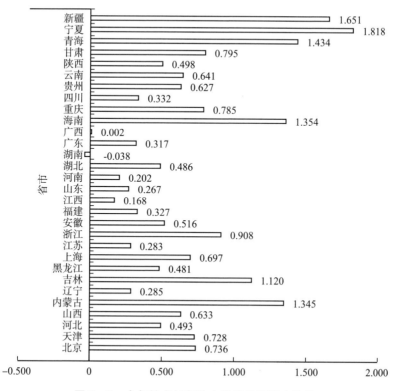

图5－3　全年份乡村劳动力输出差距省市均值

基于农业人口素质以及农村生产协调能力现状，农业固定资本对农业绿色效率的影响方向还不好作出肯定评价，需要数据验证。故此，本书选择农林牧渔业固定资产投资额（亿元）反映农业固定资产投入，将其作为乡村劳动力输出影响农业绿色效率过程中的中间路径进行深入分析。

控制变量：地方政府财政支农（gs）。这一指标不仅包含用于第一产业生产相关的政府财政支出，还包括了扶贫支出、农业综合开发支出、农业产业化经营组织等方面的支出，是一项能够全面反映政府对于农业发展财政方面支持力度的指标（刘方媛等，2017；李文华等，2018）。[199-200]张琦等（2018）在对可持续扶贫脱贫理论研究中发现，政府所给予的财政补贴能有效缓解部分地区的农村贫困情况，提高农业生产者的生产积极性，促进农业生产能力的提升。[201]不仅如此，这项财政支出还被大量地用于加大农业综合开发力度、推进农业规模化经营等方面，对农业绿色发展起到重要的推动作用。基于此，本书选取该项指标作为影响农业生态综合效率的一个解释变量。其竞争实质反映在财政资源的调配和应用能力，根据陈晓玲和李小庆[202]的研究并结合具体研究情况，本书选择农林水支出（亿元）占一般财政预算支出（亿元）的比重表示地方政府财政支农状况。

环境规制（er）。现如今，随着经济的发展，生产力不断进步的同时，矿业开发、肉猪养殖以及工业生产等造成的污水、化学残留物等不断地由城市向乡村输出，由此导致农村地区农田受污染现象常见。长期以来，我国存在有关环境层面的法律责任范围模糊、惩罚力度弱以及法律制裁种类单一等问题，未能及时对环境问题做出强有力的干预。因此，需调整立法重心，完善农业废弃物减量化路径，实现农业废弃物源头减量与末端治理并重，明确责任主体，形成农业生态环境损害责任倒查问责制，实现责任可追究体系（魏佳容，2019）[203]。本书以各地区环境法制工作层面选择颁布的地方性法规行政规制数（件）表示。

农村居民收入水平（il）。用农村居民家庭人均纯收入（农村人均可支配收入）（元）①表示。该指标衡量了农村居民可自由地用于最终消费支出和储蓄的收入，在相当程度上反映了农村的发展情况和

---

① 居民收入水平用农村居民家庭人均纯收入指标表示，2014 年之后用农村人均可支配收入表示。

农村居民的生活水平。随着农业现代化程度的逐步提高，农村居民生活条件不断得到改善，可支配收入逐年递增。与此同时，较高的收入水平可以留住原有农业从业人员，提高他们的生产积极性，并且能吸引社会劳动力返乡就业，从而促使农业得到进一步的发展（吴传清等，2018；龚继红等，2019）。[204-205]

农业产业结构（as）。粮食播种面积占农作物总播种面积的比重（%）来表示。从农业产业结构的定义可发现，粮食播种面积的比重对农业绿色效率影响很大。理论上讲，从农业生产投入要素角度考虑，农业种植面积越大，消耗的农业投入要素越多，那么农业绿色效率应该越低。关于农业产业结构布局，有学者指出，农业生态可持续发展是农业产业结构优化的首要原则，同时也是实现农业产业结构优化的先决条件（张永华，2019）[206]。

产业结构（is）。工业增加值占地区生产总值的比重（%）。随着经济的发展，第二产业不断地扩张，为了降低用地成本，甚至将工厂迁移至地价较低的农村附近区域。工业污染物排放缺乏有力管理，致使污染物渗入地下，污染农田水源；更有甚者，令农业生态环境遭受重大创伤，形成难以修复的恶性生态循环。城市许多城市圈和工业带的环形发展，不仅使农业用地规模极度缩减，同时农业生态和地力正在遭遇蹂躏，生产和生态状况都趋于恶化（黄志辉，2013）。[207]

被解释变量：农业绿色效率（ae）：即非期望超效率 SBM 模型测算的农业绿色效率综合值。具体变量及其解释说明如表 5 - 1 所示。

另外，2003 ~ 2017 年乡村劳动力输出、农业固定资本及相关控制变量的数据均来自《中国劳动统计年鉴》《中国统计年鉴》《中国农村统计年鉴》以及《中国区域经济数据库》等。

表 5 – 1   中介效应检验相关变量说明

变量	变量名称/单位	变量说明
被解释变量	农业绿色效率/ –	非期望超效率 SBM 模型测算农业绿色效率
核心解释变量	乡村劳动力输出/人	借鉴赵德昭（2014）在其研究中的估算方法
中介变量	农业固定资本/亿元	农林牧渔业固定资产投资额
其他变量	当地政府财政支农/ –	农林水支出占一般财政预算支出的比重
	环境规制/ –	环境法制工作层面颁布的地方性法规行政规制数
	农村居民收入水平/千元	农村居民家庭人均纯收入（农村人均可支配收入）
	产业结构/ –	工业增加值/地区生产总值
	农业产业结构/ –	粮食播种面积/农作物总播种面积

②模型选取及分析步骤。

依据温忠麟等（2014）[208]的研究中提出的中介效应检验程序，结合前面效率测度值，本书按照逐步回归法设定三个回归方程中介效应模型，以此为基础，分析乡村劳动力输出、农业固定资本与农业绿色效率间的关系。如式（5 – 1）~式（5 – 3）所示：

$$ae_{it} = \alpha_1 + \beta_1 \ln lr_{it} + \delta_1 gs_{it} + \lambda_1 er_{it} + \pi_1 \ln il_{it} + \rho_1 as_{it} + \upsilon_1 is_{it} + \mu_{it}$$

$$(5 – 1)$$

$$\ln fi_{it} = \alpha_2 + \beta_2 \ln lr_{it} + \delta_2 gs_{it} + \lambda_2 er_{it} + \pi_2 \ln il_{it} + \rho_2 as_{it} + \upsilon_2 is_{it} + \mu_{it}$$

$$(5 – 2)$$

$$ae_{it} = \alpha_3 + \beta_3 \ln lr_{it} + \gamma_3 \ln fi_{it} + \delta_3 gs_{it} + \lambda_3 er_{it} + \pi_3 \ln il_{it} + \rho_3 as_{it} + \upsilon_3 is_{it} + \mu_{it}$$

$$(5 – 3)$$

以上公式中，gs_{it}、er_{it}、il_{it}、as_{it}、is_{it} 均为控制变量，μ_{it} 表示随机误差项。与构建的模型相对应，本书的中介效应实证分为以下三个步骤：

第一步：检验 $\ln lr$ 对 ae 的影响程度是否显著，若系数 β_1 显著，即总效应显著，可以进一步检验中介效应系数的显著性，若不显著，则按遮掩效应立论。

第二步：检验 $\ln lr$ 对 $\ln fi$ 的影响，观察系数 β_2 的显著性。

第三步：若第二步中的估计值显著，则进行以 $\ln lr$、$\ln fi$ 为自变量，ae 为因变量的回归估计分析，若 $\ln lr$ 前的系数 β_3 显著，则直接效应显著，在以上系数显著的基础上，如 $\ln fi$ 前的估计系数 γ_3 也显著，则间接效应显著，否则，进行 bootstrap 检验并根据系数符号判断依据中介效应或遮掩效应进行相应的解释。

本书参照温忠麟（2014）的研究中提到的中介效应检验流程进行分析。具体地，如图 5 - 4 所示。将以上逐步回归法检验中介效应的三个步骤分别列为模型 a、模型 b 和模型 c。若 $\ln lr$ 对 ae 的估计系数 β_1 显著，则中介效应的前提条件得到满足，可进一步进行中介效应检验。首先，应以 $\ln lr$ 为自变量，$\ln fi$ 为因变量进行回归为模型 b，再以 $\ln lr$、$\ln fi$ 为自变量，以 ae 为因变量进行回归为模型 c，如果两个回归方程的估计系数 β_2、β_3、γ_3 均显著，则说明间接效应显著。但若模型 b 的 $\ln lr$ 前的估计系数 β_2 和模型 c 的 $\ln fi$ 前的估计系数 γ_3 至少存在一个不显著，需利用 bootstrap 法检验 $\beta_2\gamma_3$ 的显著性，以确定间接效应的存在性，如显著则间接效应显著，反之，间接效应不显著。进一步地，检查系数 β_3，根据 $\beta_2\gamma_3$ 与 β_3 的符号为同号或为异号选择用中介效应或遮掩效应对间接效应进行解释。

需要特别强调的地方在于，已有诸多研究仅对中介效应进行分析，但近期已有研究证实解释变量与被解释变量之间的关系中再加入中间变量进行分析会出现三种效应：中介效应（mediation effect）、遮掩效应（suppressing effect）以及混淆效应（confounding effect）。根据相关研究，中介效应、遮掩效应以及混淆效应存在一定区别，具体而言，中介效应变量和混淆效应变量两者中，中介效应变量处于解释变

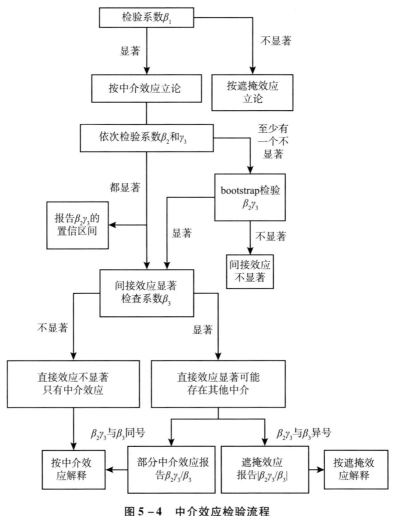

图 5 - 4 中介效应检验流程

量与被解释变量的因果链上，而混淆效应变量在因果链上不一定是因果关系。另外，中介效应变量与混淆效应变量均能减少解释变量与被解释变量的总效应。然而，遮掩效应变量的存在可以增加解释变量与被解释变量的总效应，即通过控制遮掩效应变量，可以增强解释变量对被解释变量的作用力度。

（2）变量描述性统计及共线性检验。

①描述性统计分析。

在进行中介作用检验之前，先对数据进行描述性统计分析，如表 5-2 所示，可以发现多数变量的标准差较大，组内最大值与最小值之间差额也非常大。

为了缓解数据的波动，减少原始数据序列异方差等问题，本书将等式的两侧存在量纲差异的变量进行取对数处理，具体关于部分取对数之后被解释变量关于解释变量的显著性理解如表 5-3 所示。

对各指标数据也进行了相应的处理，并将处理后的数据再次进行描述性统计分析（结果如表 5-4 所示）。从统计结果可以看出，经过上述调整，现有数据已符合回归模型的基本要求，可以继续进行下一步分析。

表 5-2　　　　　　　　　　中介模型变量的描述性统计

变量	单位	极小值	极大值	平均值	标准差	样本量
农业生态综合效率（ae）	—	0.15	1.40	0.73	0.31	450
乡村劳动力输出（rl）	人	51.00	33788.00	7730.25	6698.92	450
农业固定资本（fi）	亿元	1.53	966.69	247.77	209.92	450
地方政府财政支农（gs）	亿元	0.01	0.19	0.09	0.04	450
环境规制（er）	件	0.00	23.00	1.99	2.77	450
农村居民收入水平（il）	千元	1.56	27.83	7.41	4.73	450
农业产业结构（as）	%	0.33	0.96	0.65	0.13	450
产业结构（is）	%	0.19	0.59	0.46	0.08	450

表 5 - 3 取对数后的被解释变量关于解释变量的结果解读

模型	因变量	自变量	对 β 的解释
水平值—水平值	y	x	$\Delta y = \beta \Delta x$
水平值—对数	y	$\log(x)$	$\Delta y = (\beta/100)\% \Delta x$
对数—水平值	$\log(y)$	x	$\% \Delta y = (\beta * 100) \Delta x$
对数—对数	$\log(y)$	$\log(x)$	$\% \Delta y = \beta \% \Delta x$

表 5 - 4 取对数后的描述性统计

变量	极小值	极大值	平均值	标准差	样本量
ae	0.150	1.400	0.727	0.306	450
lnrl	1.710	4.530	3.664	0.531	450
lnfi	0.600	3.390	2.220	0.580	450
gs	0.010	0.190	0.089	0.042	450
er	0.000	23.000	1.993	2.767	450
lnil	0.190	1.440	0.786	0.274	450
as	0.330	0.960	0.647	0.126	450
is	0.190	0.590	0.461	0.079	450

②多重共线性检验。

为了保证估计结果的可靠性，本书采用方差膨胀因子（VIF）方法检验模型中各项解释变量指标之间是否存在多重共线性。通常当 VIF < 10，就可以认为指标项之间不存在多重共线性，当然，VIF < 5 的情况更为理想。从表 5 - 5 的检验结果可以发现，所有变量项的 VIF 值都小于 5，即该模型的等式右边各项指标之间不存在多重共线性，可以进行下一步的中间作用实证分析。

表 5 - 5　　　　　　　方差膨胀因子（VIF）检验结果

解释变量	VIF	1/VIF	解释变量	VIF	1/VIF
lnfi	2. 67	0. 375	as	1. 26	0. 796
gs	1. 97	0. 509	is	1. 22	0. 817
lnil	1. 46	0. 685	er	1. 04	0. 963
lnrl	1. 30	0. 767	Mean	1. 56	0. 702

（3）农业固定资本的中介作用检验。

再根据逐步回归法分别对农业固定资本做中介效应作用检验。实证结果给出了乡村劳动力输出对农业绿色效率的中介作用检验，如表 5 - 6 所示。

表 5 - 6　　　　乡村劳动力输出对农业绿色效率的中介作用基准估计

变量	模型 a（ae）	模型 b（lnfi）	模型 c（ae）
lnrl	0. 061 *** （3. 39）	0. 270 *** （8. 00）	0. 084 *** （4. 38）
lnfi	—	—	- 0. 084 *** （- 3. 32）
gs	- 0. 945 *** （- 3. 87）	7. 023 *** （15. 44）	- 0. 357 （- 1. 19）
er	- 0. 006 * （- 1. 88）	0. 013 ** （2. 17）	- 0. 005 （- 1. 55）
lnil	0. 035 （0. 98）	0. 650 *** （9. 69）	0. 090 ** （2. 29）
as	- 0. 929 *** （- 12. 43）	1. 132 *** （8. 12）	- 0. 834 *** （- 10. 53）
is	- 0. 463 *** （- 3. 89）	1. 555 *** （7. 02）	- 0. 333 *** （- 2. 68）

变量	模型 a（ae）	模型 b（$\ln fi$）	模型 c（ae）
$cons$	1.397 *** (15.33)	-1.380 *** (-8.12)	1.282 *** (13.27)
$adj.\ R\text{-}sq$	0.3503	0.6199	0.3647
N	450	450	450
检验结果	$\beta_2\gamma_3$ 与 β_3 的符号为异号，按遮掩效应解释		

注：表中括号内为 T 值，***、**、* 分别表示在 10%、5%、1% 显著性水平下显著。表 5 - 8 同。

根据检验结果发现：

①乡村劳动力输出对农业绿色效率影响的总效应是显著的。根据模型 a 乡村劳动力输出前的估计系数（β_1）是在 1% 的水平下显著的，即乡村劳动力输出对农业绿色效率具有显著影响，系数为 0.061，说明乡村劳动力输出对农业生态环境产生了正向影响，即 H5 - 1 成立。

②乡村劳动力输出对中介变量的影响是显著的。根据模型 b 乡村劳动力输出前面的估计系数（β_2），乡村劳动力输出对农业固定资本的影响在 1% 水平下显著，且系数为正，表示乡村劳动力输出对农业固定资本呈正向影响，即在乡村劳动力向城市输出的进程中，社会经济不断发展，农业固定资本也不断增加，即 H5 - 3 成立。

③乡村劳动力输出对农业绿色效率影响的直接效应是显著的。根据中介作用检验结果中的模型 c 乡村劳动力输出前的估计系数（β_3）在 1% 水平下显著，即乡村劳动力输出对农业绿色效率产生显著影响且呈正向影响，即 H5 - 4 成立。

④农业固定资本间接效应显著。已知总效应（β_1）、直接效应（β_3）以及核心解释变量对中介变量的影响（β_2）都在 1% 水平的条

件下显著，若农业固定资本前面的估计系数（γ_3）也显著，则间接效应显著。进一步地，根据$\beta_2\gamma_3$与β_3的符号为同号或为异号选择用中介效应或遮掩效应进行解释，根据回归结果可知，$\beta_2 = 0.270$，$\gamma_3 = -0.084$，$\beta_3 = 0.084$，通过计算，间接效应$\beta_2\gamma_3$与直接效应β_3的符号为异号，故按遮掩效应解释，即$\beta_2 \times \gamma_3/\beta_1$的绝对值为0.2695，即农业固定资本遮掩效应占总效应的比重为26.95%（见表5-7）。鉴于此，假设H5-5不成立，即为遮掩效应而非中介效应。

表5-7　　　　　　　　　　　　　　Sobel-Goodman 检验

变量	Coef	Std Err	Z	P > |Z|
Sobel	-0.023	0.006	-3.653	0.000
Goodman-1	-0.023	0.006	-3.619	0.000
Goodman-2	-0.023	0.006	-3.688	0.000
Pecent of total effect that is mediated（介导的总效应百分比）				-36.89%
Ratio of indirect to direct effect（间接效应与直接效应之比）				-0.2695

在此分析过程中，乡村劳动力输出促进了农业固定资本的投入，但是农业固定资本在乡村劳动力输出与农业绿色效率两者关系中不表现为中介效应，而是遮掩效应，参照范长煜（2016）[210]研究中对遮掩效应的解释，其在研究证实制度绩效（包括职业地位、家庭年收入和主观政府绩效）在户籍性质与城市政府信任两者关系中的遮掩效应时的解释为：当控制了制度绩效遮掩效应变量后，会显著扩大不同户籍性质下的城市政府信任差异。有鉴于此，本书在控制了农业固定资本后，也会显著扩大不同乡村劳动力输出力度下的农业绿色效率差异，正如未控制农业固定资本的模型a中乡村劳动力输出前的系数为0.061，小于控制了农业固定资本的模型c中乡村劳动力输出前的系

数 0.084。

为进一步探讨农业固定资本是否在乡村劳动力输出差距与农业绿色效率间也存在中介效应或遮掩效应，本书以乡村劳动力输出差距变量作为核心解释变量重新进行检验，如表 5-8 所示。同理可知，农业固定资本在乡村劳动力输出差距与农业绿色效率关系中承担遮掩效应，当控制了农业固定资本后，会显著扩大不同乡村劳动力输出差距下的农业绿色效率差异。另外，间接效应与直接效应之比的绝对值为 0.2835，即遮掩效应为 28.35%。

表 5-8　乡村劳动力输出差距对农业绿色效率的中介作用基准估计

变量	模型 a（ae）	模型 b（$\ln fi$）	模型 c（ae）
$\ln rl\_gap$	-0.054 *** (-2.97)	-0.270 *** (-7.94)	-0.076 *** (-3.91)
$\ln fi$	—	—	-0.079 *** (-3.14)
gs	-0.933 *** (-3.76)	7.210 *** (15.59)	-0.361 (-1.18)
er	-0.006 * (-1.83)	0.013 ** (2.14)	-0.005 (-1.52)
$\ln il$	0.042 (1.18)	0.678 *** (10.15)	0.096 ** (2.44)
as	-0.927 *** (-12.35)	1.130 *** (8.10)	-0.837 *** (-10.51)
is	-0.451 *** (-3.79)	1.578 *** (7.12)	-0.326 *** (-2.62)
$cons$	1.643 *** (21.44)	-0.260 * (-1.82)	1.623 *** (21.30)

续表

变量	模型 a（ae）	模型 b（$\ln fi$）	模型 c（ae）
$adj.\ R\text{-}sq$	0.3465	0.6192	0.3593
N	450	450	450
检验结果	$\beta_2\gamma_3$ 与 β_3 的符号为异号，按遮掩效应解释		

（4）内生性讨论及稳健性检验。

①内生性讨论：一般而言，内生性问题的出现主要源于反向因果、模型设定误差以及遗漏重要解释变量等原因。通过分析可知本书提出的测量模型基本不存在反向因果和模型设定误差等问题。虽然本书选择的标准线性回归模型没有结构方程模型做中介效应检验的优越性，在内生变量和外生变量问题处理上确实不及结构方程模型，但这并不影响整体分析结果。

②稳健性检验：鉴于模型的稳健性考虑，本书选用 bootstrap 法自举复制 1000 次，重新运行分步模型进行估计，结果见表 5 - 9。通过观测置信区间可知，均不包含 0，说明原模型估计结果稳健。

表 5 - 9　　　　　　　　　bootstrap 法检验

模型	效应	估计系数	bs 标准误	Z 值	P 值	95%正常置信区间	95%百分位数置信区间	95%偏差校正置信区间
乡村劳动力输出量	间接效应	-0.023	0.007	-3.22	0.001	（-0.0363，-0.0089）	（-0.0370，-0.0099）	（-0.0378，-0.0101）
	直接效应	0.084	0.020	4.17	0.000	（0.0445，0.1233）	（0.0463，0.1233）	（0.0479，0.1258）

模型	效应	估计系数	bs 标准误	Z 值	P 值	95%正常置信区间	95%百分位数置信区间	95%偏差校正置信区间
乡村劳动力输出差距	间接效应	0.021	0.007	3.25	0.001	(0.0085, 0.0344)	(0.0089, 0.0357)	(0.0091, 0.0359)
	直接效应	-0.076	0.020	-3.82	0.000	(-0.1144, -0.0368)	(-0.1151, -0.0379)	(-0.1119, -0.0348)

5.1.3 乡村劳动力输出对农业绿色效率的门槛效应分析

基于乡村劳动力输出与农业绿色效率的长期性与动态变化，乡村劳动力输出对农业绿色效率的影响极有可能存在非线性影响，即存在门槛特征，表现为一定的区间影响。基于前文关于乡村劳动力输出对农业绿色效率的直接与间接影响的存在性验证，本节进一步探究乡村劳动力输出是否对农业绿色效率的影响存在门槛效应。

（1）数据来源及指标体系构建。

以 2003～2017 年全国 30 个省、区、市为研究对象，总共有 450 个样本量。除了农业固定资本这一指标不予考虑在内，其余指标体系的构建及其数据来源与第四章一致，具体如表 5-10 所示。

表 5-10 指标体系构建及其描述统计分析

变量		极小值	极大值	平均值	标准差
被解释变量	农业绿色效率	0.15	1.40	0.727	0.306
核心解释变量	乡村劳动力输出	1.71	4.53	3.664	0.531
其他变量	当地政府财政支农	0.01	0.19	0.089	0.042
	环境规制	0.00	23.00	1.993	2.767

变量		极小值	极大值	平均值	标准差
其他变量	农村居民收入水平	0.19	1.44	0.786	0.274
	产业结构	0.33	0.96	0.647	0.126
	农业产业结构	0.19	0.59	0.461	0.079

核心解释变量为乡村劳动力输出（rl）。目前还未有关于乡村劳动力输出的直接测量指标，已有研究均通过多个指标进行综合评价。本书参照赵德昭（2014）[197]在其研究中的估算方法，利用制造业、建筑业、采掘业三个行业的职工人数总和减去对应的国有职工人数总和代表乡村劳动力输出量。被解释变量为农业绿色效率（ae），即非期望超效率 SBM 模型测算的农业绿色效率综合值。

控制变量选取地方政府财政支农（gs）、环境规制（er）、农村居民收入水平（il）、产业结构（as）以及农业产业结构（is）五个指标，分别用农林水支出（亿元）占一般财政预算支出（亿元）的比重、从各地区环境法制工作层面选择颁布的地方性法规行政规制数（件）、农村居民家庭人均纯收入（农村人均可支配收入）（元）、工业增加值占地区生产总值的比重（％）、粮食播种面积占农作物总播种面积的比重（％）来表示，从宏观政府支农与监管层面、中观工业发展状况以及农业本身生产结构层面、微观农村居民收入水平层面进行了综合考量。

（2）门槛模型构建。

根据前面分析判断，乡村劳动力输出对农业绿色效率极有可能存在非线性影响。这种非线性影响是否会呈现明显的区间差异有待检验。因此，特利用 Hansen（1999）的门槛模型进行检验[224]，其标准形式如式（5-4）所示：

$$y_{it} = \alpha_0 + \alpha_1 x_{it} \times I(q_{it} \leqslant \gamma) + \alpha_2 x_{it} \times I(q_{it} > \gamma) + \varepsilon_{it} \qquad (5-4)$$

其中，i 表示省市个体，t 表示时间，即年份，q_{it} 表示要检验的门槛变量，γ 表示所求门槛值，表示残差项。$I(\cdot)$ 为门槛值指示性函数，如果括号内的条件成立，则 $I(\cdot) = 1$，否则，$I(\cdot) = 0$。同时式（5-4）等价于式（5-5）：

$$y_{it} = \begin{cases} \alpha_0 + \alpha_1 x_{it} + \varepsilon_{it}, & q_{it} \leqslant \gamma \\ \alpha_0 + \alpha_2 x_{it} + \varepsilon_{it}, & q_{it} > \gamma \end{cases} \qquad (5-5)$$

实际上，式（5-5）是一个分段函数，当 $q_{it} \leqslant \gamma$ 时，估计系数选择 α_1，而当 $q_{it} > \gamma$ 时，估计系数取 α_2。

然后，具体到本书的问题，门槛模型可表示为式（5-6）：

$$ae_{it} = \alpha_0 + \alpha_1 \ln rl_{it} \times I(\ln rl_{it} \leqslant \gamma) + \alpha_2 \ln rl_{it} \times I(\ln rl_{it} > \gamma) + \beta' x_{it} + \varepsilon_{it}$$

$$(5-6)$$

ae 为农业绿色效率综合得分，即因变量，$\ln rl$ 为核心解释变量和门槛变量，γ 为门槛值，x_{it} 为其他解释变量，具体包括农村居民收入水平、农业产业结构和工业产业结构。

以上引入的门槛模型属于单一门槛模型，在实际中，门槛值可能不止一个，可能有两个或者三个，即多门槛模型。在这种情形下，两个门槛值、三个门槛值的模型分别可表示为式（5-7）和式（5-8）：

$$ae_{it} = \alpha_0 + \alpha_1 \ln rlgov_{it} \times I(\ln rl_{it} \leqslant \gamma_1) + \alpha_2 \ln rl_{it} \times I(\gamma_1 < \ln rl_{it} \leqslant \gamma_2)$$
$$+ \alpha_3 \ln rl_{it} \times I(\ln rl_{it} > \gamma_2) + \beta' x_{it} + \varepsilon_{it} \qquad (5-7)$$

$$ae_{it} = \alpha_0 + \alpha_1 \ln rl_{it} \times I(\ln rl_{it} \leqslant \gamma_1) + \alpha_2 \ln rl_{it} \times I(\gamma_1 < \ln rl_{it} \leqslant \gamma_2)$$
$$+ \alpha_3 \ln rl_{it} \times I(\gamma_2 < \ln rl_{it} \leqslant \gamma_3) + \alpha_4 \ln rl_{it} \times I(\ln rl_{it} > \gamma_3)$$
$$+ \beta' x_{it} + \varepsilon_{it} \qquad (5-8)$$

具体到分段函数，以三个门槛值为例，如式（5 - 9）所示：

$$ae_{it} = \begin{cases} \alpha_0 + \alpha_1 \ln rl_{it} + \beta' x_{it} + \varepsilon_{it}, & \ln rl_{it} \leqslant \gamma_1 \\ \alpha_0 + \alpha_2 \ln rl_{it} + \beta' x_{it} + \varepsilon_{it}, & \gamma_1 < \ln rl_{it} \leqslant \gamma_2 \\ \alpha_0 + \alpha_3 \ln rl_{it} + \beta' x_{it} + \varepsilon_{it}, & \gamma_2 < \ln rl_{it} \leqslant \gamma_3 \\ \alpha_0 + \alpha_4 \ln rl_{it} + \beta' x_{it} + \varepsilon_{it}, & \ln rl_{it} > \gamma_3 \end{cases} \quad (5-9)$$

（3）门槛模型结果分析。

首先，检验门槛效应的存在性。利用"自抽样法"检验门槛数量的显著性。根据 Hansen（1999）[224]研究中提出，在计算估计量的统计量时，50 ~ 200 次自抽样就已足够，本书设计 300 次（bootstrap = 300）自抽样检测门槛数的显著性。结果如表 5 - 11 所示。乡村劳动力输出对农业绿色效率的影响通过了 5% 显著性水平的单一门槛，双重门槛和三重门槛统计量不显著。至此可得出，H5 - 2 成立。

表 5 - 11　　　　　　乡村劳动力输出的门槛存在性检验

门槛数	F-value	P-value	10% 临界值	5% 临界值	1% 临界值	BS 次数
单一门槛	33. 04	0. 0167 **	22. 8900	25. 1445	35. 0938	300
双重门槛	19. 83	0. 1300	21. 7567	25. 8935	34. 7934	300
三重门槛	10. 97	0. 4067	19. 4914	21. 7686	31. 1355	300

注：** 表示在 5% 的水平下显著。

其次，对乡村劳动输出的门槛值以及置信区间进行分析，结果如表 5 - 12 所示。在乡村劳动力输出与农业绿色效率的影响关系中，乡村劳动力输出存在单个门槛值，为 3. 0584，置信区间分别为 [3. 0429，3. 0599]。

表 5 – 12 　　　　　　　　　门槛变量门槛估计值及置信区间

门槛数	门槛估计值	95% 置信区间
单一门槛	3.0584	[3.0429, 3.0599]
双重门槛	—	—
三重门槛	—	—

　　同时，为更加清楚地了解乡村劳动力输出的门槛估计值以及置信区间分布情况，特利用计量分析软件通过处理实现了具体门槛值值域与置信区间的图形可视化，如图 5 – 5 所示。明显发现，乡村劳动力输出在超过 3 但不大于 3.5 的位置存在一个门槛估计值。

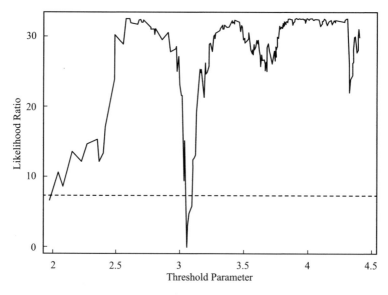

图 5 – 5　乡村劳动力输出的门槛估计值及置信区间

　　另外，对乡村劳动力输出的门槛效应进行具体分析，如表 5 – 13 所示。当 lnrl ≤ 3.0584 时，乡村劳动力输出对农业绿色效率具有促进作用，估计系数为 0.166，在 1% 水平下均显著。而当 $\ln rl > 3.0584$ 时，乡村劳动力输出对农业绿色效率仍然具有促进作用，但是估计系数为 0.107，明显比 $\ln rl \leqslant 3.0584$ 时的估计系数 0.166 要小。

这说明，虽然乡村劳动力输出整体上显著正向作用于农业绿色效率，但是乡村劳动力输出序列内部存在区间影响差异。当乡村劳动力输出在一定区间水平时，随着乡村劳动力输出力度变大，其对农业绿色效率的促进作用会相应地增加，但当增加超过一个阈值（3.0584）后，乡村劳动力输出对农业绿色效率促进作用的边际影响开始减弱，据此，在不考虑其他因素的条件下，可以将估计值为 0.166 的区间（$\ln rl \leqslant 3.0584$）定义为高边际影响区间，反之将估计值为 0.107 的区间（$\ln rl > 3.0584$）定义为低边际影响区间。

表 5 – 13　　　　　　　　乡村劳动力输出的门槛面板模型估计结果

变量	估计系数	t 值	p 值
$\ln rl \leqslant 3.0584$	0.166	4.92	0.000
$\ln rl > 3.0584$	0.107	3.89	0.000
gs	– 0.202	– 0.68	0.498
er	0.001	0.53	0.597
$\ln il$	– 0.110	– 2.33	0.020
as	– 0.249	– 1.44	0.151
is	0.379	2.42	0.016
$– cons$	0.402	2.08	0.038
F 值	45.17	—	0.000
$Adj – R^2$	0.1760	—	—

最后，对全国各省市（不含港澳台地区）关于地方财政支农支出门槛变量的省际阈值区间分布情况进行分析（见表 5 – 14），主要根

据原始数据和门槛值整理而成。可以看出，2003 年，全国（不含港澳台地区）只有海南、青海两个省份未跨越门槛值 3.0584，停留于高边际影响区间，跨越门槛值的省市较多，说明处于低边际影响区间的省市较多。随着时间推移，吉林、甘肃、宁夏、新疆、天津、内蒙古、浙江等地也先后进入高边际影响区间，相信之后会有更多的省市进入高边际影响区间。之所以出现这种情况，与我国人口地域分布、经济发展进程、人口结构、就业结构等方面均有一定的联系，但总体上可以说明，处于高边际影响区间的乡村劳动力输出对农业绿色效率的正向影响更强。

表 5 – 14   乡村劳动力输出的门槛区间差异与省市分布情况

省市分布	高边际影响区间 （$lnrl \leqslant 3.0584$）	低边际影响区间 （$lnrl > 3.0584$）
2003 年省市分布	海南、青海	北京、天津、河北、山西、内蒙古、辽宁、吉林、黑龙江、上海、江苏、浙江、安徽、福建、江西、山东、河南、湖北、湖南、广东、广西、重庆、四川、贵州、云南、陕西、甘肃、宁夏、新疆
2010 年省市分布	吉林、甘肃、青海、宁夏、新疆	北京、天津、河北、山西、内蒙古、辽宁、黑龙江、上海、江苏、浙江、安徽、福建、江西、山东、河南、湖北、湖南、广东、广西、海南、重庆、四川、贵州、云南、陕西
2017 年省市分布	天津、内蒙古、浙江、海南、青海、宁夏、新疆	北京、河北、山西、辽宁、吉林、黑龙江、上海、江苏、安徽、福建、江西、山东、河南、湖北、湖南、广东、广西、重庆、四川、贵州、云南、陕西、甘肃

（4）内生性处理及稳健性检验。

鉴于农业绿色效率存在动态性，为检验乡村劳动力输出对农业绿色效率的非线性影响，加入核心解释变量的二次项构建动态面板模型，利用系统 GMM（SYS – GMM）进行估计，以减少内生性问题存在以及进行模型稳健性检验，模型具体表达式如式（5 – 10）所示：

$$ae_{i,t} = \alpha ae_{i,t-1} + \beta_1 \ln rl_{i,t} + \beta_2 \ln rl_{i,t}^2 + \sum \delta control_{i,t} + \varepsilon_{i,t} \quad (5-10)$$

估计结果如表 5 – 15 所示，从中可发现，乡村劳动力输出的二次方项显著，表示其对农业绿色效率确实具有明显的非线性影响效应，且估计系数为 – 0.065，表明乡村劳动力输出对农业绿色效率的影响具有倒"U"型关系，即乡村劳动力输出刚开始对农业绿色效率具有显著的促进作用，并且这种促进在跨越门槛值之前愈来愈强，直到跨越某个阈值后，这种促进作用开始减弱，这也再次说明了乡村劳动力输出对农业绿色效率的影响存在区间效应，并且跟前面门槛模型分析的结果相当一致，说明门槛回归结果可信。

表 5 – 15　　　　　　　　系统 GMM 估计结果稳健性检验

ae	估计值	标准误	Z 值	P 值
$l.\,ae$	0.915	0.0728	12.56	0.000
$\ln rl$	0.506	0.1755	2.88	0.004
$\ln rl2$	– 0.065	0.0239	– 2.72	0.006
gs	0.141	0.2251	0.63	0.532
er	– 0.002	0.0027	– 0.87	0.386
$\ln il$	– 0.011	0.0420	– 0.26	0.793
as	– 0.079	0.2174	– 0.36	0.716
is	0.306	0.1607	1.90	0.057
$-cons$	– 0.999	0.3545	– 2.82	0.005
$Wald\ chi2$（8）	614.35	—	—	0.000

另外为考察系统 GMM 是否可信，还需要进一步检验其扰动项是

否存在自相关。具体检验结果如表 5 – 16 所示，扰动项虽然显著拒绝"无自相关"假定，但是，二阶情况下并不拒绝该假定，故该结果表明接受无自相关假定，即表明系统 GMM 结果是可信的。

表 5 – 16　　　　　　　　　系统 GMM 扰动项自相关性检验

阶数	Z 值	P 值
一阶	– 3. 2744	0. 0011
二阶	1. 2678	0. 2049

5.2　农村金融、农地规模经营与长江经济带农业绿色效率

　　长江经济带地区作为我国重要的农产品生产基地，在农业发展战略格局中占据着重要地位。但是近年来随着农业现代化的推进，区域内农业长期的粗放式发展引致的生态环境问题日益显现，农业资源环境内源性污染压力巨大。在这一现实背景下，2021 年《中共中央　国务院关于全面推进乡村振兴加快农业农村现代化的意见》再次指出要在长江经济带地区建设一批农业面源污染综合治理示范县，推进农业绿色发展。尽管当前农业绿色发展得到了高度重视，但绿色农业的推进相对于传统农业在农业现代技术采用、生产投资、规模扩大等方面对资金的需求更大，单纯靠绿色农业自身难以完成资金积累循环供应，面临较大资金困难。[212] 因而，发展绿色农业就必须解决"钱从哪来"的问题。为此，2021 年《中共中央　国务院关于全面推进乡村振兴加快农业农村现代化的意见》要求强化农业农村优先发展投入保障，

通过撬动金融资本参与，大力开展农户小额信用贷款、保单质押贷款、农机具和大棚设施抵押贷款业务。农业集约化和规模化经营的金融支持力度也在不断加强。农村金融为促进农地经营权抵押贷款、盘活土地资产、推动土地资源优化配置提供了出路。值得思考的是，农村金融、农地规模经营与农业绿色效率三者之间是否具有某种内在联系呢？农村金融是否可以通过农地规模经营间接影响农业绿色效率？农地规模经营对农业绿色效率的影响是否会因地区农村金融水平的不同而存在差异？本书致力于厘清其中的作用路径和内在机理，这对转变传统农业生产方式、推动农业高质量发展具有重要意义。

5.2.1　理论假设

（1）农村金融对农业绿色效率的直接影响。

农村金融可从两个方面直接影响农业绿色效率：一方面，农村金融通过资金导向机制影响农业绿色效率。绿色农业是指通过投入农业生产资料以及应用现代化生产技术，同时追求经济、社会以及环境效益，具有资本密集型的内在特点。[213] 但绿色农业周期长、预期收益不稳定，在融资方面除了政策补贴外，还需要借助金融支持。在市场经济下，农村金融可以充分发挥其资金导向作用，通过利率杠杆将闲置资金投放到资金短缺的农户手中，提高农村整个领域的资金配置效率[214]，继而提升农业绿色效率。另一方面，农村金融通过信息共享和风险分散影响农业绿色效率。为推动农业的绿色发展，政府积极推广秸秆还田、测土配方施肥技术等绿色生产技术，但农户为了规避风险往往拒绝采纳新技术。[215] 而金融机构可以借助自身的技术优势通过收集市场信息帮助绿色农业生产经营主体选择合适的经营模式，降低生产经营风险。此外，农业保险可通过风险分散和共享机制化解绿色农业生产者的风险，增强专业化绿色生产者家庭的风险抵御能力。[216]

（2）农村金融对农业绿色效率的间接影响。

农村金融对农业绿色效率的间接影响主要表现为农村金融通过影响农地规模经营作用于农业绿色效率。绿色农业生产发展强调实施农业的集约化和规模化生产。对于大部分农户而言，扩大农地规模经营需要解决的就是资金要素短板问题。农村金融的发展为农户提供了直接融资渠道，有助于解决资金缺口问题，满足生产性信贷需求，调动农户扩大农地规模经营的积极性。随着农地流转政策的出台、农村土地制度的改革以及土地承包经营权抵押条件的放开，"土地银行"等都为农地大规模流转提供了现实条件[217]，说明农村金融对农地流转的支持力度不断加强。即农村金融的快速发展刺激土地流转市场趋于成熟，提高了农地流转交易的规模和稳定性。[218]越来越多的农户在土地市场租赁土地，开展规模经营。农地规模经营的扩大除了依赖于土地经营面积，还可借助资金在内的各种资源的合理配置改善要素投入结构。[219]总体而言，农村金融的发展在一定程度上会促使农地规模经营扩大。而经营规模较大的农户由于能更好地掌握农业知识以及管理技能，倾向于采用现代农业技术和管理方式从事农业生产活动以获得规模经济，提高农用化学品的使用效率，降低其使用强度。[220]同时由于农业基础设施等生产要素具有不可分性，农地规模经营较小时会制约其资源利用效率，存在投入冗余，扩大规模经营有助于资源的优化配置。除此之外，亚当·斯密在《国富论》中指出市场规模的扩大会带来分工的深化。[221]当农地规模经营扩大时，分工和专业化程度的加深有助于降低农业生产成本，提高劳动生产率，进而影响农业绿色效率。

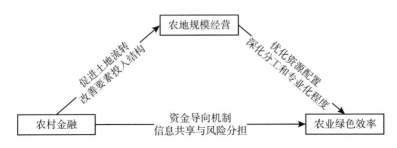

图 5 - 6　农村金融通过农地规模经营影响农业绿色效率的中介机制

（3）农村金融、农地规模经营与农业绿色效率的非线性关系。

农村金融作为农村经济的核心，能够有效化解"三农"问题，促进"三农"健康发展。农户从金融机构获得贷款的难易程度在一定程度上能够反映农村金融支持农地规模经营的情况。但由于非均衡区域发展战略以及相应的区域倾斜政策，各地区农村金融发展差异较为明显。[222]因此在不同的农村金融发展水平下，农地规模经营对农业绿色效率可能存在异质性影响。一般来说，农村金融发展程度越高，农户越易于以较低的融资成本获得贷款，进而更倾向于做出规模扩张决策以获得规模经济提升农业绿色效率。

基于以上分析，为全面了解农村金融、农地规模经营与农业绿色效率的关系，本书提出以下假设：

H1：农村金融不仅可以直接影响农业绿色效率，还可以通过农地规模经营间接影响农业绿色效率。

H2：农地规模经营对农业绿色效率的影响存在显著的农村金融门槛。不同的农村金融发展水平下，农地规模经营对农业绿色效率存在异质性影响。

5.2.2 农村金融、农地规模经营与农业绿色效率的关系研究

（1）指标体系构建与模型选取。

①指标体系构建。

核心解释变量：农村金融。从农村金融规模和效率两个方面衡量农村金融发展水平。农村金融规模（*rfs*）用农村贷款与农林牧渔总产值的比值进行衡量；农村金融效率（*rfe*）用贷存比（农村贷款余额/农村存款余额）衡量[1]。

中介变量：农地规模经营（*scale*）。采用各省市农作物播种面积与农业从业人员的比值来表示。

控制变量：影响农业绿色效率的因素众多，在梳理相关研究后，本书选取城镇化水平（城镇人口/总人口，*urban*）、产业结构（第二产业增加值/地区生产总值，*industry*）、农作物种植结构（粮食播种面积/农作物总播种面积，*plant*）、自然灾害（受灾面积/农作物播种面积，*disaster*）作为控制变量。

被解释变量：农业绿色效率（*ae*）：即非期望超效率 SBM 模型测算的农业绿色效率综合值。具体变量及其解释说明如表 5 - 17 所示。

此外，2001～2018 年长江经济带 11 个省市的相关数据来源于《中国金融年鉴》《中国农村金融服务报告》《中国农村统计年鉴》《中国统计年鉴》以及各省市对应年份的统计年鉴和统计公报。对于部分缺失数据，采用线性插值法补齐。

---

[1] 由于统计口径的变化，农村贷款在 2009 年前采用农业贷款数据，2009 年及以后为涉农贷款；农村存款为农户储蓄存款。

表 5 – 17 变量的描述性统计结果

变量		均值	标准差	最小值	最大值
被解释变量	*rate*	0.4564	0.2630	0.1318	1.0856
核心解释变量	*rfs*	1.8012	2.2908	0.0302	11.2680
	rfe	1.2920	0.9346	0.0143	3.8662
中介变量	*scale*	1.0581	0.3348	0.4692	2.1472
控制变量	*urban*	0.4820	0.1603	0.1389	0.8961
	industry	0.4563	0.0549	0.2978	0.5660
	plant	0.6174	0.0889	0.3538	0.8390
	disaster	0.1920	0.1270	0.0000	0.5921

②模型选取。

从前文分析可知在农村金融对农业绿色效率的传导路径中，农村金融可能直接作用于农业绿色效率，也可能通过农地规模经营对农业绿色效率产生间接影响。因此，本书借鉴温忠麟（2004）等[223]检验中介效应的步骤，以农业绿色效率为被解释变量，以农村金融为主要解释变量，以农户土地规模经营为主要解释变量，考察农户土地规模经营能否成为农户金融间接作用于农业绿色效率的内在中介。该方法分三个步骤进行：第一个步骤是以式（5 – 2）为基础，研究核心解释变量对被解释变量的直接效应；第二个步骤是：首先，在模型（1）中，如果模型中的系数 α_1 显著，那么模型（3）将会检验核心解释变量如何作用于中间变量，如果模型中的系数 β_1 显著，那么模型（3）将会证明农村金融对于农户土地规模经营有显著的作用。第三个步骤，构造（4）方程，检验被解释变量对中介效应的作用。如果系数 η_1 不是显著的，但 η_2 是显著的，那么这就表明这两个因素之间存在着一个完整的中介作用，即农村金融要想对农业的绿色效率有影响，就必须通过农地的规模经营这个中介变量来实现。如果 η_1 和 η_2 都是显著的，将会产生一部分中介效应，即农村金融部门通过农地规模经营对农业绿色效率产生影响。

$$rate_{it} = \alpha_0 + \alpha_1 fin_{it} + \alpha_2 control_{it} + \varepsilon_{it} \qquad (5-11)$$

$$scale_{it} = \beta_0 + \beta_1 fin_{it} + \beta_2 control_{it} + \varepsilon_{it} \qquad (5-12)$$

$$rate_{it} = \eta_0 + \eta_1 fin_{it} + \eta_2 scale_{it} + \eta_3 control_{it} + \varepsilon_{it} \qquad (5-13)$$

其中，$rate$ 为农业绿色效率；fin 为农村金融；$scale$ 为农地规模经营；$control$ 为一系列控制变量，包括城镇化水平、产业结构、农业种植结构和自然灾害；i、t 分别代表省市和年份；ε 为误差项。

同时，由于我国各地区金融发达程度存在差异，那么农地规模经营对我国农业绿色效率的影响是否也存在差异？在我国农村金融发展水平越高的情况下，农地规模经营是否会产生更大的生态效应？在完成了中介效应的检验之后，再以汉森（Hansen，1999）[224] 的门槛效应检验方法为基础，将农村金融设定为门槛变量，构建农地规模经营与农业绿色效率之间的分段函数，检验农地规模经营的农村金融临界效应，并估算门槛值。门槛模型设置如下：

$$rate_{it} = \alpha_0 + \alpha_1 scale_{it} \times I(fin \leqslant \gamma_1) + \alpha_2 scale_{it} \times I(\gamma_1 < fin \leqslant \gamma_2) + \cdots$$
$$+ \alpha_n scale_{it} \times I(\gamma_{n-1} < fin \leqslant \gamma_n) + \alpha_{n+1} scale_{it} \times I(fin > \gamma_n)$$
$$+ \alpha_c control_{it} + \varepsilon_{it} \qquad (5-14)$$

其中，fin 为门槛变量；γ 为待估计的门槛值；$I(\cdot)$ 为示性函数，若（ ）内的表达式为真，则 I 取值为 1，否则取 0。其他变量同上。

5.2.3　实证结果及分析

（1）中介效应检验。

基于此，本项目拟利用面板固定效应模型，研究农地规模经营在金融规模对乡村绿色效率、金融效率对乡村绿色效率之间的中介效应。检验结果如表 5 – 18 所示。

表 5 – 18　　　　　　　　　　　中介效应估计结果

变量	模型 1	模型 2	模型 3	模型 4	模型 5	模型 6
	rate	*scale*	*rate*	*rate*	*scale*	*rate*
rfs	0.0496 *** (0.0061)	0.0190 *** (0.0072)	0.0441 *** (0.0059)			
rfe				0.0994 *** (0.0124)	0.0543 *** (0.0142)	0.0856 *** (0.0124)
scale			0.2856 *** (0.0599)			0.2537 *** (0.0621)
urban	0.8078 *** (0.0949)	0.5710 *** (0.1110)	0.6448 *** (0.0960)	0.8361 *** (0.0935)	0.5285 *** (0.1071)	0.7020 *** (0.0956)
industry	– 0.3309 (0.2272)	0.9169 *** (0.2658)	– 0.5927 *** (0.2216)	– 1.0544 *** (0.2145)	0.6230 * * (0.2456)	– 1.2125 *** (0.2094)
plant	– 0.6873 *** (0.2558)	0.5114 * (0.2993)	– 0.8334 *** (0.2437)	– 0.8509 *** (0.2571)	0.4203 (0.2944)	– 0.9576 *** (0.2480)
disaster	– 0.4953 *** (0.0884)	– 0.1810 * (0.1035)	– 0.4436 *** (0.0843)	– 0.4691 *** (0.0893)	– 0.1437 (0.1022)	– 0.4327 *** (0.0861)
cons	0.6482 *** (0.1986)	0.0495 (0.2324)	0.6341 *** (0.1877)	1.0216 *** (0.1979)	0.2171 (0.2266)	0.9665 *** (0.1903)
N	198	198	198	198	198	198
R^2	0.7433	0.3358	0.7720	0.7426	0.3619	0.7643

注：括号内为标准误，* 、** 、*** 分别表示在 10% 、5% 、1% 的水平下显著。下同。

由表 5 – 18 可以发现，在模型 1 中，农村金融规模回归系数通过了 1% 的显著性水平，系数值为 0.0496，这说明农村金融规模对农业绿色效率具有直接的正向影响。通过对模型 2 的回归分析，检验了农村金融规模对农业土地规模经营这一中介变量的影响。研究结果显示，我国农村金融体系的扩大对农业土地规模化经营具有积极的作用。结果表明，我国农村金融规模、农地规模与农业生态效益呈正相关。农村金融规模和中介变量农地规模经营的回归系数都通过了显著性检验，其系数值为 0.0441，其系数值为 0.2856，这说明农地规模经营起到了部分中介作用，也就是说，除了对农业绿色效率产生直接影响之外，农村金融规模还可以通过农地规模经营对农业绿色效率产生间接影响。在一定条件下，农村金融规模每增长 1 个单位，对农业绿色效率的贡献就是 0.0441，同时，农地规模经营也会随之增长 0.0190 个单位，间接地提高农业绿色效率就是 0.0054，农地规模经营在总效应中所起的中介作用占了 10.91%。

这一点和前文的结论是相符的。在模型 4 和模型 5 中，农村金融效率的系数值均在 1% 的水平下正向显著，这表明农村金融效率对提升农业绿色效率和扩大农地规模经营有一定的作用。农村金融效率的系数值都在 1% 的水平下，具有正向显著性，这说明农村金融效率有助于提升农业绿色效率，并有利于扩大农地规模经营。在模型 6 中，乡村金融效率和农地规模经营的系数都是正的，这说明乡村金融效率和农地规模经营之间存在一定的中介关系，并且具有一定的中介效应。在特定的情况下，每增加 1 个单位的农村金融效率，将会直接增加 0.0856，而农地规模经营将会增加 0.0543 个单位，将会间接增加 0.0138，中间作用在总体作用中所占的比例大约是 13.88%。

因此，本书认为，农村金融既可以直接作用于农业的绿色效率，又可以通过农地规模化经营作用于农业的绿色效率，从而验证了 H1 假说。在表 5 - 18 中，所有的控制变量都已经通过了显著性检验，它们对农业绿色效率的影响表现出了稳定的效果，并且它们的作用方向和王宝义等人（2018）[225] 所做的研究相吻合，研究结果表明，本书所选取的控制变量及所构建的回归模型均是正确的。其中，城市化程度的增加能明显地提高农业的生态效益；产业结构，农作物种植结构，自然灾害等都会对农业的绿色效益产生一定的影响。

（2）门槛效应检验。

在进行门槛效应检验前，先对门槛的存在性以及门槛个数进行检验。本书运用 Bootstrap 抽样法，在样本自抽样 300 次的情况下分别以农村金融规模、农村金融效率作为门槛变量，依次对单一门槛、双重门槛、三重门槛的原假设进行检验，结果如表 5 – 19 所示。

在表 5 – 19 中，对农村金融规模和农村金融效率的单一门槛和双重门槛检验结果的 F 统计量都通过了 5% 的显著性水平，但三重门槛效果都不明显，这说明对农村金融规模和农村金融效率均存在着双重门槛效应。具体的门槛估计值如表 5 – 20 所示，农村金融规模的两个门槛值分别为 0.8087 和 8.3545；农村金融效率的两个门槛值分别为 1.2188 和 1.6121。

表 5 – 19　　　　　　　　　门槛效应检验

门槛变量	门槛性质	F 统计量	P 值	10% 临界值	5% 临界值	1% 临界值
rfs	单一门槛	61.47	0.0000	19.1641	22.9067	34.8295
	双重门槛	25.60	0.0367	17.9169	20.4090	35.5341
	三重门槛	6.05	0.6800	24.0277	37.1438	81.3355
rfe	单一门槛	70.50	0.0000	23.3754	27.5637	34.5336
	双重门槛	29.04	0.0267	19.2058	24.3222	33.2429
	三重门槛	16.30	0.2767	23.9449	27.2116	43.5014

表5-20   门槛值及置信区间

门槛变量	门槛类型	估计值	95%置信区间
rfs	第一门槛	0.8087	[0.6336, 0.8211]
	第二门槛	8.3545	[7.8777, 9.4074]
rfe	第一门槛	1.2188	[1.1302, 1.2373]
	第二门槛	1.6121	[1.6084, 1.6596]

然后，利用2001~2018年长江经济带省级面板数据，进行门槛回归估计，对H2假设进行检验。结果显示在表5-21中，其中，模型7与模型8分别是将农村金融规模与农村金融效率作为门槛变量的回归分析。

通过对模型5-20进行回归分析，发现农户土地规模经营对农业绿色效率的影响具有明显的程度阈值。在每一个区间内，不管农村金融规模有多大，农地规模经营对农业绿色效率的影响都是正的，并且都达到了1%的显著水平。在农户融资规模小于或等于0.8087的情况下，农户土地经营的规模每增加1个单位，农户的绿色效率就增加0.1390个单位；当农村金融规模为0.8087~8.3545时，农地规模经营对提升农业绿色效率的作用更加显著，每单位农地规模的扩大可以提高农业绿色效率的平均值0.3009；在农村金融规模达到8.3545以上的情况下，农地规模化经营对农业绿色效益的提高效果更加明显，系数为0.5757；以上研究结果说明，农地规模化经营在提高农业绿色效率方面的效果，在一定程度上表现出了边际增长的特点。农村金融规模的扩大，就是指农村金融的覆盖面在扩大，农户接触、获得和享受到金融服务的可能性越大，这将有利于满足其扩大规模经营的金融需求。这说明，在我国农村金融发展的大背景下，农地规模化经营在提升农业绿色效率方面的功能将会越来越强。

表 5 – 21　　　　　　　　　　门槛回归结果

变量	模型 7	模型 8
	rate	rate
scale（rfs≤0.8087）	0.1390 ** (0.0613)	
scale（0.8087＜rfs≤8.3545）	0.3009 *** (0.0556)	
scale（rfs＞8.3545）	0.5757 *** (0.0787)	
scale（rfe＜1.2188）		0.1902 *** (0.0611)
scale（1.2188＜rfe≤1.6121）		0.4617 *** (0.0646)
scale（rfe＞1.6121）		0.3353 *** (0.0560)
urban	0.6109 *** (0.0910)	0.5304 *** (0.0958)
industry	－1.5140 *** (0.1992)	－1.1102 *** (0.1982)
plant	－0.4668 * (0.2531)	－0.9436 *** (0.2291)
disaster	－0.2790 *** (0.0844)	－0.3838 *** (0.0807)
cons	0.8939 *** (0.1921)	1.1057 *** (0.1826)
N	198	198
R^2	0.7954	0.8006

类似地，根据模型 8 中的回归结果，我们也可以看到，农村金融效率的水平会对农地规模经营产生影响，从而对农业绿色效率产生影响。在所有的时间范围内，农业土地规模经营的系数都是显著的。其中，在农村金融效率没有越过第一个阈值，也就是低于 1.2188 的时候，农业土地规模经营的系数是 0.1902；当它在 1.2188 ~ 1.6121 之间时，系数值为 0.4617，在这个区间内，伴随着农地规模经营的不断扩大，农业绿色效率得到了提升；而在大于 1.6121 的情况下，农地规模化经营对农业绿色效率的影响逐渐减弱，系数为 0.3353。造成这种现象的原因之一是，虽然农村金融机构可以更好地实现储蓄向信贷的转化，但不一定就意味着信贷流向了农村。在"惜贷"心态和"吸储外放"等因素的影响下，银行很难从农业生产和生活中得到切实的融资支持，从而影响了银行通过农地规模化经营提高农业绿色效益的效应。[226]另外，由于绿色农业的"公共物品"特性和"自然脆弱"特性，使得其在农业生产中的投入转化效率低下，同时，资本的"逐利"特性又使得农业信贷流向了高效率的产业，从而导致了农业生产中的资金分配不平衡。

为了深入探究研究期内，在不同的农村金融发展状态下农地规模经营对农业绿色效率的影响，本书将农村金融效率小于 0.8087 的视为农村金融低等规模，将效率值在 0.8087 ~ 8.3545 之间的视为农村金融中等规模，将超过 8.3545 的视为农村金融高等规模。以同样的方式，把农村金融效率分为三种：低等效率（农村金融发展效率低于 1.2188）、中等效率（农村金融发展效率介于 1.2188 ~ 1.6121 之间）、高等效率（农村金融效率高于 1.6121），不同时期，各个省市和地区的农村金融发展情况也有所不同，具体如图 5 - 7 所示。

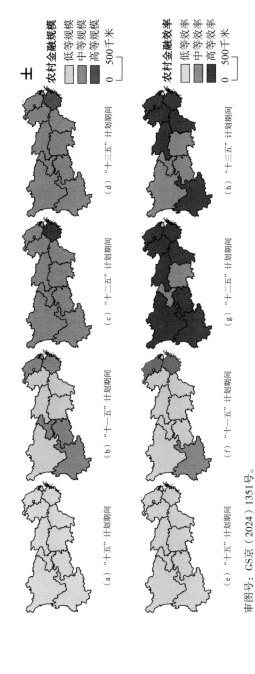

图5-7　长江经济带各省市农村金融规模、农村金融效率发展状况

审图号：GS京（2024）1351号。

"十五"时期，长江经济带地区的农村金融总体上处于较低的发展阶段，全国各地的农村金融规模与效率都没有超过第一个门槛值。因此，在这一层次的农村金融发展中，各省市的农地规模经营都会提高农业的绿色效率，但是提高的幅度是有限的。

"十一五"以来，伴随着国家对新型农村金融机构的大力发展，每年一号文件都在反复强调要加强对"三农"的支持，在此基础上，长江经济带区域内的农村金融发展迅速，取得了较好的效果。六个省市，上海，江苏，浙江，重庆，贵州，云南都已形成了相当规模的农村金融，但仍存在一些问题。江苏、浙江、云南三个省市的农村金融效率也出现了"临界跃迁"，但这三个地区之间的差异并不明显。这一时期，长江经济带上游和下游地区农村金融得到了迅速发展，农地规模经营使农业"绿色"效益得到了进一步提高。长江中游各省市的农村金融发展水平和效率均未超过第一阈值，出现了"中游坍塌"现象。究其原因，长江经济带的中下游地区由于区位优势和东部地区的先行优势，在经济和金融方面的发达程度高于中上游地区，具有较强的资金支持；在西部大开发的推动下，上游地区的农村金融也得到了一定的发展，导致上游和下游地区的农村金融发展水平与中游地区的差距不断拉大，并且出现了明显的区域差异。另外，尽管上海是全国最大的地区，但其农村金融运行效率仍然很低，这是因为其始终遵循着"三二一"的工业发展战略，而忽略了农业和农村的发展，导致其农村储蓄向农村信贷转化的困难。

在"十二五"规划中，随着《关于金融服务"三农"发展的若干意见》等一系列政策措施的出台，我国将持续稳定地推动金融体系改革，推动普惠金融发展，加大对农村金融的扶持力度，对农村金融的发展起到积极推动作用。在这一时期，长江经济带各地区的农村融资规模基本维持在一个均衡水平，10 个省市除了浙江突破了"第二临界点"外，其他 10 个省市都处于"中间"状态；其中，8 个地区的农村融资效率较高，占到了所有地区的 72.31%；总的来说，长江中游地区农村金融得到了一定程度的发展，并且区域间的差距缩小了；但是，提高农村金融效率不仅没有提高农地规模化经营，而且受到了一定的限制。因而，单纯地寻求提高农村金融效率，将损害农地规模化经营提高农业绿色效益的效果。

长江经济带"十三五"规划时期，农村金融规模的增长速度保持不变，大部分保持在中游水平；在我国，四川和贵州等省市，其农村金融效率已从高效率转换为中效率，使农村金融效率呈现出中下游地区高效率而上游地区低效率的格局，地区差异扩大。

总的来说，长江经济带农村金融在研究期间发展迅速，"十一五"期间出现较大的差异，"十二五"期间出现较小的差异，"十三五"期间出现较大的差异，呈现"二升一降"的"N"形趋势。目前，我国农村金融发展的区域分异程度不大，除了浙江省为高等规模以外，其他省市都是中等规模；农村金融效率的区域分异比较显著，呈现出中、下游高效率，上游中等效率的分布规律。

5.3 本章小结

（1）乡村劳动力输出对农业绿色效率的影响小结。

从乡村劳动力输出角度入手，分析其通过农业固定资本和农村劳动力输出对农业绿色效率的影响效应的门槛效应。主要得出以下结论：

在提出理论假设、构建模型和进一步的定量分析中，我们发现，农村劳动力输出对农业绿色效率呈现出正向影响，农村劳动力输出对农业固定资本呈现出正向影响，并且在加入农业固定资本后，农村劳动力输出对农业绿色效率的正向影响强度得到了增强。而且，在对中介效应的检验中，直接效应和间接效应的符号都为异号，这意味着，在农村劳动力输出对农业绿色效率的影响中，农业固定资本起到了掩盖作用。在此基础上，通过分析不同地区农村劳动力输出差异对农业绿色效率的影响，得出农村劳动力输出差异对农业绿色效率具有负向影响，随着不同地区农村劳动力输出差异的增大，这种负向影响会逐渐增大。事实上，随着城镇化进程的不断深入，农村劳动力向外流动已成为一种十分常见的现象。这一现象一方面有助于增加农民的非农收入，改变农业投入结构，另一方面也会对农业生态环境产生直接或间接的影响。我们发现，农村劳动力输出对农业的绿色效率具有掩盖作用。

在之前对农村劳动力输出与农业绿色效率之间的直接与间接线性影响分析的基础上，本章主要探讨农村劳动力输出对农业绿色效率的非线性影响。首先，将农村劳动力输出作为核心解释变量，将农业绿色效率综合得分作为被解释变量，以及一系列控制变量，一起对样本来源以及指标体系构成进行说明。在此基础上，以农村劳动力输出为阈值变量，构建了单一阈值、双重阈值和三重阈值模型。研究发现，虽然从整体上看，农村劳动力输出对农业绿色效率有明显的正作用，但是，农村劳动力输出的时间序列也有差异，农村劳动力输出没有超过阈值的区域，其正作用比超过阈值的区域更强。最后，为了检验结果的稳健性，将乡村劳动力输出这一核心解释变量的二次方项引入系统 GMM 等式右边，展开估计。结果表明，二次项前估计系数显著为负，这说明乡村劳动力输出对农业绿色效率的影响存在倒"U"型关系，也就是乡村劳动力输出对于农业绿色效率的正向作用在跨越门槛值后开始逐步减弱，这再一次证实门槛模型估计结果是可靠的。

（2）农村金融、农地规模经营与农业绿色效率小结。

这一章选取了长江经济带上 11 个省市 2001～2018 年的面板数据，在此基础上，利用 SBM 模型测算我国农业绿色效率，并通过建立中介作用模型，探索乡村金融对我国农业绿色效率的作用机制。本项目将以我国农村金融区域差异化发展为切入点，采用我国农村金融规模、农村金融效率作为门槛变量，构建门槛效应模型，对我国农村金融发展的问题进行实证研究。研究结果表明：

①长江经济带的农业绿色化进程不断加快，各地区的农业绿色化进程呈现出一种波动性的增长趋势，平均年增长速度为 8.68%。

②农村金融对农业生产的绿色效率有直接的影响。在我国农村金融规模对农业绿色效率的影响中，农地规模化对其产生的中介作用为 10.91%；其中，农地规模化经营对农村金融效率与农业绿色效率的关系具有重要的中介作用。

③研究结果表明，农地规模化经营与农业绿色效益之间的关系具有"双门槛效应"，在我国农村金融发展程度不同的情况下，农地规模化经营对农业绿色效率的作用存在着显著的差异。农地规模化经营提高农业绿色效益的效应表现为一种边际递增的特征。在农村金融效率超过第二门槛值之后，农业土地规模化经营对农业绿色效率的影响程度有所下降。

④长江经济带农村金融发展迅速，区域差距表现为"N"形，两次上升，一次下降。现阶段，我国农村金融发展的区域分异集中反映在长江经济带中、下游的效率较高，而上游的效率较低。

第6章

长江经济带农业绿色效率时空演变分析

6.1 长江经济带农业绿色效率区域差异分析

6.1.1 Dagum 基尼系数法

达古姆（Dagum，1997）[227]提出的基尼系数法最早被用于分析收入不平衡问题，随后逐步被应用于区域差异分析中。相对于传统基尼系数和泰尔指数，Dagum 基尼系数法将区域不平衡的总体差异 G 进一步分解为区域内差异贡献 G_w、区域间差异贡献 G_{nb} 以及超变密度贡献 G_t，有助于进一步了解总体差异的主要来源，同时也弥补了传统基尼系数和泰尔指数高估区域内和区域间差异贡献的不足，能够有效揭示上述三类差异贡献率的动态演变特征。[228]因此，本书引入 Dagum 基尼系数法测度长江经济带农业绿色效率的区域差异，并深入分析长江经济带上游、中游、下游三个子区域农业绿色效率的区域差异及差异来源。

$$G = \frac{\sum\limits_{j=1}^{k}\sum\limits_{h=1}^{k}\sum\limits_{i=1}^{n_j}\sum\limits_{r=1}^{n_k}|rate_{ji} - rate_{hr}|}{2\mu n^2} \qquad (6-1)$$

其中，μ 表示长江经济带 126 个地级市农业绿色效率均值；$rate_{ji}$（$rate_{hr}$）表示 $j(h)$ 区域内地级市的农业绿色效率；n 表示长江经济带内的地级市个数，即 $n = 126$；k 为区域划分数，本书将研究区域划分为上中下游，故而 $k = 3$；$n_j(n_h)$ 表示 $j(h)$ 区域内的地级市个数。基尼系数在分解时，需要先计算各区域的农业绿色效率均值，并对区域依据均值从小到大进行排序，$\mu_h \leqslant \cdots \leqslant \mu_j \leqslant \cdots \leqslant \mu_k$；随后将其分解为 G_w、G_{nb} 和 G_t，且 $G = G_w + G_{nb} + G_t$，具体计算过程如下：

$$G_{jj} = \frac{1}{2\mu_j n_j^2}\sum\limits_{i=1}^{n_j}\sum\limits_{r=1}^{n_j}|rate_{ji} - rate_{jr}| \qquad (6-2)$$

$$G_w = \sum\limits_{j=1}^{k} G_{jj} p_j s_j \qquad (6-3)$$

$$G_{jh} = \frac{\sum\limits_{i=1}^{n_j}\sum\limits_{r=1}^{n_k}|rate_{ji} - rate_{hr}|}{n_j n_h (\mu_j + \mu_h)} \qquad (6-4)$$

$$G_{nb} = \sum\limits_{j=2}^{k}\sum\limits_{h=1}^{j-1} G_{jh}(p_j s_h + p_h s_j) D_{jh} \qquad (6-5)$$

$$G_t = \sum\limits_{j=2}^{k}\sum\limits_{h=1}^{j-1} G_{jh}(p_j s_h + p_h s_j)(1 - D_{jh}) \qquad (6-6)$$

$$D_{jh} = \frac{d_{jh} - p_{jh}}{d_{jh} + p_{jh}} \qquad (6-7)$$

$$d_{jh} = \int_0^\infty dF_j(y)\int_0^y (y - x)dF_h(x) \qquad (6-8)$$

$$p_{jh} = \int_0^\infty dF_h(y)\int_0^y (y - x)dF_j(y) \qquad (6-9)$$

在上述公式中，式（6-2）和式（6-3）分别表示 j 区域的基尼系数 G_{jj} 和区域内差异贡献率 G_w；式（6-4）和式（6-5）分别表示 j 和 h 区域的区域间基尼系数 G_{jh} 和区域间差异贡献率 G_{nb}，其中 $p_j = n_j/n$，$s_j = n_j \mu_j / n\mu_j$，$j = 1$，2，$\cdots$，k；D_{jh} 表示 j 和 h 区域农业绿色效率的相对影响；式（6-6）表示超变密度贡献率 G_t；式（6-7）中的 d_{jh} 为区域间农业绿色效率的差值，即 j 和 h 区域所有 $rate_{ji} - rate_{hr} > 0$ 的样本值的均值，p_{jh} 则相反；F_h、F_j 分别为 $h(j)$ 区域的累积密度分布函数。

6.1.2　Kernel 核密度估计方法

本书采用核密度估计方法进一步识别长江经济带农业绿色效率区域绝对差异的整体分布形态及动态演进特征。设随机变量 x 的概率密度函数 f 形式如下：

$$f(x) = \frac{1}{Nh} \sum_{i=1}^{n} K\left(\frac{x_i - x_0}{h}\right) \tag{6-10}$$

其中 N 为样本量，$K(\cdot)$ 为核函数，h 为带宽，x_i 为独立同分布样本值，x_0 为均值。

6.1.3　区域相对差异及来源分析

在前文测算长江经济带农业绿色效率的基础上，基于 Dagum 基尼系数及其分解模型量化长江经济带农业绿色效率的区域差异及其贡献率，结果如表 6-1 所示。

表 6 – 1　　　　　长江经济带农业绿色效率的区域差异及其贡献率

年份	整体基尼系数	组内差异			组间差异			贡献率		
		上游	中游	下游	上－中	上－下	中－下	区域内	区域间	超变密度
2001	0.0659	0.0570	0.0362	0.0982	0.0478	0.0793	0.0707	33.18%	24.5%	42.32%
2002	0.0689	0.0706	0.0341	0.0941	0.0542	0.0833	0.0675	33.58%	21.7%	44.72%
2003	0.0767	0.0724	0.0599	0.0937	0.0665	0.0851	0.0789	33.28%	11.28%	55.44%
2004	0.0850	0.0901	0.0631	0.0966	0.0774	0.0948	0.0815	33.61%	11.82%	54.56%
2005	0.0816	0.0794	0.0378	0.1168	0.0602	0.1007	0.0822	33.42%	27.29%	39.29%
2006	0.0824	0.0920	0.0325	0.1089	0.0650	0.1023	0.0766	33.67%	27.4%	38.93%
2007	0.0787	0.0737	0.0315	0.1198	0.0542	0.0989	0.0814	33.39%	29.63%	36.98%
2008	0.0798	0.0755	0.0334	0.1193	0.0564	0.0995	0.0816	33.41%	29.14%	37.45%
2009	0.0795	0.0707	0.0357	0.1210	0.0550	0.0983	0.0845	33.21%	30.73%	36.06%
2010	0.0882	0.0794	0.0382	0.1341	0.0614	0.1093	0.0925	33.29%	30.56%	36.15%
2011	0.0928	0.0873	0.0390	0.1374	0.0654	0.1156	0.0957	33.3%	30.79%	35.91%
2012	0.0957	0.0789	0.0413	0.1512	0.0617	0.1197	0.1049	33.05%	34.17%	32.78%
2013	0.0952	0.0652	0.0363	0.1673	0.0520	0.1219	0.1111	32.91%	38.38%	28.7%
2014	0.1071	0.0685	0.0361	0.1934	0.0539	0.1387	0.1275	32.79%	40.91%	26.29%
2015	0.1091	0.0623	0.0361	0.2042	0.0501	0.1428	0.1329	32.74%	41.97%	25.28%
2016	0.1146	0.0627	0.0409	0.2143	0.0527	0.1488	0.1407	32.72%	41.19%	26.09%
2017	0.1189	0.0591	0.0382	0.2284	0.0496	0.1559	0.1492	32.62%	44.6%	22.78%
2018	0.1248	0.0652	0.0345	0.2397	0.0519	0.1648	0.1550	32.65%	45.14%	22.21%
2019	0.1316	0.0709	0.0332	0.2518	0.0549	0.1746	0.1614	32.69%	44.74%	22.57%

（1）整体相对差异及其演变。从表 6 – 1 可知，研究期内长江经济带农业绿色效率区域差异整体呈上升趋势，由 2001 年的 0.0659 增长至 2019 年的 0.1316，整体相对差异年均增长率达 3.91%，说明长

江经济带农业绿色效率相对差异逐年扩大。其中，2010 年为整个研究期的重要转折点，整体相对差异表现为快速上升，主要原因可能在于绿色文明建设首次被明确写入十七大报告当中，绿色环境保护进一步得到了社会广泛关注。而 2014 年《国务院关于依托黄金水道推动长江经济带发展的指导意见》提出要提升长江经济带现代农业和特色绿色农业发展水平后，长江经济带农业绿色效率快速提升的同时也导致了区域差异的再次扩大。长江经济带农业绿色效率整体相对差异扩大的原因可能在于长江经济带幅员辽阔，上游、中游以及下游地区经济发展差异、自然资源禀赋、农业发展水平等分异明显。在区域发展不平衡的背景下，农业绿色效率的极化现象趋于明显。该结论与杨骞等（2019）[229]、漆雁斌等（2020）[230]的研究结论具有相似性。

（2）区域内相对差异及其演变。从表 6 - 1 的长江经济带上游、中游和下游农业绿色效率组内差异数据可知，上游地区区域内差异波动较为剧烈，具体表现为：2001～2004 年呈上升趋势；2005～2017年期间除在 2006 年、2008 年、2011 年以及 2014 年出现小幅度上升外，均表现为下降态势；2018～2019 年表现为稳步小幅上升态势。研究期内，上游地区基尼系数值总体上有所上升，由 2001 年的 0.0570上升至 2019 年的 0.0709。中游地区区域内差异呈"M"型波动演进趋势，2001～2004 年为差异扩大阶段，基尼系数值在 2004 年达到研究期内峰值（0.0631）；2005～2007 年急速下降，基尼系数在 2007年达到研究期内最低值（0.0315）；2008～2015 年呈波动增长态势；2016～2019 年为趋稳下降阶段。整体而言，中游地区区域内差异呈缩小趋势，基尼系数由 2001 年的 0.0362 降至 2019 年的 0.0332。下游地区差异的演变走势基本与整体相对差异一致，表现为上升趋势，基尼系数由 2001 年的 0.0982 增长至 2019 年的 0.2518，说明下游地区相对差异一定程度上左右了长江经济带整体相对差异。

从上述分析可知，长江经济带上游、中游、下游内部差异分别呈不同的波动态势，上游地区呈微弱扩大态势，中游地区呈缩小态势，下游地区则呈波动扩大态势。上中下游区域内相对差异排序为：下游地区＞上游地区＞中游地区。总体而言，中游地区农业绿色效率发展最为均衡，下游地区农业绿色效率发展的不平衡现象最为突出。出现这一现象的原因可能在于，下游地区经济发展基础差异巨大，在经济利益的驱使下经济越发达的地区往往越倾向于耕地非农化，耕地流失强度大，绿色系统运行质量下降，导致区域内农业绿色效率差异日趋扩大。

（3）区域间相对差异及其演变。从区域间差异演进趋势看，三组区域间差异在总体上均呈波动上升态势。通过横向对比可知，区域间差异由大到小分别为上－下游地区、中－下游地区、上－中游地区，基尼系数均值分别为 0.1176、0.1040 和 0.0574。具体地，上－下游以及中－下游区域间差异变动态势基本相似，2009 年前呈缓慢增长趋势，2010～2019 年呈快速增长趋势。上－下游地区区域间差异增幅达 120.01％，年均增速约为 4.48％；中－下游地区区域间差异增幅达 128.22％，年均增速约为 4.69％。上－中游地区区域间差异在 2001～2017 年大致呈"M"型波动态势，并于 2004 年达到峰值（0.0774）；2017～2019 年则表现为小幅度稳步上升趋势。研究期内，上－中游地区增幅达 14.77％，年均增速约为 0.77％。从以上分析可知，下游与中上游之间的农业绿色效率不平衡发展问题仍在加重。究其原因在于，相对于上游和中游地区，下游地区地理位置优越，农业生产自然资源丰富，经济实力强，在农业资本、技术、信息等生产要素的获取上更具优势。同时，农业制度的改革多从下游地区率先实行，中上游农业绿色发展相对落后。

（4）区域差异来源及贡献率。由三大区域差异来源在研究期内的走势可知，区域内差异贡献率在研究期内表现较为稳定，围绕均值33.12%上下波动。区域间差异贡献率波动十分明显，总体上可分为两个阶段：2001～2003 年为下降阶段，2003 年达到研究期内最低值（11.28%），2004～2019 年为快速回升阶段。超度密度贡献率同样可分为两个阶段：2001～2003 年为上升阶段，2003 年达到研究期内峰值（55.44%），2004～2019 年为持续下降阶段。由此可知，区域间差异贡献率与超变密度贡献率呈现出"此消彼长"的关系，说明后者的变化主要被前者所吸收，即不同地区的农业绿色效率存在相互影响和溢出效应。长江经济带农业绿色效率区域差异在不同阶段的主要来源有所不同，具体为在 2001～2011 年，超标密度是区域差异的主要来源，其次是区域内差异；在 2012～2019 年，区域间差异为区域差异的主要来源，区域内差异次之。由此可知，超变密度对长江经济带农业绿色效率区域差异的贡献率逐渐降低，而区域间差异逐渐成为区域差异的主要来源。

6.1.4　区域绝对差异分布形态及动态演进分析

基于农业绿色效率相对差异程度及来源分析，借助 Kernel 核密度估计法进一步对农业绿色效率的绝对差异进行识别，在克服未知因素影响的同时，能有效补充农业绿色效率空间差异的研究。因此，本书利用核密度估计法，通过绘制三维核密度图进一步刻画长江经济带农业绿色效率整体绝对差异分布形态以及动态演进规律，具体如图 6－1、表 6－2 所示。

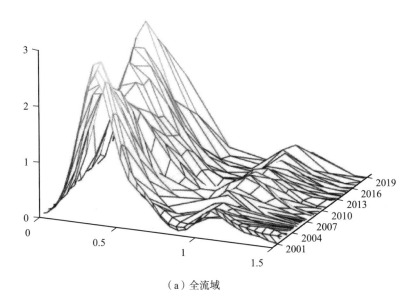

（a）全流域

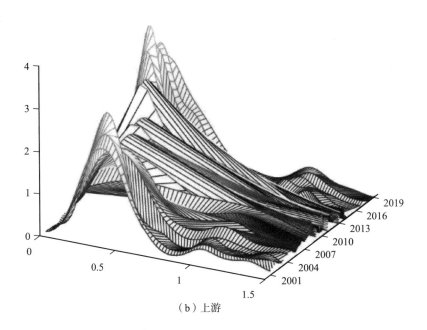

（b）上游

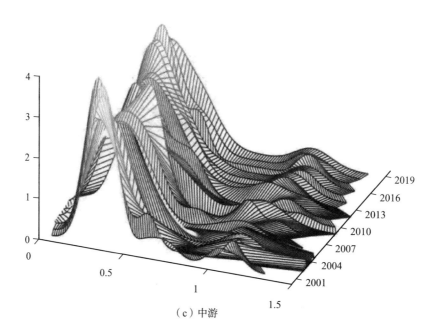

（c）中游

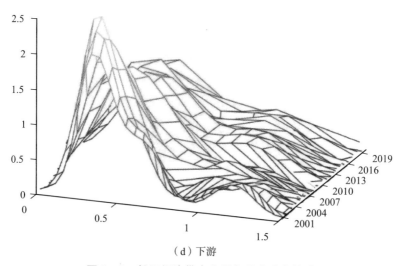

（d）下游

图 6 - 1　长江经济带农业绿色效率动态演进

表 6 - 2　　　　　　长江经济带农业绿色效率分布动态的演进特征

地区	分布位置	主峰分布形态	极化趋势	分布延展性
全流域	左移 - 右移	主峰上升，宽度缩小	两极分化	右拖尾，延展拓宽
上游	左移 - 右移	主峰上升，宽度缩小	多极化现象	右拖尾，延展收敛
中游	左移 - 右移	主峰上升，宽度缩小	多极化现象	右拖尾，延展拓宽
下游	左移 - 右移	主峰下降，宽度扩大	两极分化	右拖尾，延展拓宽

　　从分布位置看，流域整体及三大地区主峰位置总体呈现"左移 -右移"变化趋势，说明随着农户绿色保护意识的加强、农业生产技术的推广等，长江经济带农业污染得到一定抑制，农业绿色化程度不断深入。具体地，相较于中下游地区，上游地区主峰位置右移趋势较强，且波动性较强，正如前文所分析，长江上游地区经济基础及增长动力得到有效改善；从主峰形态看，全流域、中游和上游地区内部农业绿色效率的绝对差异程度在研究期内呈缩小态势，具体来看，上游地区主峰峰值呈"上升 - 下降 - 上升"演变特征，宽度呈"缩小 -扩大 - 缩小"趋势，中游地区主峰峰值在"十三五"初期快速上升，宽度略微缩小，下游地区主峰峰值自"十五"时期末猛烈下降，宽度扩大，说明其绝对差异扩大；从极化趋势看，除中上游地区外，长江流域整体及下游地区均有微弱两极分化现象，但其主峰峰值均高于侧峰峰值；从延展性分析，长江流域整体及三大地区农业绿色效率分布曲线均具有右拖尾现象，整体及中上游地区分布延展性表现出"拓宽 - 收敛 - 拓宽"的交错变化，最终呈收敛态势，说明地区内部农业绿色效率的平均差异逐渐缩小，而下游地区具有延展性拓宽特征，说明地区内部出现"马太效应"，农业绿色化水平高的城市基于自身优势得到进一步发展，使内部差异更显著。

6.2 长江经济带农业绿色效率空间自相关性分析

6.2.1 探索性数据分析方法

检验长江经济带农业绿色效率空间相关性就是从空间视角探究农业绿色效率的分布状态。探索性数据分析方法（ESDA）可通过统计分析将数据以图形及图表等形式呈现，揭示研究对象的空间关联或差异特征，主要包括两类空间分析方法：一是全局空间相关性分析，反映观测值在整个研究区域内的空间依赖特征；二是局部空间相关性检验，反映具体单元观测值对邻近区域观测值的影响。

（1）全局空间相关性。

全局空间相关性是从整体上描述研究对象在空间范围上的聚集及离散情况[231]，通常采用全局 $Moran's\ I$ 指数来衡量，其取值范围介于 $-1 \sim 1$ 之间。全局 $Moran's\ I$ 指数公式为

$$Moran's\ I = \frac{n \sum\limits_{i=1}^{n} \sum\limits_{j=1}^{n} W_{ij}(x_i - \bar{x})(x_j - \bar{x})}{\sum\limits_{i=1}^{n} \sum\limits_{j=1}^{n} W_{ij} \sum\limits_{i=1}^{n} (x_i - \bar{x})^2} \qquad (6-11)$$

其中，$Moran's\ I$ 表示全局莫兰指数；n 为样本总数；x_i、x_j 分别表示 i、j 地区的农业绿色效率；$\bar{x}$ 表示农业绿色效率均值；W_{ij} 为空间权重矩阵，本书采用的是反距离平方空间权重矩阵①。当 $Moran's\ I$ 指数

———————————

① 现有研究中多应用邻接矩阵作为空间权重矩阵，但考虑到研究样本中舟山市为岛屿，为避免孤岛效应，故本书采用反距离平方空间权重矩阵。

大于 0，表示本地区农业绿色效率与邻近地区的农业绿色效率存在正相关关系，在空间上呈聚集分布，且 *Moran's I* 值越大则集聚效应越强；*Moran's I* 指数小于 0，表示本地区农业绿色效率与邻近地区农业绿色效率存在负相关关系，在空间上呈离散分布；*Moran's I* 等于 0 说明地区农业绿色效率在空间上不存在相关关系，表现为随机分布。

（2）局部空间相关性。

由于全局 *Moran's I* 无法表现出局部区域的不确定性，难以刻画出研究单元内部所存在的空间关联性。为探究局部单元与邻近单元的空间关系，本书进一步利用 Getis – Ord G_i^* 进行热点分析，通过数据可视化揭示高值或低值要素在空间上的集聚位置及特征。G_i^* 的计算公式如式（6 – 12）所示：

$$G_i^* = \frac{\sum\limits_{j=1}^{n} W_{ij}x_j - \bar{x}\sum\limits_{j=1}^{n} W_{ij}}{S\sqrt{\dfrac{\left[n\sum\limits_{j=1}^{n} W_{ij}^2 - (\sum\limits_{j=1}^{n} W_{ij})^2 \right]}{n-1}}} \qquad (6-12)$$

其中，S 为农业绿色效率标准差；其他变量含义同上。

6.2.2　全局空间相关性分析

本书基于 2001～2019 年长江经济带 126 个地级市的农业绿色效率数据，运用 ArcGIS10.2 分析工具对长江经济带整体及其上中下游的农业绿色效率全局 *Moran's I* 指数进行计算，以分析长江经济带农业绿色效率的整体空间集聚特征，结果如表 6 – 3 所示。

表 6 - 3　　　　2001 ~ 2019 年长江经济带及上中下游农业绿色

效率全局 *Moran's I* 指数

年份	整体	上游	中游	下游
2001	0. 0659 ***	0. 1966 ***	0. 1107	0. 0128
2002	0. 0725 ***	0. 1236 ***	0. 1590 *	0. 0124
2003	0. 0808 ***	0. 1451 ***	0. 1084 ***	0. 0201
2004	0. 0573 *	0. 0927 ***	0. 0904 ***	0. 0124
2005	0. 0515 ***	0. 1088 ***	0. 0948	0. 0086
2006	0. 0585 ***	0. 0820 ***	0. 1493 *	0. 0112
2007	0. 0580 ***	0. 1407 ***	0. 0865	0. 0139
2008	0. 0492 ***	0. 1202 ***	0. 2364 ***	0. 0116
2009	0. 0538 ***	0. 1369 ***	0. 2783 ***	0. 0174
2010	0. 0494 ***	0. 0830	0. 2511 ***	0. 0533 ***
2011	0. 0518 ***	0. 0751 ***	0. 2364 ***	0. 0577 ***
2012	0. 0399 ***	0. 0919 ***	0. 3296 ***	0. 0412 ***
2013	0. 0233 ***	0. 1471 ***	0. 2669 ***	0. 0174 ***
2014	0. 0237 ***	0. 1157 ***	0. 2627 ***	0. 0285 ***
2015	0. 0194 ***	0. 2024 ***	0. 2036 ***	0. 0219 ***
2016	0. 0163 ***	0. 1640 ***	0. 2112 ***	0. 0223 ***
2017	0. 0151 ***	0. 1276 ***	0. 1981 ***	0. 0231 ***
2018	0. 0144 ***	0. 0762	0. 1753 ***	0. 0246 ***
2019	0. 0137 ***	0. 0458	0. 1668 *	0. 0280 ***

注：* 、*** 、*** 分别表示在 10% 、5% 、1% 的水平下显著。

从表 6 - 3 可知，2001 ~ 2019 年长江经济带农业绿色效率的全局 *Moran's I* 指数均为正数，指数值在［0. 0137，0. 0808］区间内浮动且均通过了 10% 的显著性检验，说明在研究期内长江经济带农业绿色效率表现为明显的空间正相关关系，空间聚集效应显著，即农业绿色效率高（低）的地区倾向于与农业绿色效率高（低）的地区聚集。从时序上看，全局 $Moran's\ I$ 指数呈现出波动变化趋势，具有较为明显的阶段性特征，据此大致可分为 2 个时期：2001～2003 年全局 $Moran's\ I$ 指数不断上升，并在 2003 年达到研究期内的峰值 0.0808，表明在这一阶段长江经济带农业绿色效率空间聚集性得以加强，空间聚集态势凸显；2004～2019 年全局 $Moran's\ I$ 指数呈现出逐年波动下降趋势并在 2019 年达到最低值 0.0137，长江经济带农业绿色效率空间正相关关系及聚集效应逐年减弱。

由分区域的全局空间相关性检验结果可知，长江经济带上游、中游及下游的农业绿色效率全局 $Moran's\ I$ 指数均为正值，具体而言上游、中游、下游地区的农业绿色效率全局 $Moran's\ I$ 指数分别介于 ［0.0458，0.2024］、［0.0865，0.3296］、［0.0116，0.0577］ 之间。除下游地区全局 $Moran's\ I$ 指数在 2001～2009 年均未通过显著性检验外，整体来看长江经济带上游、中游及下游地区的农业绿色效率均存在空间相关性。

6.2.3　局部空间相关性分析

为深入揭示长江经济带农业绿色效率的局部空间相关性特征，本书将研究期依据五年计划划分为"十五"时期（2001～2005 年）、"十一五"时期（2006～2010 年）、"十二五"时期（2011～2015 年）及"十三五"时期（2016～2019 年）四个时间段，对各地区农业绿色效率取均值计算 G_i^* 指数进行热点分析，并利用 Jenks 自然断裂法将研究区域划分为冷点区、次冷点区、次热点区和热点区，得到长江经济带农业绿色效率的空间冷热点分布图，如图 6-2 所示。

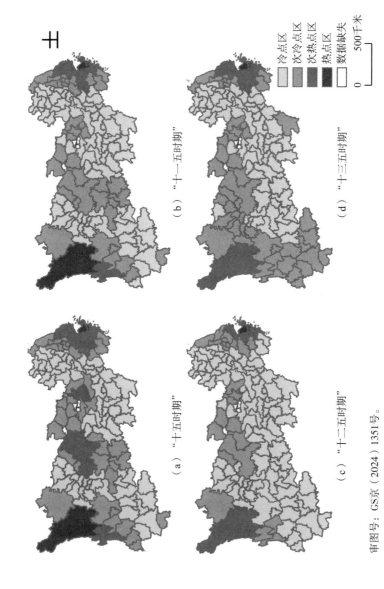

（a）"十五时期"   （b）"十一五时期"

（c）"十二五时期"   （d）"十三五时期"

图6-2 2001~2019年长江经济带农业绿色效率空间冷热点分布

审图号：GS京（2024）1351号。

从图 6-2 可知，"十五"时期长江经济带农业绿色效率的热点及次热点区域多集中在长三角、武汉城市群、重庆及川西、滇西交界处。长三角地区地理位置优越，在东部率先发展战略的引导下农业绿色效率热点及次热点地区具有良好的联动发展态势，形成了以舟山市、宁波市为中心，覆盖南通市、上海市、杭州市、金华市及台州市等市的集聚区。武汉城市群及重庆则以省会城市（直辖市）牵头，辐射带动邻近地区农业绿色发展。位于长江源头区域的川西、滇西交界地区，丰富的自然资源和生物资源为发展绿色农业提供了必要条件。

"十一五"时期，上海市的"三二一"、江苏省、浙江省的"二三一"产业政策方针以及中部崛起战略均弱化了农业经济，导致农业绿色发展的惯性优势下降，表现为农业绿色效率次热点地区收敛，湖州市、金华市、武汉市、鄂州市、黄石市、咸宁市由次热点地区过渡为次冷点地区。

"十二五"时期，长三角地区的南通市、苏州市、杭州市由次热点地区变为次冷点地区，农业绿色效率次热点地区进一步缩小。与此同时，在农业现代化推进大背景下，甘孜藏族自治州、迪庆藏族自治州、怒江傈僳族自治州农业生产技术落后、劳动力素质低下以及管理形式单一等导致农业生产发展严重滞后，农业经济产出不足致使迪庆藏族自治州、怒江傈僳族自治州由次热点地区转变为次冷点地区，甘孜藏族自治州由热点地区转变为次热点地区。冷点地区表现出向东北、西南方向延伸的扩散趋势，占有率上升至 75.40%。

"十三五"时期，农业绿色效率热点地区保持不变，发展较为稳定，宁波市和舟山市在长江经济带农业绿色发展过程中地位突出。次热点地区围绕热点地区扩散，呈块状分布。次冷点地区表现出向西南扩散趋势，对冷点地区形成包围之势。究其原因在于《中共中央关于制定国民经济和社会发展第十三个五年规划的建议》首次提出了绿色环境治理总体改善的目标，强调以绿色发展理念引领中国走可持续发展之路。《国务院办公厅关于加快转变农业发展方式的意见》要求将农业发展方式由数量增长为主转为数量质量效益并重，有力推动了长江经济带双型农业的发展。

整体来看，研究期内长江经济带农业绿色效率冷热点分布格局变化幅度较大，表现为东高西低中塌陷。热点和次热点地区向长三角地区聚集，次冷点地区向西南方向延伸，长江经济带中游则形成了农业绿色效率的连片集中冷点区域。地区间分化效应较为明显，不利于长江经济带农业绿色效率的协同发展。

6.3　长江经济带农业绿色效率空间格局演变分析

6.3.1　标准差椭圆分析方法

勒菲弗（Lefever，1926）[232] 提出的标准差椭圆（standard deviational ellipse，SDE）分析方法能够全面展示地理要素在空间上的集聚区域、离散程度以及重心迁移方向，是揭示地理要素空间分布特征的空间统计方法之一，被广泛应用于空间格局的分析当中。标准差椭圆分析方法主要包括重心位置、旋转角、长轴标准差以及短轴标准差四个基本参数。重心位置表示区域内研究对象分布的地理中心，旋转角表示研究对象在空间分布上的趋势方向，长短轴标准差则反映研究对象在空间分布上的主要方向和次要方向。各参数的相关公式如下：

$$(\bar{X}, \bar{Y}) = \left(\frac{\sum\limits_{f=1}^{n} x_f A_f}{\sum\limits_{f=1}^{n} A_f}, \frac{\sum\limits_{f=1}^{n} y_f A_f}{\sum\limits_{i=1}^{n} A_f} \right) \qquad (6-13)$$

$$\tan\theta = \frac{\sum\limits_{f=1}^{n} A_f^2 \Delta X_f^2 - \sum\limits_{f=1}^{n} A_f^2 \Delta Y_f^2 + \sqrt{\left[\sum\limits_{f=1}^{n} A_f^2 \Delta X_f^2 - \sum\limits_{f=1}^{n} A_f^2 \Delta Y_f^2 \right]^2 + 4\left[\sum\limits_{f=1}^{n} A_f^2 \Delta X_f^2 \Delta Y_f^2 \right]^2}}{2 \sum\limits_{f=1}^{n} A_f^2 \Delta X_f^2 \Delta Y_f^2}$$

$$(6-14)$$

$$\sigma_x = \sqrt{\frac{\sum\limits_{f=1}^{n} \left[A_f \Delta X_f \cos\theta - A_f \Delta Y_f \sin\theta \right]^2}{n}} \qquad (6-15)$$

$$\sigma_y = \sqrt{\frac{\sum\limits_{f=1}^{n} \left[A_f \Delta X_f \sin\theta - A_f \Delta Y_f \cos\theta \right]^2}{n}} \qquad (6-16)$$

其中，$(\bar{X}, \bar{Y})$ 为长江经济带农业绿色效率的标准差椭圆重心位置；x_f、y_f 分别表示 f 地级市几何中心的经纬度；A_f 表示 f 地级市的农业绿色效率水平；ΔX_f 和 ΔY_f 分别表示 f 地级市几何中心 (x_f, y_f) 与标准差椭圆重心 $(\bar{X}, \bar{Y})$ 的偏差；θ 表示标准差椭圆的方位角；σ_x、σ_y 分别为标准差椭圆长短轴的标准差。

6.3.2　总体空间格局演变趋势

为探究研究期内长江经济带农业绿色效率的空间格局演变特征，本书运用 ArcGIS10.2 软件绘制长江经济带农业绿色效率在"十五""十一五""十二五"以及"十三五"时期的标准差椭圆及重心分布示意图，如图 6-3 所示，重心坐标、旋转角、长短轴标准差等相关参数见表 6-4。

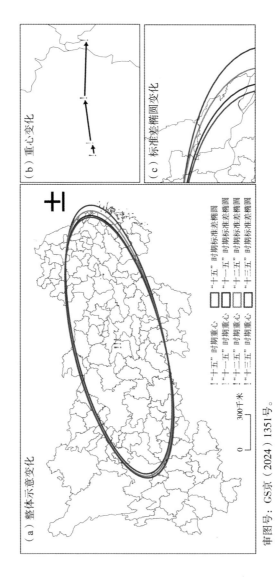

图6-3 长江经济带农业绿色效率标准差椭圆及重心分布

审图号：GS京（2024）1351号。

表 6 − 4　　　　　　长江经济带农业绿色效率标准差椭圆参数

时期	重心坐标	旋转角	长轴标准差	短轴标准差
"十五"	(111.7200°E，29.3826°N)	77.7713	10.0883	3.0584
"十一五"	(111.7859°E，29.3958°N)	77.9265	10.1620	3.0499
"十二五"	(112.0270°E，29.4251°N)	78.3069	10.2608	3.0449
"十三五"	(112.3357°E，29.4202°N)	78.6490	10.3815	3.0069

（1）空间分布重心变化。在研究期内，农业绿色效率的重心在 111.7200°E ~ 112.3357°E，29.3826°N ~ 29.4251°N 之间移动，重心大致落在湖南省常德市和益阳市境内。从移动轨迹上看，"十五"至"十二五"期间重心由向东北方向小幅度移动发展为向东北方向加速移动，移动距离由 6.5513km 扩大至 23.5802km。"十三五"期间重心向东偏南方向快速移动，在这一时期重心移动的距离最大，移动距离约为 29.9035km。从整体上看，重心移动的速度逐渐加快，且东西方向移动速度快于南北方向移动速度。重心分布呈现这一特征一方面主要是受到长江经济带自身区域呈东西方向分布的影响，另一方面是由于长江经济带内部差异明显，经济发展呈现出东高西低的空间格局，长江经济带东部地区在转变农业生产方式、提高资源利用率等方面更具优势，故重心总体上呈现出向东偏北方向移动的趋势。

（2）空间分布形态变化。标准差椭圆覆盖范围在研究期内向东北方向移动，表明长江经济带东北方向地级市的农业绿色效率增长速度大于西南方向地级市，且在研究期内，长轴标准差一直大于短轴标准差，农业绿色效率在空间分布格局上明显呈西南 − 东北走向。其中，长轴标准差呈波动增长态势，由"十五"时期的 10.0883 增长到"十三五"时期的 10.3815，短轴标准差逐渐下降，从 3.0584 降低至

3.0069，说明长江经济带农业绿色效率在西南－东北方向上呈扩张趋势，即农业绿色效率在西南－东北方向不断趋于极化。

（3）空间分布方向变化。研究期内标准差椭圆旋转角表现为顺时针旋转，由"十五"时期的 77.7713°扩大至"十三五"时期的 78.6490°，长江经济带农业绿色效率空间分布格局在东西方向上持续加强。

6.3.3 分区域空间格局演变趋势

长江经济带幅员辽阔，地区经济发展水平和农业生产存在显著差异，为进一步深入了解长江经济带内部农业绿色效率的空间格局演变特征，基于前文长江经济带三大区域的划分，分别绘制长江经济带上游、中游、下游的农业绿色效率标准差椭圆及重心，具体如图 6－4 和表 6－5 所示。

在长江经济带上游地区，标准差椭圆呈西南－东北走向，旋转角及短轴标准差先上升后下降而长轴标准差先下降后上升，即上游地区农业绿色效率的西南－东北空间分布格局表现为先弱化后强化态势。标准差椭圆重心在 103.6684°E～103.6992°E，27.9112°N～27.9415°N 之间移动，始终位于云南省昭通市。具体地，重心在"十五"至"十二五"时期向西北方向移动，"十三五"时期向东南方向移动，研究期内重心移动轨迹表现为开口朝东南向的"V"形分布。

中游地区标准差椭圆呈西北－东南走向，长短轴标准差以及旋转角均表现为先上升后下降，最终长轴标准差由 3.0347 降至 3.0260，短轴标准差由 2.3909 升至 2.4051，旋转角由 104.8396°扩大至 105.1604°，这意味着农业绿色效率在西北－东南方向的空间集聚水平降低，空间格局趋于随机分布。重心移动轨迹呈西南－东北－东南方向演变，重心由"十五"时期的（113.3948°E，28.9444°N）移动至"十三五"时期的（113.4050°E，28.9396°N），整体表现为向东南方向移动。

下游地区标准差椭圆呈西北－东南走向，长轴标准差、短轴标准差分别表现为波动上升和波动下降趋势，说明下游农业绿色效率在西北－东南方向上趋于扩张。旋转角持续缩小，由 132.2877°降至124.9834°，呈逆时针旋转，农业绿色效率在空间分布上的西北－东南格局逐渐弱化。研究期内重心始终向东南方向移动，其中在"十三五"时期移动幅度最大，重心从江苏省常州市移动至江苏省无锡市。

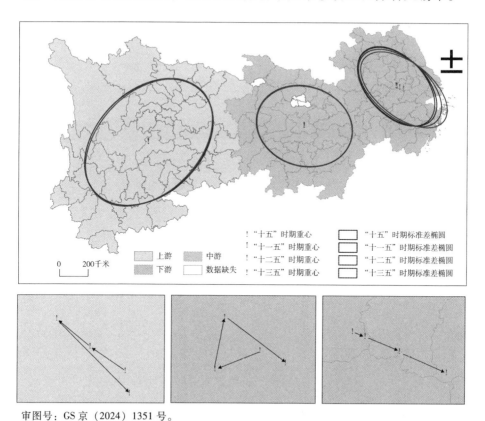

审图号：GS 京（2024）1351 号。

图 6－4　长江经济带上中下游农业绿色效率标准差椭圆及重心分布

表6-5　　　　长江经济带上中下游农业绿色效率标准差椭圆参数

区域	时期	重心坐标	旋转角	长轴标准差	短轴标准差
上游	"十五"计划	(103.6925°E, 27.9271°N)	46.4780	4.5506	3.1262
	"十一五"规划	(103.6825°E, 27.9303°N)	48.5345	4.5196	3.1842
	"十二五"规划	(103.6684°E, 27.9415°N)	47.5948	4.5521	3.1766
	"十三五"规划	(103.6992°E, 27.9112°N)	46.8971	4.5670	3.1094
中游	"十五"计划	(113.3948°E, 28.9444°N)	104.8396	3.0347	2.3909
	"十一五"规划	(113.3769°E, 28.9371°N)	104.9880	3.0358	2.4047
	"十二五"规划	(113.3808°E, 28.9572°N)	106.3475	3.0339	2.4139
	"十三五"规划	(113.4050°E, 28.9396°N)	105.1604	3.0260	2.4051
下游	"十五"计划	(119.1757°E, 31.3863°N)	132.2877	2.9077	1.7955
	"十一五"规划	(119.2428°E, 31.3628°N)	130.2545	2.9440	1.7812
	"十二五"规划	(119.2891°E, 31.3422°N)	129.3185	2.9701	1.7682
	"十三五"规划	(119.6479°E, 31.1839°N)	124.9834	3.1374	1.6811

6.4　长江经济带农业绿色效率收敛性分析

6.4.1　σ收敛检验及结果

σ收敛是指不同地区农业绿色效率的离散程度随时间推移不断下降的过程。本书根据表6-1中长江经济带整体、上游、中游、下游地区的Dagum基尼系数对农业绿色效率的σ收敛进行检验。为直观表示基尼系数的演变趋势,本书进一步绘制2001~2019年长江经济带整体、上游、中游、下游地区基尼系数的均值图,如图6-5所示。从图6-5可知,长江经济带整体、上游、下游的农业绿色效率均表现为发散,即不存在σ收敛;仅中游地区农业绿色效率存在收敛现象，地区差异会随时间推移而消失，但收敛速度相对较慢。

从理论上看，农业科技进步带来的知识技术溢出会驱使期初农业绿色效率相对较低地区比期初农业绿色效率相对较高地区有着更高的增长率，地区间农业绿色效率的差异会随时间逐渐缩小。但已有研究显示，当前农业技术推广体系尚不健全，农业技术的推广和传播速度远远落后于农业技术进步速度。[233]尤其是本书考察的是集经济、社会、环境于一体的农业绿色效率，相对于传统技术，农业绿色技术更不易被模仿和推广。故而，期初农业绿色效率领先地区在农业绿色技术不断涌现以及独享农业绿色技术成果的情况下，农业绿色效率的增长速度往往会高于期初农业绿色效率落后地区，区域差异趋于扩大。

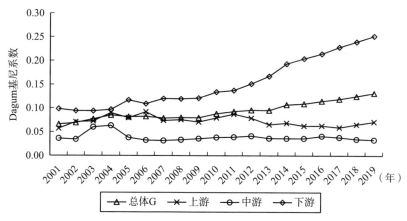

图6-5　2001~2019年长江经济带农业绿色效率的 σ 收敛

6.4.2　空间 β 收敛检验及结果

（1）模型构建。

为考察农业绿色效率较低的地区能否以更快的增长速度赶上农业

绿色效率较高的地区，本书采用绝对 β 收敛模型对 2001～2019 年长江经济带及其上游、中游、下游地区的农业绿色效率进行检验。绝对 β 收敛可以理解为在假定所有地区农业绿色发展条件相同的情况下，农业绿色效率较低地区随着时间变化拥有较高的增长率，进而缩小区域间差异并最终达到一致的稳态水平。根据 Sala-Martin（1995）[234] 的研究，传统绝对 β 收敛模型为

$$\ln\left(\frac{rate_{i,t+1}}{rate_{i,t}}\right) = \alpha_0 + \beta\ln(rate_{i,t}) + \varepsilon_{it} \qquad (6-17)$$

其中，$rate_{i,t}$ 表示 i 地区在 t 时期的农业绿色效率值；$\ln\left(\dfrac{rate_{i,t+1}}{rate_{i,t}}\right)$ 表示地区 i 在 t 时期到 $t+1$ 时期的农业绿色效率增长率；α_0 与 θ 分别为截距项和回归系数；β 为收敛系数；ε_{it} 为随机误差项。若 β 显著小于 0，则说明存在 β 收敛现象，农业绿色效率存在收敛趋势，反之则存在发散趋势。同时，可以根据收敛系数 β 计算出绝对收敛速度 λ，$\lambda = -\ln(1+\beta)/T$，$T$ 为研究时间跨度。

由前文的空间自相关检验结果可知，长江经济带农业绿色效率具有明显的空间正相关关系。故而，本书进一步将空间效应纳入传统绝对 β 收敛模型当中，构建空间滞后模型（SAR）和空间误差模型（SEM）探究长江经济带农业绿色效率的空间收敛性特征。

$$\ln\left(\frac{rate_{i,t+1}}{rate_{i,t}}\right) = \alpha_0 + \beta\ln(rate_{i,t}) + \rho W\ln\left(\frac{rate_{i,t+1}}{rate_{i,t}}\right) + \varepsilon_{it} \quad (6-18)$$

其中，W 为 $n \times n$ 的空间权重矩阵；ρ 为空间效应系数，可表示地区间的空间依赖程度；ε_{it} 为随机扰动项。

$$\ln\left(\frac{rate_{i,t+1}}{rate_{i,t}}\right) = \alpha_0 + \beta\ln(rate_{i,t}) + \varepsilon_{it}, \; \varepsilon_{it} = \lambda W\varepsilon_{it} + u_{it} \quad (6-19)$$

其中，ε_{it} 为空间自相关误差项；λ 为空间误差相关系数。

（2）β 收敛结果分析。

鉴于空间相关性检验主要应用于截面数据，而本书所选用的数据为面板数据，为进一步检验空间相关性结果的稳健性及确定空间回归模型的合理模式，本书采用 LM 检验确定最终模型形式。检验结果表明，LM 检验中 LM Error、LM Lag 统计值均在 1% 的水平上显著，说明在模型设定时考虑空间效应是必要的。同时，LM Error 的统计值（29.7430）大于 LM Lag（29.2750），表明空间误差模型较之于空间滞后模型更优，故而本书基于空间误差模型对 2001～2019 年长江经济带整体及其上中下游地区的农业绿色效率进行绝对 β 收敛检验。具体回归结果如表 6－6 所示。

表 6－6　　2001～2019 年长江经济带农业绿色效率绝对 β 收敛估计结果

变量	传统绝对 β 收敛				空间绝对 β 收敛			
	整体	上游	中游	下游	整体	上游	中游	下游
β	0.0082 * (0.0043)	− 0.0330 *** (0.0099)	− 0.1345 *** (0.0191)	0.0347 *** (0.0036)	0.0087 ** (0.0043)	− 0.4391 *** (0.0358)	− 0.2547 *** (0.0466)	0.0349 *** (0.0036)
ρ					0.3776 *** (0.0911)	0.6955 *** (0.1671)	0.2779 (0.4708)	0.7325 *** (0.2441)
id	126	47	38	41	126	47	38	41
λ	—	0.0256	0.0668			0.5382	0.2940	

注：括号内为标准误，* 、** 、*** 分别表示在 10%、5%、1% 的水平下显著。

从表 6－6 可知，传统绝对 β 收敛及空间绝对 β 收敛结果具有一定的稳健性，但空间误差模型的分析结果更为客观，故本书主要分析空间误差模型的回归结果。在长江经济带整体层面，β 回归系数在 5% 的水平上显著为正，表明长江经济带整体农业绿色效率不存在绝

对 β 收敛，地区间的农业绿色效率难以达到同一稳态水平。从三大区域的收敛结果来看，上游和中游地区的 β 回归系数均为负数，并且在 1% 的水平上显著，说明在不考虑地区异质性因素的情况下，上游以及中游农业绿色效率低的地区正以较快速度追赶农业绿色效率高的地区，地区间的差异正逐步拉近。上游和中游地区的农业绿色效率空间收敛速度分别为 53.82%、29.40%。相对于未考虑空间效应的传统收敛速度 2.56%、6.68%，在考虑空间效应时，长江经济带农业绿色效率的空间收敛速度明显加快，这表明地区劳动力、技术、资本等生产要素的流动增强了地区之间的相互影响，促使地区间农业绿色效率在空间上趋于相同。同时，上游地区的收敛速度快于中游地区。出现这一现象的原因可能在于上游各地区之间在自然条件、农业生产条件等方面相当，地区间差异较小，因而区域协同发展战略的推进能够促使农业绿色效率低的地区以较快的速度实现对农业绿色效率高的地区追赶。下游地区的 β 回归系数显著为正，表明在下游地区农业绿色效率相对较高的地区较之于效率相对较低的地区具有更高的增长率，下游内部的农业绿色效率差异扩大。该结果在一定程度上解释了下游地区不具备 σ 收敛的原因。

6.5　本章小结

本章在第四章长江经济带农业绿色效率测算的基础上，考察长江经济带农业绿色效率的时空演变特征。本章首先采用 Dagum 基尼系数对长江经济带农业绿色效率的区域差异及其差异来源进行了分析；其次，将 2001~2019 年按五年计划划分为"十五"时期（2001~2005

年）、"十一五"时期（2006～2010年）、"十二五"时期（2011～2015年）及"十三五"时期（2016～2019年）四个时间段，采用ESDA方法进行长江经济带农业绿色效率的全局和局部空间相关性检验，探究其是否存在空间集聚效应；再次，应用标准差椭圆方法揭示不同阶段长江经济带整体、上中下游三大区域的农业绿色效率的空间分布格局及演变特征；最后通过构建收敛、绝对收敛模型检验长江经济带农业绿色效率的区域差异是否会随时间的推移而不断缩小、地区间是否存在追赶效应，主要结论如下：

（1）在研究期内，长江经济带整体的农业绿色效率区域差异呈上升趋势。上游、中游和下游的内部差异分别呈不同的波动态势，上游地区呈微弱扩大态势，中游地区呈缩小态势，下游地区则呈波动扩大态势。上中下游区域内相对差异排序为下游地区＞上游地区＞中游地区。区域间差异由大到小则依次是上－下游地区、中－下游地区、上－中游地区。从Dagum基尼系数的分解可知，区域间差异逐渐成为区域差异的主要来源。

（2）长江经济带农业绿色效率在空间上表现为明显的正相关关系，研究期内长江经济带农业绿色效率冷热点分布格局变化幅度较大，热点和次热点地区向长三角地区聚集，次冷点地区向西南方向延伸，长江经济带中游则形成了农业绿色效率的连片集中冷点区域，地区间分化效应明显。

（3）从全域视角看，长江经济带农业绿色效率在研究期内重心具有向东北方向移动的趋势，空间分布格局呈现出明显的西南－东北走向，且空间分布格局在东西方向上持续加强。分区域可知，上游地区的空间分布格局呈西南－东北走向，重心移动轨迹呈开口朝东南方向的"V"字形分布；中游和下游地区的空间分布格局均呈西北－东南走向，重心整体表现为向东南方向移动。

（4）除中游地区外，长江经济带整体、上游和下游均不存在收敛；绝对收敛检验结果表明，长江经济带整体及下游均不存在绝对收敛，仅上游和中游地区存在绝对收敛，且上游地区的收敛速度明显快于中游地区。同时，考虑空间效应时，农业绿色效率空间收敛速度明显加快。

第7章

长江经济带农业绿色效率
时空演变的影响因子分析

7.1　基于 GWR 模型的长江经济带
农业绿色效率影响因子分析

7.1.1　GWR 模型构建

从第六章的分析可知，长江经济带农业绿色效率具有显著的空间异质性特点，若采用不考虑空间因素的全局回归分析方法（如最小二乘法）进行影响因素分析可能会导致回归结果存在偏误。地理加权回归模型（Geographical Weighted Regression，GWR）通过在回归参数中引入数据的地理坐标实现对局部参数的估计，适用于具有空间非平稳性的数据，能有效揭示影响因子在不同地理位置上的空间分异特征及演变规律。[235~237]因此本书引入 GWR 模型分析长江经济带农业绿色效率与各影响因子的空间关系。GWR 模型的具体形式如下：

$$y_f = \beta_0(u_f + v_f) + \sum_k \beta_k(u_f + v_f)x_{fk} + \varepsilon_f \qquad (7-1)$$

其中，y_f 为被解释变量农业绿色效率；x_{fk} 为第 k 个解释变量在 f 地区的值；$\beta_k(u_f, v_f)$ 为 f 地区的第 k 个回归参数；(u_f, v_f) 为 f 地区的空间坐标；β_0 为截距；ε_i 为误差项。

7.1.2　模型适配度检验

在进行 GWR 回归估计之前，为验证模型选取的合理性，本书进行模型的适配度检验。首先，对所选取的影响因子进行多重共线性检验，证明所选因素不存在多重共线性；其次，比较 GWR 模型与 OLS 模型参数，检验 GWR 模型是否优于 OLS 模型。

（1）多重共线性检验。

多元共线性的存在使回归参数具有非唯一性，使回归结果具有不确定性，所以，为了保证因素选择的合理性与科学性，在 GWR 回归分析中，我们使用了方差扩张系数，也就是 VIF 值来检验模型变量的多重共线性。通常，VIF 值超过 10，就可以用来检验各个变量存在多重共线性。在此基础上，本项目拟采用"十五""十一五""十二五""十三五"四个阶段，通过多元共线性检验，对不同阶段进行比较，得到不同阶段的数据，并对不同阶段的数据进行比较。由表 7-1 可以看出，各个因素之间的 VIF 都远低于 10，说明所选取的五个因素之间没有存在多重共线性关系。

表 7 - 1　　　　　　　　　　影响因子多重共线性检验结果

影响因子	"十五"	"十一五"	"十二五"	"十三五"
ln*indus*	1.5503	1.4833	1.3268	1.3803
ln*urban*	1.8203	1.8160	1.4890	1.4695
ln*gov*	1.2064	1.1532	1.1186	1.1556
ln*scale*	1.1494	1.3213	1.3687	1.4172
ln*md*	1.2420	1.0931	1.0195	1.0500

（2）GWR 模型与 OLS 模型参数比较。

为体现 GWR 模型的优越性，同时构建包含相同变量的 OLS 回归模型，将其回归结果与 GWR 模型结果进行拟合度及方差比较分析，各参数如表 7 - 2 所示。

表 7 - 2　　　　　　　　GWR 模型与 OLS 模型参数比较

时期	方法	AIC	R^2	校正 R^2
"十五"	OLS	- 98.1629	0.1154	0.0708
	GWR	- 173.2689	0.6585	0.5227
"十一五"	OLS	- 81.4263	0.1530	0.1102
	GWR	- 175.1567	0.7153	0.6055
"十二五"	OLS	- 65.5075	0.3223	0.2881
	GWR	- 160.3756	0.7714	0.6866
"十三五"	OLS	- 38.5105	0.3414	0.3082
	GWR	- 165.5887	0.8281	0.7642

从表 7 - 2 可知，GWR 模型的拟合优度均明显高于 OLS 模型，"十五""十一五""十二五"及"十三五"时期 GWR 模型的校正 R^2 分别达到 0.5227、0.6055、0.6866、0.7642。同时，OLS 模型及

GWR 模型的 R^2 均呈逐年上升趋势。由此可知，对于本书而言，GWR 模型相对于 OLS 模型具有更强的解释力，且所选因素对农业绿色效率的解释能力逐年增强。福瑟灵汉姆和布伦斯登（Fortheringham and Brunsdon，1998)[237]认为当 GWR 模型 AIC 值大于 OLS 模型 AIC 值，且该差值大于 3 时即可断定 GWR 模型具有更强的应用性。本书中 GWR 模型的 AIC 值均小于 OLS，且差值远远大于 3，说明 AIC 值较小的 GWR 模型相对于 OLS 模型在模型的真实性及有效性上表现更好，模型选择合理。

7.1.3　影响因子的选取

鉴于农业绿色效率集经济、社会和环境效益于一体，本书在综合考虑农业绿色效率内涵及长江经济带农业发展特点的基础上，通过梳理相关文献[238~239]，最终选取工业化水平、城镇化水平、财政支出、农地经营规模以及农业机械化水平作为影响农业绿色效率的主要因素，具体影响机理及指标量化如下。

（1）工业化水平（lnindus）：在工业革命的推动下，农业生产模式发生了革命性的变化。农业产业化的发展，为农业现代化的生产要素，如农药、农机具、农肥等提供了充足的供给；同时，产业化过程中所产生的技术迭代与更新，也将为我国农业生产中的科技创新与发展提供技术支撑，对构建绿色、高效、丰产的农业生产系统具有重要意义。虽然在一定程度上，工业化对农业的发展起到了促进作用，然而，城市偏向工业化的政策也造成了经济结构的扭曲，在二元经济结构中，传统部门和现代部门之间存在着显著的分离[240]，这对农业生产的绿色发展不利。文章提出了一种以第二产业增加值为代表的区域经济发展水平的方法。

（2）城镇化水平（lnurban）：城市化进程加快了我国农村剩余劳动力向非农领域转移的进程，促进了我国农业生产力水平的提高。在这种情况下，更少的农业劳动者参与到农业生产中，将会带来更高的耕地使用效率和更高的劳动力边际产出，从而推动农业绿色效率的提升。但是，由于城市对农村的"虹吸"作用，使先进的生产资料和资源难以向农村转移，在一定程度上制约着农业"绿色化"。文章提出了用城市人口与人口比例作为区域城市化程度的指标。

（3）财政支出（lngov）：政府的财政政策能在农业绿色发展中起到补偿、导向和调控作用。[241]绿色农业的正外部性使其个人利益低于社会利益，进而限制了农户的绿色生产行为。为了克服由于外部性造成的市场失灵，必须利用国家的金融政策[242]，例如，补贴政策可以降低农户参加绿色生产的私人成本，这不但避免了生产者中部分边际人群的退出，还提高了他们的生产积极性。[243]然而，在经济奖励与绩效评估的双重压力下，地方政府为了获得最大的收益，倾向于把资金投入到生产性与投资性产品等具有较高经济效益的产业，却忽视了农业环境保护"弱质性""正外部性""准公共物品"等特征，造成了严重的农业环境污染问题。本书以总预算支出为指标，分析了各地区的财政支出状况。

（4）农地经营规模（lnscale）：农地经营规模的扩大有助于实现规模经济进而推动农业绿色发展。一方面，因为拥有更好的农业知识和管理技巧，经营规模较大的农户往往会选择采用现代农业技术和管理方法来进行农业生产，从而获得规模经济，从而提升农用化学品的利用效率，减少其使用密度。[244]另一方面，农业基础设施和其他生产要素之间的不可分离性，导致了耕地规模经营对资源的使用效率有限，且存在着大量的投入，因此，规模化经营有利于实现资源的优化配置。此外，亚当·斯密还在他的《国富论》中提出，扩大了市场，就会导致更深层次的劳动分工。[245]在土地规模化经营条件下，土地分工与专业化水平的提升将会促进土地利用方式的转变，从而促进土地利用的绿色效率。本书以种植面积占农民就业人数之比作为区域农地经营规模的指标。

（5）农业机械化水平（lnmd）：农业机械化是工业化及城镇化对传统农业的反哺和改造。农业机械化降低了单位农地生产所需劳动力的数量，从而将农业生产依赖由人力、畜力转变为机械动力，从而加快了农业生产效率的提高，农业生产逐步去小农化。[246]同时，通过农业机械化来解放和替代农业劳动力，可以有效地缓解工业化和城市化所带来的农业生产老龄化问题，农业生产趋于"兼业化"和"休闲化"。本书采用农业机械总动力与农作物总播种面积的比重来表示地区农业机械化水平。

本书所选取的农业绿色效率影响因子及指标汇总如表7-3所示。相关数据来源于长江经济带11个省市的统计年鉴、126个市州的统计年鉴及统计公报、《中国区域经济统计年鉴》、EPS数据平台等，缺失数据通过年均增长率进行补齐。为减少异方差、数据异常值及量纲的影响，对各变量取对数处理。

表7-3　　　　　长江经济带农业绿色效率影响因子指标汇总

变量	变量含义	变量符号
工业化水平	第二产业增加值/地区生产总值	lnindus
城镇化水平	城镇人口/总人口	lnurban
财政支出	一般预算支出	lngov

续表

变量	变量含义	变量符号
农地经营规模	农作物总播种面积/农业从业人员	lnscale
农业机械化水平	农业机械总动力/农作物总播种面积	lnmd

7.1.4　基于 GWR 的影响因子空间异质性分析

为探究不同影响因子对长江经济带农业绿色效率的时空分异特征，分别以"十五""十一五""十二五"及"十三五"时期的农业绿色效率均值为被解释变量，相应时期各影响因子均值为解释变量构建 GWR 模型进行回归估计，具体估计结果如表 7 - 4 所示。

表 7 - 4　　　　　　　　　GWR 模型回归系数描述性统计

时期	变量	平均值	最大值	最小值	中位数	上四分位数	下四分位数
"十五"	lnindus	- 0.0751	0.1713	- 0.6685	- 0.0204	- 0.1417	0.0591
	lnurban	0.0126	0.1287	- 0.2893	0.0469	- 0.0382	0.0839
	lngov	0.0165	0.1254	- 0.0662	0.0116	- 0.0195	0.0402
	lnscale	0.0127	0.1734	- 0.1118	0.0007	- 0.0349	0.0448
	lnmd	0.0376	0.3072	- 0.1820	0.0036	- 0.0960	0.1580
"十一五"	lnindus	- 0.0779	0.1612	- 0.9124	0.0047	- 0.0622	0.0848
	lnurban	0.0307	0.1826	- 0.2412	0.0303	- 0.0248	0.1000
	lngov	0.0151	0.0942	- 0.0500	0.0069	- 0.0135	0.0427
	lnscale	0.0250	0.2266	- 0.1143	- 0.0060	- 0.0304	0.0775
	lnmd	0.0523	0.3978	- 0.1513	0.0010	- 0.0817	0.1372
"十二五"	lnindus	- 0.1498	0.1889	- 1.0398	- 0.0812	- 0.1802	0.0266
	lnurban	0.0531	0.2071	- 0.0870	0.0351	0.0046	0.1150
	lngov	0.0096	0.1041	- 0.1320	0.0022	- 0.0222	0.0504
	lnscale	0.0623	0.2724	- 0.0860	0.0478	0.0096	0.1127
	lnmd	0.0928	0.4816	- 0.1440	0.0333	- 0.0508	0.1596

时期	变量	平均值	最大值	最小值	中位数	上四分位数	下四分位数
"十三五"	ln*indus*	− 0. 2011	0. 1277	− 1. 1844	− 0. 0404	− 0. 2491	0. 0313
	ln*urban*	0. 1015	0. 3384	− 0. 0165	0. 0878	0. 0206	0. 1475
	ln*gov*	− 0. 0100	0. 0851	− 0. 2055	− 0. 0020	− 0. 0318	0. 0343
	ln*scale*	0. 0749	0. 3816	− 0. 0433	0. 0382	0. 0029	0. 0668
	ln*md*	0. 0951	0. 5449	− 0. 1313	0. 0338	− 0. 0439	0. 1220

从表 7 - 4 可知，各影响因子回归系数的最大值和最小值差距较大，说明其存在明显的空间异质性影响。故本书进一步运用 Arcgis 10. 2，采用自然断裂法绘制了各影响因子回归系数的空间分布图（见图 7 - 1 ~ 图 7 - 5）以期直观展示各影响因子对农业绿色效率的空间异质性影响。

（1）工业化水平的空间异质性影响分析。

"十五"期间，工业发展水平的中间值为 - 0. 0204，"十一五"期间，"十二五"期间，"十三五"期间的中间值是 - 0. 0812 和 - 0. 0404，表明不同区域的工业发展水平和农业发展效率之间存在着显著的负向联系。从整体上来看，工业化水平对农业绿色效率的负面影响是一年比一年强，在各个时期的回归系数平均值是 - 0. 0751、- 0. 0779、- 0. 1498、- 0. 2011。由图 7 - 1 可以看出，从"十五"期间的回归系数的空间分布来看，高值主要集中于长江经济带的中游区域和滇西南区域；低值区主要位于长三角地区。"十一五"和"十二五"期间，经济增长的高价值区逐步减少，主要集中在湖北省和湘北，而经济增长的低价值区仍然集中于长三角地区。"十三五"时期低值区域基本保持不变而高值分布出现较大变化，主要表现为较高值区域演变为高值地区，高值区域向西及西南方向迅速扩张。造成这种空间和时

间上的差异的主要原因是长三角地区凭借其优越的地理位置和东部先
行发展的战略，率先实现了工业化，并以此为基础对农业进行了反
哺，从而实现了后工业化的发展。在发展石化农业的同时，由于对机
器、肥料等的过度依赖，给生态环境带来了极大的压力。与此同时，长
三角地区"三二一"和"二三一"两大产业政策对农业的重视程度还
不够高，缺乏对传统农业进行高质量的工业化转型的科学指导。因为工
业化发展还处在中期发展阶段，因此，工业化发展对农业生产的技术进
步、生产效率的提高等正向收益要比农业工业化所产生的负向收益要大
得多，这体现在工业化发展对提高农业的绿色效率起着重要作用。

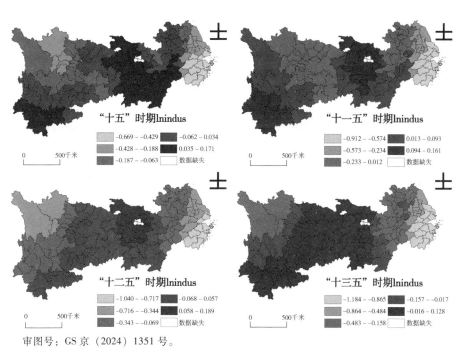

审图号：GS 京（2024）1351 号。

图 7 - 1　工业化水平回归系数空间分布图

（2）城镇化水平的空间异质性影响分析。

"十五"期间，城市化水平的中间值为 0.0469，"十一五"期间

为 0.0303，"十二五"期间为 0.0351，"十三五"期间为 0.0878，表明城市化水平对提高农业的生态效益有显著作用。各时段内的回归系数平均为 0.0126、0.0307、0.0531、0.1015，这说明了城市化对农业绿色效率的影响一年比一年大。由图 7-2 可以看出，"十五"期间，我国经济发展水平较高的地区主要集中于长三角地区、湖北省和安徽省的交界处；低值区主要集中于云南省、四川省等地。在"十一五"到"十三五"期间，气候变化的高值区继续向长三角方向发展，而气候变化的低值区则向四川省和云南省方向发展。从总体上看，长江经济带的城市化水平呈现出从东部到西部逐步下降的趋势，这与其东部和西部地区城市化水平呈明显的"东高西低"特征有关。在高度城市化区域，随着城市化进程的推进，农村居民对农产品的消费水平不断

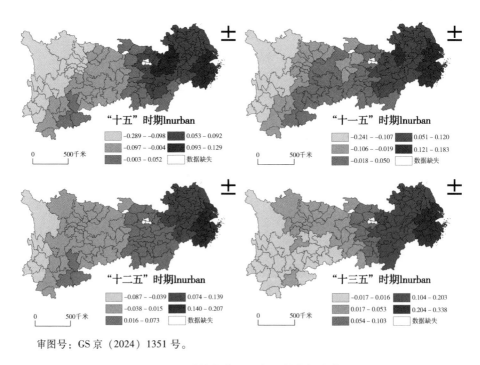

审图号：GS京（2024）1351号。

图 7-2 城镇化水平回归系数空间分布图

提高，使农业生产从传统的粗放式生产向生态化生产转变。同时，在城市化进程中，人口流动加速了资本、技术、知识等要素的迁移与扩散，给农业带来了新的生机与活力。对于城镇化水平低的地区而言，城镇化水平的提高致使大量的青壮年农村劳动力从低收益的农业部门向高收益的非农产业转移，地区经济落后的特性决定了农户无法通过现代化生产解决劳动力老龄化问题，农民从事农业活动积极性下降，农业基础投资的减少继而制约了农业绿色效率的提升。

（3）财政支出的空间异质性影响分析。

财政支出回归系数在"十五""十一五""十二五"以及"十三五"时期的中位数值分别为 0.0116、0.0069、0.0022、－0.0020，均值分别为 0.0165、0.0151、0.0096、－0.0100，说明"十五"期到"十二五"期，财政支出对农业绿色效率的正效应逐渐减弱，"十三五"期，财政支出与农业绿色效率之间的正效应逐渐减弱，而两者之间的正效应在"十三五"期出现了负效应。由图 7－3 可以看出，"十五"期间，重庆市、四川省和贵州省的多数地级市为高值区，而洞庭湖平原为低值区，江汉平原和鄱阳湖平原为低值区，滇南为低值区。"十一五"到"十三五"期间，经济增长潜力较大的地区主要集中在成渝城市圈和贵州省，经济增长潜力较小的地区则继续集中在长江下游浙江省和上海市。由于成渝都市圈和贵州省的总体经济发展水平相对滞后，因此，在实施西部大开发的过程中，地方政府的转移支付在一定程度上缓解了地方政府财政支出的预算约束，同时，政府的科技创新政策也给予了地方政府有力的支持。随着"中部崛起"战略的实施，长江经济带中游地区财政支出对农业绿色效率的负面作用逐步弱化。但是，"中部崛起"战略的重点是促进中部地区的新型工业化，在财政资源有限的情况下，政府更倾向于把财政资金投入到那些见效快、回报高的领域，因此出现了财政支出结构的扭曲，以及对农业环境保护类的公共物品的供给不足。因此，虽然财政投入对农业绿色效率的抑制作用有所缓解，但是仍然呈现出负向效应。正如前面所述，长三角区域"三二一"和"二三一"产业政策中忽略了农业和农村可持续发展，因此，在区域内，财政投入对于区域内农业绿色效率的负面作用是最为显著的。

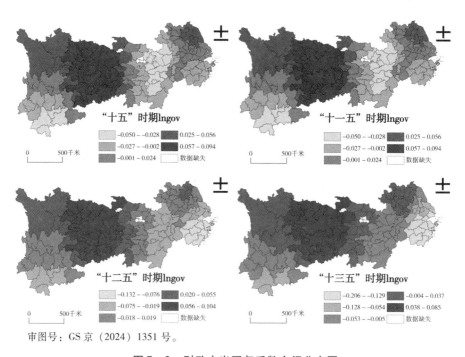

审图号：GS京（2024）1351号。

图7-3　财政支出回归系数空间分布图

（4）农地经营规模的空间异质性影响分析。

农地经营规模回归系数在"十五""十一五""十二五"以及"十三五"时期的中位数值分别为0.0007、-0.0060、0.0478、0.0382，均值分别为0.0127、0.0250、0.0623、0.0749。从整体上来

说，长江经济带的农业绿色效率在很大程度上是正向的，而且这种正
向作用在逐年增加。从图 7 - 4 可以看出，"十五"期间，长三角地区
的回归系数较高，而江西省、四川省等地市的回归系数较低。"十一
五"到"十三五"期间，高值区域变化不大，低值区域则扩散至安徽
省、湖北省和湖南省等地，出现这种空间差异的根本原因是，在低值
区内，农户经营规模与其所在地区的农业生产条件和生产力水平不匹
配。与高值地区比较起来，低值地区的农业现代化生产技术还比较落
后，而且大部分都是山地、丘陵地区，耕地的细碎化程度比较高，农
业经营规模还比较小。在农业生产技术水平低下的条件下，为了节省
农业生产成本，提高经济产量，往往会使用过量的农药、化肥等农用
化学品，导致土壤肥力下降，固碳能力下降，农业碳排放增加，对农业

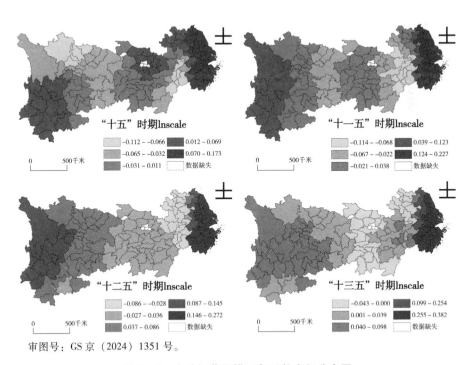

审图号：GS 京（2024）1351 号。

图 7 - 4　农地经营规模回归系数空间分布图

绿色效率的提升不利。高值区域大多是平原地区，它具有较高的经济发展水平，以及较为先进的农业生产技术，这都促使了农业生产要素的合理分配。

（5）农业机械化水平的空间异质性影响分析。

农业机械化水平回归系数在"十五""十一五""十二五"以及"十三五"时期的中位数值分别为0.0036、0.001、0.0333、0.0338，均值分别为0.0376、0.0523、0.0928、0.0951，表明农业机械化程度的提高对农业绿色效率的提高起到了一定的作用，并且这种促进作用逐年加强。从图7-5可以看出，从回归系数的空间分布来看，"十五"期间，高数值主要集中于长三角地区和四川省西北部；长江经济

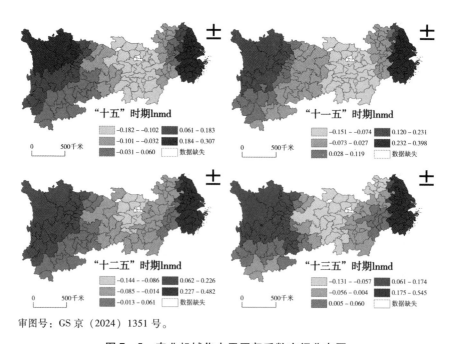

审图号：GS京（2024）1351号。

图7-5 农业机械化水平回归系数空间分布图

带中游地区湖南、湖北和江西地区的低值区较为集中。从"十一五"到"十三五",四川省西北部由高值转化为较高值,而长三角的高值区域有小幅度的扩大;"十二五"期间,该低值区的幅度较小,"十三五"期间,该低值区已扩展至湖南和重庆。总体上看,农机化程度与农业绿色效率之间的关系也呈现出东边偏高,西边偏低的趋势。这也很大程度上与长江经济带的天然地貌有关。长江经济带的中段以山区和丘陵为主,给农机具的使用带来了很大的困难。另外,山地丘陵区农田精细破碎化严重限制了规模化农业生产,农机装备的非分性限制了农机装备的高效使用。然而,长江经济带东西部多为高原平原,农业机械化程度的提高使区域内农业生产力得到解放与发展,从而提高了农业的生产效率,进而对农业的绿色化增效起到了推动作用。

7.2　基于地理探测器模型的长江经济带农业绿色效率影响因子分析

7.2.1　地理探测器模型

地理探测器的核心思想是,若某个自变量对因变量有重要影响,则两种变量应该具有相似的空间分布特征。农业绿色效率空间分异决定力计算公式为

$$q = 1 - \frac{\sum_{h=1}^{L} N_h \sigma_h^2}{N \sigma^2} \qquad (7-2)$$

式中, $n = 1, 2, \cdots, L$ 为影响因子和农业绿色效率的分层或分

区；N_h 和 N 分别是层 h 和全区域的单元数；σ_h^2 和 σ^2 分别为层 h 和全区的 Y 值的方差；q 值为解释力，值域从 0 到 1，q 值越大说明解释力越强。

为进一步识别不同影响因子之间的交互作用，即测度影响因子 X_1 和 X_m 同时存在时是否会对农业绿色效率的解释力产生影响，或者这些影响因子对农业绿色效率的影响是否相互独立。具体测度方法是以影响因子 X_1 和 X_2 为例，首先分别计算出两个单因子的解释力 $q(X_1)$、$q(X_2)$，其次计算出两个影响因子交互作用时对农业绿色效率的解释力 $q(X_1 \cap X_2)$，然后比较三者之间的大小，以此判断交互因子和单因子对农业绿色效率影响力的大小。

7.2.2 影响因子选取

由于绿色农业的发展受到社会、经济、自然等多方面因素的综合影响，其影响因子是复杂多样的，为了将更多的因素纳入模型进行分析，因此在基于 GWR 模型和地理探测器模型两种不同模型进行长江经济带农业绿色效率影响因子的分析时，所选取的影响因子有所不同。

考虑到长江经济带农业经济发展的现实状况以及数据的可获取性，同时参考现有关于农业绿色效率影子因子的研究[247~248]，在结合前文分析结果的基础上，选取农业机械投入强度（x1）、灌溉设施水平（x2）、人均播种面积（x3）、非农产业占比（x4）、农业劳动力投入（x5）、经济发展水平（x6）这 6 个驱动因子，来探讨长江经济带农业绿色效率空间分异的主要驱动因素，各影响因子的具体说明见表 7-5。

表7-5　　　　　　　　　长江经济带农业绿色效率影响因子

类型	影响因子	衡量方式（单位）
农业生产特征	农业机械投入强度（x1）	农业机械总动力/农作物播种面积
	灌溉设施水平（x2）	农业物播种面积/耕地灌溉面积
	人均播种面积（x3）	农业物播种面积/农业从业人员数
农业经济发展	非农产业占比（x4）	非农产业总产值/地区生产总值
	农业劳动力投入（x5）	农业从业人员数量对数
宏观经济环境	经济发展水平（x6）	地区生产总值对数

（1）农业机械投入强度：农业机械化投入强度对绿色农业发展会产生两方面影响。一方面，农业机械化生产会提高产出效率；另一方面，农业机械生产需要消耗大量柴油等化石能源，所产生的污染物会对大气和水源等造成负面影响。一些地区受限于落后的经济发展水平及地理区位条件，导致在非期望产出增加的同时带来低水平的农机生产效率，使农业机械化生产进一步加大环境污染程度。考虑到农业机械化生产的两面性，因此选取农业机械投入强度作为探测因子之一，深入探究农业机械投入强度对农业绿色效率的影响。

（2）灌溉设施水平：灌溉设施建设是农业基础设施建设的重要方面之一。在农业生产过程中，如果农田水利设施普遍较为落后，则农用地的灌溉率会处于较低水平，低灌溉率会在导致水资源过度使用的同时加剧耕地土壤盐碱化。学者吴传清在研究中证实，农田灌溉设施作为公共物品有非排他性，在供小于求时会造成农户非理性的"搭便车"现象，从而导致"过度使用"和"拥挤效应"问题，使得农田水利灌溉效益不高，不利于农业绿色发展。[249] 而高效的节水灌溉方式不仅可以节约水资源、减少农业生产所需的投入成本，而且能够有效促进农业增产，有利于推进绿色农业建设。因此，本书选取灌溉设施水平作为探测因子之一。

（3）人均播种面积：人均播种面积在一定程度能够反映地区农业生产规模大小。[250]在实际农业生产活动中，当人均播种面积较小时，说明农业生产规模较小，较小的生产规模限制了农业技术水平的发展，农户会以更多的劳动投入替代化肥、农药等化学物品要素投入，使农业绿色效率处于较低水平。当人均播种面积较大时，一方面可能由于农业生产规模的扩大，为了进行精细化的农业生产管理，农户会选择采取高效率的农业生产技术，此时可能由于生产效率的提高使得农业绿色效率有所提升；另一方面，当农户更多以现代投入要素代替劳动投入时，随着地区第二产业的不断发展，务农机械化程度也进一步提升，导致农业污染物排放增加，从而阻碍地区绿色农业发展。因此，农业生产规模对农业绿色效率的具体影响需要进一步实证检验。

（4）非农产业占比：非农产业占比越低，说明该地区的农业产业占比越大，能够从侧面反映出该地区农业生产效益也越高，对建设绿色农业的重视程度以及推进力度也越大。非农产业占比越高，说明该地区更重视工业化发展，而工业生产需要农业部门提供原材料，在资源有限的前提下，农业部门只有通过加大化学投入品的使用强度和使用量来提高农业产出率，但过度使用农用化学品会加剧环境污染，无法实现可持续性的农业生产，[251]另外，工业化的发展也使得大量劳动力从第一产业转向第二产业，作为理性经济人，为获得更高收益，农业从业人员在进行农业生产活动时会倾向于使用更多的化学投入品，从而阻碍了农业绿色效率的增长。

（5）农业劳动力投入：近年来，很多研究表明农业劳动力投入对农业绿色发展具有一定负面作用。[252]此时负向作用并不完全说明农业劳动力投入冗余，在农业技术水平和机械化水平高的地区，可能往往机械作业在一定程度上代替了更多劳动力投入，使该地区农业劳动力投入冗余，但农业劳动力投入的负面作用更多反映农业产业的绿色发展需要更多农业专业技术人员，劳动力需求从数量要求逐渐转向质量要求。

（6）经济发展水平：地区经济发展水平是该地区发展绿色农业最基础的影响因子之一，可为该地区推进绿色农业发展提供一定的资金来源与农业基础设施建设。根据环境库兹涅茨曲线假说可知，地区经济发展水平与该地环境污染之间呈现倒"U"型变化关系，学者沈能通过研究证实农业经济发展水平与农业污染符合倒"U"型曲线特征。[253]当经济发展达到一定水平后，可以通过提高农业资源利用率以及加快农业绿色技术研发等来降低农业生产污染程度，因此选取经济发展水平作为探测因子之一。

7.2.3　影响因子时序变化分析

长江经济带地跨九省二市，各地区地理区位条件与经济发展水平具有较大差异性，除单因子对区域农业绿色发展产生影响作用之外，复合因子交互作用也导致不同区域间农业绿色效率的异质性。按照上文依据五年计划划分的四个时段对长江经济带农业绿色发展影响因子进行识别，通过 Arcgis 软件将各探测因子按照自然断点法分为 5 级，利用地理探测器的因子探测模块计算各影响因子对长江经济带农业绿色效率的影响能力，并采用交互探测模块对双因子的交互作用进行识别。

（1）单因子影响强度分析。

单因子探测结果如表 7－6 所示，各探测因子对长江经济带农业绿色效率的影响能力为 q 值，并依据 q 值对各探测因子进行排序。整个研究期内，对长江经济带农业绿色效率空间分异影响能力最大的因子是农业机械投入强度（x1），且随着时间推移其影响能力呈现增强态势，在"十三五"时期 q 值达到 0.9704，影响程度明显，其原因在于农业机械是农业生产活动的必要工具，随着社会经济不断发展，农业机械化耕种方式不断深入农户日常生产活动之中，虽然能有效提高农业生产资源利用率以及农业产出率，但同时带来了高农业机械污染排放量。农业劳动力投入（x5）也是研究期内对长江经济带农业绿色发展影响较大的因素，说明农业劳动力投入在农业经济实现高质量发展的进程中具有重要作用，且在农业经济发展早期阶段，由于生产技术水平落后，农业劳动力是农业经济增长的主要创造者。其他因子影响能力均较小且影响程度差异不大，但从总体来看对长江经济带农业绿色效率空间分异的影响能力呈现略微增长态势，该现象在一定程度上说明随着农业经济不断变化与发展，农业绿色效率的影响因子也逐渐趋于多元化。

表 7 – 6　　长江经济带农业绿色效率单因子影响强度的时序变化分析

"十五"时期		"十一五"时期		"十二五"时期		"十三五"时期	
因子排序	q	因子排序	q	因子排序	q	因子排序	q
x1	0.6897	x1	0.7815	x1	0.8064	x1	0.9704
x5	0.2258	x5	0.4196	x5	0.1683	x5	0.3324
x3	0.0692	x3	0.0684	x2	0.1128	x2	0.1460
x6	0.0475	x2	0.0611	x3	0.0724	x3	0.0476
x4	0.0319	x4	0.0556	x4	0.0583	x4	0.0428
x2	0.0181	x6	0.0330	x6	0.0484	x6	0.0195

（2）交互因子探测分析。

交互因子探测结果如表 7 – 7 所示，四个研究时段中各影响因子之间的交互作用均表现出增强关系，表明各影响因子的交互作用能够强化对长江经济带农业绿色效率空间分异的影响能力，说明长江经济带农业绿色效率并不仅由单一影响因子决定，而是由多因素共同作用的结果，反映出长江经济带农业绿色效率的影响因子具有多样性和复杂性特征。

表 7-7　长江经济带农业绿色效率交互因子影响强度的时序变化分析

交互因子	"十五"时期		"十一五"时期		"十二五"时期		"十三五"时期	
	q	交互类型	q	交互类型	q	交互类型	q	交互类型
$x_1 \cap x_2$	0.7189	非线性增强	0.8158	双因子增强	0.8377	双因子增强	0.9736	双因子增强
$x_1 \cap x_3$	0.7557	双因子增强	0.8258	双因子增强	0.8402	双因子增强	0.9768	双因子增强
$x_1 \cap x_4$	0.7225	非线性增强	0.8491	非线性增强	0.8609	双因子增强	0.9760	双因子增强
$x_1 \cap x_5$	0.8068	双因子增强	0.8365	双因子增强	0.8833	双因子增强	0.9779	双因子增强
$x_1 \cap x_6$	0.7884	非线性增强	0.8477	非线性增强	0.9538	非线性增强	0.9834	双因子增强
$x_2 \cap x_3$	0.1680	非线性增强	0.1963	非线性增强	0.2525	非线性增强	0.5429	非线性增强
$x_2 \cap x_4$	0.1090	非线性增强	0.1619	非线性增强	0.2376	非线性增强	0.2010	非线性增强
$x_2 \cap x_5$	0.4455	非线性增强	0.5464	非线性增强	0.3732	非线性增强	0.4949	非线性增强
$x_2 \cap x_6$	0.1783	非线性增强	0.3092	非线性增强	0.3353	非线性增强	0.5692	非线性增强
$x_3 \cap x_4$	0.1395	非线性增强	0.1608	非线性增强	0.1642	非线性增强	0.1247	非线性增强
$x_3 \cap x_5$	0.3538	非线性增强	0.5156	非线性增强	0.2684	非线性增强	0.4078	非线性增强
$x_3 \cap x_6$	0.2156	非线性增强	0.1848	非线性增强	0.1799	非线性增强	0.2124	非线性增强
$x_4 \cap x_5$	0.3390	非线性增强	0.4637	双因子增强	0.2345	非线性增强	0.3584	双因子增强
$x_4 \cap x_6$	0.2614	非线性增强	0.2338	非线性增强	0.4241	非线性增强	0.2931	非线性增强
$x_5 \cap x_6$	0.3764	非线性增强	0.5555	非线性增强	0.3410	非线性增强	0.4868	非线性增强

"十五"时期，农业机械投入强度（x1）与其他各因子的交互作用力均值达到0.7585，其他因子交互作用力虽较其单因子影响能力有所提高，但对长江经济带农业绿色效率的影响能力仍较小。"十一五"

时期，农业机械投入强度（x1）与其他各因子的交互影响能力均值达到0.8350，同时可以发现农业劳动力投入与灌溉设施水平（x2∩x5）、人均播种面积（x3∩x5）、经济发展水平（x5∩x6）的交互作用力显著提升，均达到0.5以上影响能力，其交互作用力分别达到0.5464、0.5156、0.5555，其原因可能在于"十一五"时期长江经济带经济发展水平稳步提升，农业基础设施建设取得一定成效，农业灌溉设施作为重要的农业基础设施之一是具有外溢性的公共产品，对农业劳动力具有替代或互补关系，处理好农业灌溉设施与农业劳动力投入的平衡关系，有利于提高长江流域农业资源的利用效率，同时农业劳动力投入在一定程度上决定着人均播种面积的变化，而人均播种面积的变化又反映了农业机械化发展进程，因此也对长江经济带农业绿色化发展有一定影响作用。"十二五"时期，农业机械投入强度（x1）与其他各因子的交互影响能力进一步提高，均值达到0.8752，其中农业机械投入强度与经济发展水平（x1∩x6）的交互解释能力q值达到0.9538，交互影响能力明显，说明"十二五"时期长江经济带农业绿色效率空间分异的主要驱动力来源于农业机械化发展与社会经济发展的协同作用。"十三五"时期，农业机械投入强度（x1）与其他各因子的交互影响能力均在0.9以上，因此农业机械化投入强度是最有效的交互作用因子，进一步说明农业机械化发展是影响长江经济带农业绿色效率的重要因素，长江经济带应继续大力推进农业科技创新发展，提高农业机械化生产的资源利用率与粮食产出率，降低机械化生产带来污染排放气体量高的弊端。

总的来看，在整个研究期内农业机械投入强度与其他各因子的交互影响能力最为显著，且其对长江经济带农业绿色效率空间分异的影响作用呈现增强态势，其中农业机械投入强度与经济发展水平在研究期内的交互作用力（x1∩x6）均值达到 0.8933，农业机械投入强度与农业劳动力投入在研究期内的交互作用力（x1∩x5）均值达到 0.8761，是对长江经济带农业绿色效率空间分异影响最大的双因素组合。其原因在于一个地区的经济发展水平决定了该地区政府对农业技术创新的投入，比如农业技术基础设施的投入、农业绿色技术研发的投入等，经济水平发达的地区往往拥有先进的农业生产技术，农业机械化生产普及率高于经济落后地区。作为国家级农产品主产区之一的长江流域是我国粮食等重要农产品供给的关键地区，是国家加大政策倾斜和资金投入力度的重要发展区域，因此流域内经济发展水平不断提升。研究显示 2000 ~ 2020 年长江经济带农用机械总动力占全国（不含港澳台）比重增长了 5.4%，说明在长江经济带农业机械化程度随着时间推移不断提升，农业机械化生产相较于传统农业生产能够带来更高的生产效率，这是长江经济带由单一追求产量的传统农业生产方式向农业生产与绿色环境协调发展进行转变的重要保障。同时经济水平较高的地区对于机械生产带来的污染物排放管控更为严格，关于环境污染的相关法律法规制定更为完善，更有利于推进农业绿色发展。

农业机械代替农业劳动力将大幅度提升农业产出量，但根据要素边际技术替代递减规律，当替代超过一定程度，其替代作用将大幅度下降。农业机械投入长期的粗放式增长终将导致其对农业劳动力的边际替代效率大幅度下降，此时效率效应会对农产品产出效率产生明显抑制作用，由上文分析可以，长江经济带粮食产量占全国（不含港澳台）的比重呈现下降态势，流域内农产品产出动力还需进一步提升，在推进长江经济带农业绿色化建设进程中，农业机械化发展固然重要，但也要注重农业劳动力与农业机械之间的配比，稳定农业劳动力数量，通过定期举办绿色农业相关知识培训、实时传播农业绿色技术、定向引进农业高素质人才等方式，不断优化农业劳动力结构，强化农业人才支撑。

7.2.4 影响因子空间差异分析

为进一步探究长江经济带农业绿色效率各影响因子的空间异质性，本书以 2019 年为研究时点，对长江经济带分区域进行研究。运用地理探测器分别对长江上游地区、长江中游地区、长江下游地区农业绿色效率的影响因子进行计算。

（1）单因子影响强度分析。

从地区异质性角度来看，根据表 7 - 8 可知，长江上游地区农业绿色效率空间分异的主要影响因子为经济发展水平（x6），长江上游地区农业生产资源丰富但经济发展水平相较于长江中下游地区有一定差距，提高长江上游地区经济发展水平对增强长江上游地区的财政支农力度以及推动其农业生产技术进步等有重要影响，因此经济发展水平对上游地区发展绿色农业的影响作用较为显著。长江中游地区农业绿色效率空间分异的主要驱动因子为农业劳动力投入（x5），说明农业劳动力要素对其农业绿色效率有较大影响。但值得注意的是，各影响因子对长江中上游地区农业绿色效率空间分异的影响能力均较小且差异不大，说明长江中上游地区的影响因子趋于多元化，单因子影响能力不突出。长江下游地区农业绿色效率空间分异的主要驱动因子为农业机械投入强度（x1）和农业劳动力投入（x5），两种因子的影响能力 q 值接近于 1，说明其对长江下游地区的绿色农业发展影响效果显著。

从总体情况来看，影响长江经济带上中下游地区间农业绿色效率空间分异的影响因子具有差异性。各影响因子对长江上游及长江中游农业绿色效率的影响程度均较弱，一定程度上说明长江中上游地区影响因子的多元化，同时也侧面反映出长江中上游地区在经济发展水平以及农业生产技术水平上仍有很大提升空间。经济发展水平对长江上游地区农业绿色发展影响最为显著，且各地区影响水平较接近，分别为长江上游、长江中游、长江下游地区影响因子排位 1、2、3，说明经济发展水平是各地区发展绿色农业的物质基础，而长江上游地区由于经济基础薄弱，导致农业基础设施及农业技术水平也相对落后，因此相较于经济基础较为雄厚的长江中下游地区，经济发展水平对长江上游的农业绿色发展有更大影响。农业劳动力投入对长江中下地区有较大影响，其中对下游地区农业绿色效率影响能力显著，其原因在于长江中下游地区农业劳动力的非农产业转移速度快，特别是长江下游地区作为发达的工业化地带加速了劳动力向第二产业转移。农业机械投入强度是对长江下游地区农业绿色效率影响最为显著的因子，但对长江中上游地区影响作用较弱，其原因在于长江下游地区农业机械化水平较长江中上游地区具有优势，在农业机械应用中农机作业的效率与质量也更高，但高普及率的机械化农业生产势必带来高的非期望产出，如何将农业机械化与农业绿色化融合发展是长江下游地区迫切需要解决的问题，因此农业机械投入强度对长江下游地区农业绿色化发展具有关键作用。

表 7-8　　长江经济带分地区农业绿色效率单因子影响强度分析

上游		中游		下游	
因子排序	q 值	因子排序	q 值	因子排序	q 值
x6	0.3517	x5	0.3287	x1	0.9959
x4	0.2577	x6	0.1886	x5	0.9956

续表

上游		中游		下游	
因子排序	q 值	因子排序	q 值	因子排序	q 值
x5	0.2545	x1	0.1354	x6	0.2902
x1	0.2118	x4	0.1318	x4	0.2167
x2	0.1026	x2	0.0893	x3	0.1969
x3	0.0875	x3	0.0658	x2	0.1574

（2）交互因子探测分析。

长江经济带分地区的交互因子探测结果如表7-9所示，长江经济带上中下游三大地区内各影响因子的交互作用均为增强关系，说明各影响因子的交互作用能够强化对长江经济带三大地区内农业绿色效率空间分异的影响能力。对长江上游地区农业绿色效率变化解释能力最强的交互因子为农业机械投入强度与经济发展水平（x1∩x6），其影响能力 q 值为0.7961，远高于农业机械投入强度（x1）与经济发展水平（x6）的单因子影响能力（0.2118、0.3517），长江上游地区拥有丰富的农业资源禀赋，但受限于其地理区位条件，经济增长缓慢，而经济发展水平是推进农业机械化发展的经济基础，农业机械化发展又是农业绿色发展的重要物质基础，因此扭转长江上游地区传统惯性经济增长模式，大幅度提升其经济发展质量，大力推进其农业机械化发展进程，有利于长江上游地区绿色农业的发展。值得注意的是，单因子与交互因子对长江中游地区农业绿色效率空间分异的影响能力最弱，其原因可能在于长江中游地区独特的区位条件，由于连接长江上游与下游地区，区域内要素流动性强，因此影响长江中游地区绿色农业发展的影响因子也更多样化，导致核心影响因子并不突出。长江下游地区交互因子的解释力相较于其单因子的解释力更强，有93.3%的交互因子的解释力超过了0.9，说明多因素综合作用是影响长江下游地区农业绿色效率空间分异的关键，长江下游地区相较于长江中上游地区其农业生产技术、农业经济发展水平以及经济基础都处于领先地位，三者的发展关系紧密关联且均处于向高质量发展转型的重要时期，对农业绿色效率的综合性影响作用显著。

表 7 - 9　　长江经济带分地区农业绿色效率交互因子影响强度分析

交叉因子	上游		中游		下游	
	q	交互类型	q	交互类型	q	交互类型
$x1 \cap x2$	0.5606	非线性增强	0.2048	双因子增强	0.9980	双因子增强
$x1 \cap x3$	0.4157	非线性增强	0.2567	非线性增强	0.9991	双因子增强
$x1 \cap x4$	0.7592	非线性增强	0.3876	非线性增强	0.9982	双因子增强
$x1 \cap x5$	0.6013	非线性增强	0.5386	非线性增强	0.9982	双因子增强
$x1 \cap x6$	0.7961	非线性增强	0.3730	非线性增强	0.9982	双因子增强
$x2 \cap x3$	0.3115	非线性增强	0.3600	非线性增强	0.9983	非线性增强
$x2 \cap x4$	0.6433	非线性增强	0.3862	非线性增强	0.4959	非线性增强
$x2 \cap x5$	0.5620	非线性增强	0.5593	非线性增强	0.9966	双因子增强
$x2 \cap x6$	0.7735	非线性增强	0.5182	非线性增强	0.9982	非线性增强
$x3 \cap x4$	0.6430	非线性增强	0.2411	非线性增强	0.9979	非线性增强
$x3 \cap x5$	0.7383	非线性增强	0.5533	非线性增强	0.9987	双因子增强
$x3 \cap x6$	0.6682	非线性增强	0.4691	非线性增强	0.9982	非线性增强
$x4 \cap x5$	0.6183	非线性增强	0.4088	双因子增强	0.9975	双因子增强
$x4 \cap x6$	0.6984	非线性增强	0.6210	非线性增强	0.9990	非线性增强
$x5 \cap x6$	0.6558	非线性增强	0.6300	非线性增强	0.9977	双因子增强

7.3　本 章 小 结

本章节选取长江经济带作为研究区域，从地级市层面进行样本分析，以绿色经济理论、农业外部性理论、区域非均衡发展理论以及经济收敛理论等为依据，通过梳理有关农业绿色效率测度、时空演变及影响因子相关文献，在参考现有研究的基础上，从"经济—社会—环境"复合角度构建投入产出指标体系，基于农业绿色发展视角将农业碳排放量作为非期望产出纳入农业绿色效率评价指标体系当中，采用超效率 MINDS 模型测算了 2001～2019 年长江经济带 126 个地级市的农业绿色效率，探究了导致农业绿色效率损失的主要原因，并将研究期划分为"十五""十一五""十二五"及"十三五"四个时期，综合运用 Dagum 基尼系数、核密度估计方法、ESDA、标准差椭圆、收敛、收敛、GWR 模型、地理探测器模型等方法对长江经济带农业绿色效率的区域差异、空间相关性、空间分布格局、收敛性以及各因素的空间异质性影响进行了探讨，主要研究结论如下：

（1）长江经济带农业绿色效率在研究期内表现为波动上升趋势，效率值由 2001 年的 0.9733 增长至 2019 年的 1.0306；造成农业绿色效率损失的主要原因是投入要素及非期望产出的冗余。

（2）长江经济带整体的农业绿色效率区域差异趋于扩大。上游、中游和下游的内部差异分别呈不同的波动态势，上游地区呈微弱扩大态势，中游地区呈缩小态势，下游地区则呈波动扩大态势。上中下游区域内相对差异排序为下游地区＞上游地区＞中游地区。区域间差异由大到小则依次是上–下游地区、中–下游地区、上–中游地区。从 Dagum 基尼系数的分解可知，区域间差异逐渐成为区域差异的主要来源。从三维核密度图可知，除下游地区外，长江经济带整体及中上游地区内农业绿色效率的绝对差异在研究期内均得到一定程度的改善。

（3）在空间集聚和分异上，全局空间相关性检验结果表明长江经济带农业绿色效率在空间上存在显著的正相关关系和明显的空间集聚效应。在局部空间分异上，热点和次热点地区持续向长三角地区移动，次冷点向上游地区延伸，中游地区发展成农业绿色效率连片集中冷点区域，地区间分化效应较为明显。

（4）在空间格局演变上，整体看来农业绿色效率明显呈西南－东北走向，且在西南－东北方向不断趋于极化。重心分布具有向东北方向迁移的态势。分区域标准差椭圆结果显示，长江经济带上游地区农业绿色效率呈西南－东北走向，中下游地区农业绿色效率则呈西北－东南走向，整体上重心均向东南方向移动。

（5）除中游地区外，长江经济带整体、上游和下游均不存在收敛。考虑空间效应的绝对收敛结果表明，仅长江经济带上游和中游地区存在绝对收敛，整体和下游地区的绝对收敛现象不明显。

（6）基于 GWR 模型的影响因子分析可知，工业化水平、城镇化水平、财政支出、农地经营规模以及农业机械化水平对农业绿色效率的影响均具有较大空间差异性。其中工业化水平与农业绿色效率多为负相关关系，在上游地区抑制作用最弱；城镇化水平回归系数呈自西向东的阶梯式递增态势；农地经营规模、农业机械化水平回归系数表现为东高西低中塌陷；财政支出回归系数在"十三五"时期由正转负，但整体上对上游地区农业绿色效率始终起正向促进作用。整体来看，农业机械化水平对农业绿色效率的促进作用最强，而工业化水平最弱。

（7）基于地理探测器模型的影响因子分析可知，农业绿色效率受多种影响因子共同作用，不同时期各因子的影响能力有所变化，其中农业机械化水平和农业劳动力投入对长江经济带农业绿色效率空间分异具有较强的影响能力。影响因子对农业绿色效率的影响具有一定区域差异性，长江经济带上游、中游、下游地区农业绿色效率空间分异的主要影响因子分别为经济发展水平、农业机械化水平、农业劳动力投入。双因子的交互作用能够明显增强对长江经济带农业绿色效率空间分异的解释力，长江经济带农业绿色效率并不仅由单一影响因子决定，而是由多因素共同作用的结果。

第8章

政府在农业绿色效率提升中的作用机理分析

第七章通过对长江经济带农业绿色效率时空演变特征及其影响因子研究发现，政府支出对农业绿色效率的作用"由正转负"，但整体上仍对农业绿色效率存在促进作用。基于此，本章将综合考虑农业的经济效益、环境效益和生产者收益，运用博弈论的相关模型，详细探讨政府在农业绿色效率提升中的作用机理。

8.1 无政府参与的合作社与龙头 企业讨价还价博弈分析

随着农业供给侧结构性改革的不断深化，农业产业化经营已是大势所趋。龙头企业和合作社作为现代化农业经营的重要组成主体，既是相对独立的经济组织，又是密切相关的合作伙伴。合作社凭借与农户之间建立的合作契约，在农产品的数量和质量上能为龙头企业提供可靠的保障。同时，龙头企业作为产业链中联系上下游的重要枢纽，能够及时掌握市场信息，并通过品牌效应提高农产品的市场占有率。

现阶段在没有第三方机构参与的情况下，由于双方在市场中地位不同，在交易活动过程中难免陷入信息不对称带来的利益分配冲突、资源配置效率低下等一些困境中。本书对非绿色生产情境下的合作社与龙头企业之间博弈展开讨论，探寻无政府参与博弈时农产品交易市场情况。

8.1.1　博弈模型的构建

在非绿色生产情境中，合作社在集中各农户所生产的农产品后与龙头企业接洽，并签订相应的收购合同，在这个过程中合作社仅充当"中介"角色。基于此，本节将建立一个基于利益分配份额的讨价还价模型[254]对交易活动进行讨论和分析。为了构建合理的模型，现提出如下模型假设：

（1）各经济活动参与主体都是"理性人"且保持序贯理性，即在任意阶段都以效用最大化为目标，序贯理性为参与人的共同知识。

（2）根据 Rubinstein 定理的推论，精炼均衡结果由局中人的贴现因子（耐心程度）决定，现假设合作社与龙头企业在长期博弈中分别存在贴现因子 σ_1、σ_2（此处的贴现因子仅反映二者在谈判过程中的"耐心"程度），由于合作社的议价能力相对较低，所以有 $\sigma_1 < \sigma_2$，即龙头企业更具有"耐心优势"。

（3）由于谈判内容并不涉及商品价格，所以在整个谈判期（T 期）内商品销量（Q）、合作社与龙头企业的利益（π_1，π_2）均保持不变。

（4）龙头企业首先提出期望得到的利益份额 γ_1（$\gamma_1 \in [0, 1]$），倘若合作社拒绝该提议则在第二轮提出新提议 γ_2（$\gamma_2 \in [0, 1]$），以此类推，即龙头企业在 $2k+1$ 阶段（奇数阶段）提出要求，合作社在 $2k$ 阶段（偶数阶段）还价。

根据以上讨论，建立无政府参与情况下非绿色生产情境中的合作社与龙头企业的讨价还价模型，如图 8 - 1 所示。

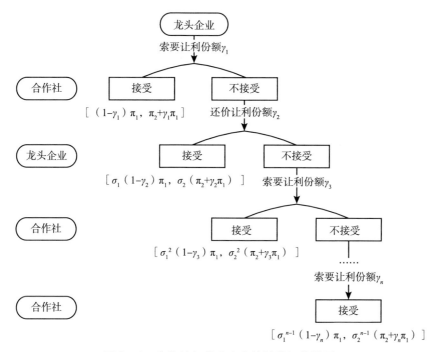

图 8 - 1　合作社与龙头企业的讨价还价模型

8.1.2　模型的求解与分析

在讨价还价模型中，考虑到合作社的议价能力有限，以至于当谈判进行到第 $n+1$ 轮，其所得支付不会比在第 n 轮接受时的所得支付更多，即 $\exists n \in T$，使式（8 - 1）成立。

$$\sigma_1^n(1 - \gamma_{n+1})\pi_1 \leqslant \sigma_1^{n-1}(1 - \gamma_n)\pi_1 \qquad (8 - 1)$$

此时，合作社会接受第 n 轮的谈判条件，讨价还价进行到第 n 轮终止。因为序贯理性是共同知识，用逆向递归法进行分析后不难发现，合作社

知道在第 $n-1$ 轮所提的 γ_{n-1} 一旦被拒绝，就不得不接受下一轮龙头企业所提出的 γ_n。为了避免这一情况的出现，合作社在第 $n-1$ 轮出价的时候会综合考虑龙头企业的两轮收益，使 γ_{n-1} 能够满足式（8-2）。

$$\sigma_2^{n-2}(\pi_2 + \gamma_{n-1}\pi_1) \geqslant \sigma_2^{n-1}(\pi_2 + \gamma_n\pi_1) \qquad (8-2)$$

即当 γ_{n-1} 满足式（8-3）时，龙头企业会在第 $n-1$ 轮接受该让利份额。

$$\gamma_{n-1} \geqslant \frac{\sigma_2(\pi_2 + \gamma_n\pi_1) - \pi_2}{\pi_1} \qquad (8-3)$$

此时理性的合作社会提出如式（8-4）所示的让利份额。

$$\gamma_{n-1} = \frac{\sigma_2(\pi_2 + \gamma_n\pi_1) - \pi_2}{\pi_1} \qquad (8-4)$$

由于农产品的特殊性，合作社在讨价还价过程中的时间成本较高（贴现因子很小），本节假设讨价还价只进行三回合，取 $n=3$，根据以上推导可以得出式（8-5）和式（8-6）。

$$\gamma_2 = \frac{\sigma_2(\pi_2 + \gamma_3\pi_1) - \pi_2}{\pi_1} \qquad (8-5)$$

$$\gamma_1 = 1 - \sigma_1(1 - \gamma_2) = 1 - \sigma_1\left[1 - \frac{\sigma_2(\pi_2 + \gamma_3\pi_1) - \pi_2}{\pi_1}\right] \qquad (8-6)$$

然而，倘若讨价还价只进行三回合，理性的龙头企业知道在第三回合无论提出什么条件合作社都只能接受，此时必然会提出 $\gamma_3 = 1$，即索要合作社的全部利益。将 $\gamma_3 = 1$ 代入式（8-6）后，解得 γ_1 如式（8-7）所示。

$$\gamma_1 = 1 - \sigma_1\left[1 - \frac{\sigma_2(\pi_1 + \pi_2) - \pi_2}{\pi_1}\right] = 1 - \frac{\sigma_1(1 - \sigma_2)(\pi_1 + \pi_2)}{\pi_1}$$

$$(8-7)$$

通过式（8-7）不难发现，γ_1 随着 π_1 的增大而增大，这意味着当合作社所获收益越多，让利额会越多，龙头企业的总收益 π_2'（$\pi_2' = \pi_2 + \gamma_1 \pi_1$）越多。如此一来，龙头企业有足够的动力在交易活动中帮助合作社，使其获得更多收益。然而 π_2 的增加会导致 γ_1 的减少，表示龙头企业在索取合作社利益份额前所获利益越多，能向合作社索取得到的利益份额越少。在这样的情况下，龙头企业有较大的概率产生隐瞒自己收益的动机，从而在双方的交互过程中出现人为制造的信息不对称情况，导致委托—代理问题的进一步加剧，以至于合作社与龙头企业不能很好地达成合作共识。与此同时，通过分析该表达式还有另一个发现：γ_1 的值随着 σ_1 的减小而增加，却与 σ_2 呈现出正相关关系，即合作社的贴现因子越小意味着议价能力越低，需要割舍的利益份额越多；龙头企业的贴现因子越大则意味着议价能力越高，能索取的利益份额也就越多。双方由于议价能力与地位的不同而形成的贴现因子之间的明显差异，直接导致了农户在交易活动中获得的利益少之又少，这将大大降低农户的积极性。

然而，现有农业发展中暴露出来的矛盾，却不仅是利益分配不均的问题。由于农户的目标函数中只考虑到自身利益的最大化，往往容易忽视生产过程中对环境造成的负外部性影响。大量使用化肥和农药，过度开垦土地和湿地，随意焚烧秸秆等现象难以控制，无排他性的公共资源被肆意滥用，这将直接诱发"公地悲剧"的产生，对我们赖以生存的生态环境造成不可逆的毁坏。发展绿色农业、提高农业绿色化发展水平已经是刻不容缓的现实情况。

8.2　政府参与后的生产者行为演化博弈分析

通过上述分析发现，传统粗犷的生产经营方式不仅不利于生产者获利，还会很大程度上破坏自然环境。正因如此，如何通过政府和相关部门制定规章制度，激励农业生产部门进行绿色生产得到了越来越多学者的关注。陈有华等（Youhua Chen et al.，2017）研究了农业补贴对农业污染的影响，以及在数量补贴和创新补贴下，农业产出数量、总污染或排放、政府预算和社会福利等方面的具体情况。[255]还有学者研究发现，创新补贴可以缓解农业发展现阶段所存在的食品数量安全与环境质量的困境，通过提高资源利用率，降低管理成本来促进农业的绿色化转型发展（Liguo Zhang et al.，2018；Sara F. et al.，2018）[256~257]。至此，本节引入具有权威公信力的政府部门与生产部门进行博弈，探讨政府的财政补贴激励机制与生产者绿色生产意愿之间的关系，并寻找稳定解来促进农业绿色增长的高效实现途径。

8.2.1 博弈模型的构建

基于上述讨论，结合演化博弈的相关理论知识，现建立政府与农户混合策略博弈的支付矩阵，其中农户以 α 的概率进行绿色生产（$\alpha \in [0,1]$），政府以 β 的概率选择对生产者进行财政补贴（$\beta \in [0,1]$），见表 8 – 1。

表 8 – 1 政府与农户博弈的支付矩阵

		政府	
		补贴（β）	不补贴（$1 - \beta$）
农户	绿色生产（α）	(A, B)	(C, D)
	非绿色生产（$1 - \alpha$）	(E, F)	(G, H)

在支付矩阵中，$A \sim H$ 分别代表了博弈双方不同策略下的收益情况，各收益的计算公式如下：

$$A = (1-t)\left[w - c_n - \frac{1}{2}(1-\eta)zg^2\right](a - bp_1 + kg) \qquad (8-8)$$

$$B = t\left[w - c_n - \frac{1}{2}(1-\eta)zg^2\right](a - bp_1 + kg) - \frac{1}{2}\eta zg^2 + c_e \qquad (8-9)$$

$$C = (1-t)\left(w - c_n - \frac{1}{2}zg^2\right)(a - bp_1 + kg) \qquad (8-10)$$

$$D = t\left(w - c_n - \frac{1}{2}zg^2\right)(a - bp_1 + kg) + c_e \qquad (8-11)$$

$$E = (1-t)\left(w - c_n + \frac{1}{2}\eta zg^2\right)(a - bp_2) \qquad (8-12)$$

$$F = t\left[\left(w - c_n + \frac{1}{2}\eta zg^2\right)(a - bp_2)\right] - \frac{1}{2}\eta zg^2 \qquad (8-13)$$

$$G = (1-t)(w - c_n)(a - bp_2) \qquad (8-14)$$

$$H = t(w - c_n)(a - bp_2) \qquad (8-15)$$

在上述表达式中，t 表示税率；w 为农户与批发商交易的成交价格；c_n 为农户的生产成本；η 为政府补贴份额；$\frac{1}{2}zg^2$ 为农户生产绿色农产品时额外付出的绿色成本，该成本与农产品绿色度（g）的二次项呈正相关关系；$a - bp + kg$ 为农产品的需求函数，与农产品的市场交易价格（p）呈负相关关系，与农产品绿色度（g）呈正相关关系，b 和 k 分别代表消费者对农产品价格和绿色度的敏感系数（$b \in (0, 1)$，$k \in [0, 1]$，且绿色农产品与非绿色农产品的市场交易价格不同）；c_e 为环境效益，具体见表 8-2。

表 8 - 2   符号说明

符号	解释说明
α	农户生产绿色农产品的意愿程度
β	政府给予补贴的意愿程度
t	税率
w	农户与批发商交易的成交价格
c_n	农户的生产成本
η	政府补贴份额
g	农产品绿色度
$\frac{1}{2}zg^2$	农户生产绿色农产品所付出的绿色成本
p	市场交易价格
b	消费者对农产品价格的敏感程度
k	消费者对农产品绿色度的敏感程度
$a - bp + kg$	农产品需求函数
c_e	环境效益

基于上述前提，可以得到农户选择绿色生产策略的期望收益（$E(n_1)$）和选择非绿色生产策略的期望收益（$E(n_2)$），分别表示为式（8 - 16）和式（8 - 17）。

$$E(n_1) = \beta A + (1 - \beta)C \qquad (8 - 16)$$

$$E(n_2) = \beta E + (1 - \beta)G \qquad (8 - 17)$$

综合式（8 - 16）和式（8 - 17），得到农户的混合策略期望收益式（8 - 18）和复制动态方程式（8 - 19）。

$$E(n) = \alpha E(n_1) + (1 - \alpha)E(n_2)$$

$$= \alpha\beta A + \alpha(1 - \beta)C + (1 - \alpha)\beta E + (1 - \alpha)(1 - \beta)G \qquad (8 - 18)$$

$$F(\alpha) = \frac{\mathrm{d}\alpha}{\mathrm{d}t} = \alpha[E(n_1) - E(n)] = \alpha(1-\alpha)[\beta(A-E) + (1-\beta)(C-G)]$$

$$(8-19)$$

同理，政府选择给予补贴的激励策略期望收益 $E(y_1)$ 和不补贴策略的期望收益 $E(y_2)$ 分别表示为式（8-20）和式（8-21）。

$$E(y_1) = \alpha B + (1-\alpha)F \qquad (8-20)$$

$$E(y_2) = \alpha D + (1-\alpha)H \qquad (8-21)$$

综合式（8-20）和式（8-21），得到政府的混合策略期望收益式（8-22）和复制动态方程式（8-23）。

$$E(y) = \beta E(y_1) + (1-\beta)E(y_2)$$

$$= \alpha\beta B + \alpha(1-\beta)D + \beta(1-\alpha)F + (1-\alpha)(1-\beta)H \quad (8-22)$$

$$F(\beta) = \frac{\mathrm{d}\beta}{\mathrm{d}t} = \beta[E(y_1) - E(y)] = \beta(1-\beta)[\alpha(B-D) + (1-\alpha)(F-H)]$$

$$(8-23)$$

8.2.2 农户的博弈演化趋势

根据复制动态方程稳定性定义和演化稳定策略性质，当满足式（8-24）时，δ 为演化稳定策略。

$$\exists F(\delta) = \frac{\mathrm{d}\delta}{\mathrm{d}t} = 0, \ F'(\delta) \leqslant 0 \qquad (8-24)$$

令农户的复制动态方程（式8-19）$F(\alpha) = 0$，解得 $\alpha_1 = 0$，$\alpha_2 = 1$，$\beta^* = \dfrac{C-G}{(C-G)-(A-E)}$。再对式（8-19）求导得：

$$F'(\alpha) = (1-2\alpha)[\beta(A-E) + (1-\beta)(C-G)] \qquad (8-25)$$

（1）当 $\beta = \dfrac{C-G}{(C-G)-(A-E)}$ 时，$F(\alpha) = 0$ 且 $F'(\alpha) = 0$，此时

农户生产绿色农产品的概率是稳定的。

（2）当 $\beta < \dfrac{C-G}{(C-G)-(A-E)}$，为了满足 $F'(\alpha) \leqslant 0$，必须使得 $(1-2\alpha) \geqslant 0$ 成立，即 $\alpha \in \left[0, \dfrac{1}{2}\right]$，此时 $\alpha = 0$ 是稳定策略。

（3）当 $\beta > \dfrac{C-G}{(C-G)-(A-E)}$，为了满足 $F'(\alpha) \leqslant 0$，必须使得 $(1-2\alpha) \leqslant 0$ 成立，即 $\alpha \in \left[\dfrac{1}{2}, 1\right]$，此时 $\alpha = 1$ 是稳定策略。

$$令\ \mu_1 = \dfrac{C-G}{(C-G)-(A-E)} \qquad (8-26)$$

综合上述讨论可以发现，当政府采取补贴手段激励农户进行绿色生产的意愿程度 $\beta < \mu_1$ 时，农户的稳定策略落在 $\alpha = 0$，即当政府的补贴概率较低，农户不会采用绿色生产方式生产绿色农产品；而当 $\beta > \mu_1$ 时，农户的稳定策略落在 $\alpha = 1$，即当政府的补贴概率较高，农户会采用绿色生产方式生产绿色农产品。

8.2.3 政府的博弈演化趋势

同理，令政府复制动态方程式（8-23）$F(\beta) = 0$，解得 $\beta_1 = 0$，$\beta_2 = 1$，$\alpha^* = \dfrac{F-H}{(F-H)-(B-D)}$。再对式（8-23）求导得

$$F'(\beta) = (1-2\beta)\left[\alpha(B-D)+(1-\alpha)(F-H)\right] \qquad (8-27)$$

（1）当 $\alpha = \dfrac{F-H}{(F-H)-(B-D)}$，$F(\beta) = 0$ 且 $F'(\beta) = 0$，此时政府给予补贴政策激励农户的概率是稳定的。

（2）当 $\alpha < \dfrac{F-H}{(F-H)-(B-D)}$，为了满足 $F'(\beta) \leqslant 0$，必须使得

$(1-2\beta) \geqslant 0$，即 $\beta \in \left[0, \dfrac{1}{2}\right]$，此时 $\beta = 0$ 是稳定策略。

（3）当 $\alpha > \dfrac{F-H}{(F-H)-(B-D)}$，为了满足 $F'(\beta) \leqslant 0$，必须使得

$(1-2\beta) \leqslant 0$，即 $\beta \in \left[\dfrac{1}{2}, 1\right]$，此时 $\beta = 1$ 是稳定策略。

$$令 \mu_2 = \frac{F-H}{(F-H)-(B-D)} \qquad (8-28)$$

综合上述讨论可以发现，当农户采取绿色生产方式的意愿程度 $\alpha < \mu_2$ 时，政府的稳定策略落在 $\beta = 0$，即当农户的绿色生产积极性较低时，政府不会给予补贴；而当 $\alpha > \mu_2$ 时，政府的稳定策略落在 $\beta = 1$ 上，即当农户有着较高的绿色意识，积极地采取绿色生产方式进行农产品生产时，政府非常乐意给予农户财政补贴。

8.2.4　农户与政府策略的演化稳定性分析

将农户与政府的策略作为一个动态系统考虑，那么由农户和政府的复制动态方程式（8-19）、式（8-23）组成的动态系统在平面 $S = \{(\alpha, \beta); 0 \leqslant \alpha, \beta \leqslant 1\}$ 共有五个局部均衡点，分别为 (μ_1, μ_2)；$(0, 0)$；$(1, 0)$；$(0, 1)$；$(1, 1)$。对于点 (μ_1, μ_2) 仅在 $\mu_1 \in [0, 1]$，$\mu_2 \in [0, 1]$ 下成立。对于一个由微分方程系统描述的群体动态，其均衡点的稳定性是由该系统得到的 Jacobi 矩阵的局部稳定性分析得到的。因此，基于 Jacobi 矩阵的局部稳定性，由复制动态方程组成的 Jacobi 矩阵及其对应的行列式（Determinant）和迹（Trace）分别表示为式（8-29）、式（8-30）、式（8-31），五个均衡点对应的 $Det(J)$ 和 $Tr(J)$ 的值如表 8-3 所示。

$$J = \begin{pmatrix} (1-2\alpha)\left[\beta(A-E)-(1-\beta)(C-G)\right] & \alpha(1-\alpha)\left[(A-E)-(C-G)\right] \\ \beta(1-\beta)\left[(B-D)-(F-H)\right] & (1-2\beta)\left[\alpha(B-D)+(1-\alpha)(F-H)\right] \end{pmatrix}$$

$$(8-29)$$

$$Det(J) = (1-2\alpha)(1-2\beta)\left[\beta(A-E)-(1-\beta)(C-G)\right]$$
$$\left[\alpha(B-D)+(1-\alpha)(F-H)\right]$$
$$-\alpha\beta(1-\alpha)(1-\beta)\left[(A-E)-(C-G)\right]\left[(B-D)-(F-H)\right]$$

$$(8-30)$$

$$Tr(J) = (1-2\alpha)\left[\beta(A-E)+(1-\beta)(C-G)\right]$$
$$+(1-2\beta)\left[\alpha(B-D)+(1-\alpha)(F-H)\right] \qquad (8-31)$$

表 8 – 3　　　农户 – 政府系统 Jacobi 矩阵 $Det(J)$、$Tr(J)$ 结果

均衡点	$Det(J)$	$Tr(J)$
(μ_1, μ_2)	$\dfrac{(F-H)(C-G)(B-D)(A-E)}{\left[(F-H)-(B-D)\right]\left[(C-G)-(A-E)\right]}$	0
$(0, 0)$	$(C-G)(F-H)$	$(C-G)+(F-H)$
$(1, 0)$	$-(C-G)(B-D)$	$-(C-G)+(B-D)$
$(0, 1)$	$-(A-E)(F-H)$	$(A-E)-(F-H)$
$(1, 1)$	$(A-E)(B-D)$	$-(A-E)-(B-D)$

假定绿色农产品和非绿色农产品的需求函数分别为式 (8 – 32) 和式 (8 – 33)。

$$D_1 = a - bp_1 + kg \qquad (8-32)$$

$$D_2 = a - bp_2 \qquad (8-33)$$

政府采取激励手段和不采取激励手段时农户绿色生产所得收益分别为式 (8 – 34) 和式 (8 – 35)。

$$R_1 = w - c_n - \frac{1}{2}(1-\eta)zg^2 \qquad (8-34)$$

$$R_2 = w - c_n - \frac{1}{2}zg^2 \qquad (8-35)$$

政府采取激励手段和不采取激励手段时农户非绿色生产所得收益分别为式（8-36）和式（8-37）。

$$R'_1 = w - c_n + \frac{1}{2}\eta zg^2 \qquad (8-36)$$

$$R'_2 = w - c_n \qquad (8-37)$$

将 A ~ H 的表达式 ［式（8-8）至式（8-15）］带入 Jacobi 矩阵的 $Det(J)$ 和 $Tr(J)$ 之中，并联立式（8-32）至式（8-37）进行化简，可以计算得到局部均衡点稳定性分析的符号及结果，如表 8-4 所示。

通过分析表 8-4 的 Jacobi 矩阵局部稳定性结果可以发现，由农户和政府的复制动态方程组成的动态系统有一个局部均衡点是稳定的——（1，1），这表明农户和政府通过不断的演化、试错，最终会采取农户采用的绿色生产方式生产绿色农产品，政府采用成本补贴的方式激励农户进行绿色生产的稳定策略，以致演化博弈最终形成演化稳定策略（1，1）。除此以外，该系统还有三个不稳定的局部均衡点（0，0），（1，0），（0，1）和一个鞍点 $(\mu_1，\mu_2)$。

表 8-4   局部均衡点稳定性分析结果

均衡点	条件	$Det(J)$ 的符号	$Tr(J)$ 的符号	结果
$(\mu_1，\mu_2)$	$D_1 > D_2$	−	0	鞍点
（0，0）	$D_1 > \frac{R'_2}{R_2}D_2，\ D_2 > \frac{1}{t}$	+	+	不稳定
（1，0）	$D_1 > \frac{R'_2}{R_2}D_2，\ D_1 > \frac{1}{t}$	−	不确定	不稳定

均衡点	条件	$Det(J)$ 的符号	$Tr(J)$ 的符号	结果
(0, 1)	$D_1 > \dfrac{R_1'}{R_1} D_2,\ D_2 > \dfrac{1}{t}$	−	不确定	不稳定
(1, 1)	$D_1 > \dfrac{R_1'}{R_1} D_2,\ D_1 > \dfrac{1}{t}$	+	−	ESS

（1）当 $D_1 > D_2$，即通过绿色生产方式生产的绿色农产品的消费者需求量大于非绿色生产方式所生产的普通农产品的消费者需求量。此时的 $(\mu_1,\ \mu_2)$ 是一个鞍点。这意味着即使消费者对绿色农产品的需求量较其对非绿色农产品的需求量更大，也无法保证农户一定会采取绿色生产方式生产绿色农产品，这可能是由于存在着过于高昂的绿色成本使得较多的销量也无法弥补农户的生产成本，从而形成这样一个不稳定的均衡点。

（2）当 $D_1 > \dfrac{R_2'}{R_2} D_2$，且 $D_2 > \dfrac{1}{t}$，此时形成局部均衡点（0，0）。从 $D_2 > \dfrac{1}{t}$ 一式中可以发现 D_2 所需满足的条件由税率 t 决定，并与税率成反比。将式（8-35）和式（8-37）代入不等式 $D_1 > \dfrac{R_2'}{R_2} D_2$ 中，得到 D_1 表达式如式（8-38）所示。

$$D_1 > 1 + \frac{\frac{1}{2}zg^2}{w - c_n - \frac{1}{2}zg^2} D_2 \qquad (8-38)$$

不难发现，式中影响 D_1 所需满足条件的关键是 $\left(\dfrac{1}{2}zg^2\right)$ 的大小，即农户生产绿色农产品时额外付出的绿色成本，并与绿色成本的大小成正比。这意味着，通过加大专业人员投入和加强专业技术研发，降低绿色成本，能更容易在博弈中达到均衡点。尽管如此，（0，0）也不是一个稳定的均衡点。

（3）当 $D_1 > \dfrac{R_2'}{R_2} D_2$，且 $D_1 > \dfrac{1}{t}$，此时形成局部均衡点（1，0）。

从 $D_1 > \dfrac{1}{t}$ 一式中可以发现 D_1 所需满足的条件由税率 t 决定，并与税率成反比。同理，根据式（8-38）可以发现在该情况下，农户生产绿色农产品所额外付出的绿色成本同样是 D_1 所需满足条件的关键性因素，降低绿色成本能有效促进均衡点的实现。然而，（1，0）也不是一个稳定的均衡点。

（4）当 $D_1 > \dfrac{R_1'}{R_1} D_2$，且 $D_2 > \dfrac{1}{t}$，此时形成局部均衡点（0，1）。

从 $D_2 > \dfrac{1}{t}$ 一式中可以发现 D_2 所需满足的条件由税率 t 决定，并与税率成反比。将式（8-34）和式（8-36）代入不等式 $D_1 > \dfrac{R_1'}{R_1} D_2$ 中，得到 D_1 表达式如式（8-39）所示。

$$D_1 > 1 + \frac{\dfrac{1}{2} z g^2}{w - c_n - \dfrac{1}{2}(1 - \eta) z g^2} D_2 \tag{8-39}$$

其中，农户生产绿色农产品时额外付出的绿色成本 $\left(\dfrac{1}{2} z g^2 \right)$ 仍然是 D_1 所需满足条件的关键性影响因素。且相较于式（8-38），式（8-39）的不等号右侧中分母较大，即分式较小，这意味着在政府给予农户绿色成本补贴的情况下，更容易实现均衡，即便这还是不稳定的均衡。

（5）当 $D_1 > \dfrac{R_1'}{R_1} D_2$，且 $D_1 > \dfrac{1}{t}$，此时形成 Jacobi 矩阵中唯一的演

化稳定策略（1，1）。从 $D_1 > \frac{1}{t}$ 一式中可以发现 D_1 所需满足的条件由税率 t 决定，并与税率成反比。同理，根据公式（8-39）可以发现在该情况下，农户生产绿色农产品所额外付出的绿色成本同样是 D_1 所需满足条件的关键性因素，降低绿色成本能有效促进均衡点的实现。此外，在农户进行绿色生产时，由于得到政府的财政补贴，使得生产成本较低，农户有较高的生产积极性（在公式中表现为较大的分母）。如此一来，博弈主体通过不断地修正策略，最终会形成农户采用绿色生产方式生产绿色农产品，政府采用成本补贴的方式激励农户进行绿色生产的稳定均衡策略。

8.3　本章小结

通过上述分析不难发现，影响生产者生产行为的主要因素为税率、绿色成本和政府的补贴。至此，政府促进农业绿色效率的作用机理可以总结为如下几点：

（1）调节税率。政府可以通过对税收的调节来引导经济主体的行为，对于以非绿色行为进行生产、加工等环节的部门设置相应的"环保税"从而在一定程度上弥补其所带来的负外部性，提高非绿色行为成本。同时，政府还可以适当降低以绿色行为进行生产、加工等环节的部门的税收，提高经济主体的收益，从而提高他们的绿色生产积极性。

（2）降低绿色生产成本。现阶段，我国农业绿色发展尚处在一个较低的水平，对农业绿色化生产的专业技术和人员投入都远不如发达国家，而可持续发展能力的不足直接导致了绿色成本的居高不下。基于此，政府可以在农业绿色发展方面投入更多的研发资金和技术人员，并适当地给予生产一定的生产补贴，从而从本质上提高农业产业链的可持续发展能力，降低生产者的生产成本，提高农业绿色效率。

（3）给予财政补贴。正如前文中所提到的，由于存在较高的绿色生产成本，绿色农产品的销售价格比非绿色农产品的销售价格高，这或多或少会影响绿色农产品的销量。在这种情况下，政府可以在龙头企业收购绿色农产品的交易价格上给予企业适当的价格补贴，如此一来不仅可以降低企业的收购成本，还能够有效地防止"柠檬市场"的产生，杜绝"劣币驱逐良币"的不良市场竞争环境出现，降低市场风险，从而保障生产者和经营者的利益。

第 9 章

国内外经验

9.1 国外经验

9.1.1 美国经验

近年来，为了应对人口增长、资源有限以及环境挑战等问题，推动农业可持续发展，保障粮食安全并减少环境负荷，美国利用科技提升农业绿色效率并积极进行科技投资，美国农业的完善生产体系以及清洁资源的开发和推广显著提高了农业资源利用率，进而提升了农业的绿色效率。美国农业的绿色效率提升将为世界其他国家提供借鉴和启示，共同推动全球农业可持续发展的进程。

（1）先进农业技术。

美国在农业领域一直致力于利用科技手段提升农业绿色效率，通过引进先进科技和创新方法，引领着绿色农业的未来。

首先，美国农业利用先进技术和大数据分析来提高生产效率。农业生产中智能化设备的广泛应用，如农业机器人、自动化灌溉系统和智能传感器等，能够精确监测农田状况并实时调整作物管理措施，以最大限度地减少资源浪费，并提高农作物产量。此外，利用大数据分析和人工智能技术，农民可以更好地了解土壤质量、作物生长情况等信息，从而更科学地制定农业生产计划和管理农田。

其次，美国农业致力于开发和应用生物技术来提高作物的抗病虫害能力和适应性。生物技术的应用能够使作物具备更好的抗病虫害特性，减少对农药的依赖，并提高作物的产量和质量，同时提高作物对逆境的适应能力，使其能够在恶劣环境中生长，减少资源消耗和生态破坏。

（2）农业科技投资。

美国一直以来高度重视农业科技投资，私人企业和政府部门在推动农业绿色效率发展方面发挥着不可或缺的作用。私人企业主要聚焦于经济效益较高的农业科技研究领域，而政府部门则致力于投资社会效益较大的基础性和应用性研究。这种联合的投资模式极大地推动了绿色农业科技的进步与应用，为绿色农业产业的发展带来了巨大的潜力。

私人企业在农业科技领域的投资主要关注经济效益，力图通过创新技术和商业模式带来可观的回报。许多农业科技初创公司专注于农业生产过程中的痛点和问题，研发出解决方案，以提高农业生产绿色效率和优化产品质量。

与此同时，政府部门在农业科技领域的投资主要着眼于社会效益。政府的投资重点往往放在基础性研究和应用性研究上，以解决农业领域长期存在的难题和开创新的发展方向。政府投资支持的研究机构和大学在绿色农业科技方面具有雄厚的科研实力和人才资源。此外，政府还通过制定政策和法规，为农业科技的推广和应用提供支持和指导，以促进科技成果的转化和市场化。

（3）完善的生产体系。

美国农业在不断发展的过程中建立了一个完善的生产体系，这个体系的核心目标是提高农业绿色效率，实现资源的高效利用。通过优化农业生产流程和合理利用资源，美国农业成功地实现了减少环境负荷、提高绿色生产效益的双赢局面。

首先，美国农业借助先进科技设备和先进管理方法实现了高效的农业生产流程。农业机械化水平高，智能化设备的广泛应用使农田作业更为精准化和自动化，降低了人力成本，节约了时间和资源。

其次，资源的合理利用是提高农业绿色效率的关键。美国农业注重土壤保育和水资源的合理利用。农户采用科学的耕作和耕种方式，控制土壤侵蚀，改善土壤质量，提高土壤的肥力，以确保长期的可持续耕作。同时，美国农业生产采用先进的灌溉技术和管理手段，如滴灌、喷灌和精细化的灌溉调度，使农田的水分利用更加高效，在降低水资源浪费的同时，也降低了因水肥损失而引起的水环境污染。

此外，美国农业也积极推进循环经济和可再生能源的应用。农业废弃物的处理和资源化利用成为重要的环节，通过科学的废弃物处理方法，如沼气工程、堆肥和生物质能源利用等，将废弃物转化为能源和肥料，实现资源的最大化利用。此举既降低了农业对外部能源的依赖，同时，还能降低污染物的排放量，达到回收、环保的目的。

（4）清洁能源的开发和推广。

美国注重节能减排技术和清洁能源技术的引进与研发，在清洁能源发展的实践中处于世界前列。美国为引导新能源的使用，出台了包括《2005年能源政策法案》《2007年能源独立与安全法案》《美国清洁能源与安全法案》等一系列法案。其中，《美国清洁能源与安全法案》包括了农业和林业相关减排抵消在内的 5 个内容，提出了明确的温室气体减排目标和实施机制，强调生物质能源的利用。美国通过不断完善的能源政策，积极引导农村使用新能源，并给予财税、金融方面的政策补贴。

9.1.2　日本经验

日本是一个山地较多的国家，农田面积相对较小，土地资源短缺，同时城市化和工业化的发展造成了农田的减少。此外，农业生产成本高昂，给农民带来了经济压力。为了解决这些问题，日本通过高度集约化的生产经验模式、资源合作共享以及农业人才培养等方法，农业实现了可持续发展，提高了农业绿色效率，为其他国家的农业绿色转型提供了有益的借鉴和启示。

（1）集约化生产模式。

日本以其高度集约化的生产经验模式在农业绿色效率方面取得了令人瞩目的成就。这一模式的核心在于利用现代化的技术和科学知识，不断推进农业生产的高效化和可持续发展。

首先，日本农业借助先进的技术手段实现了生产流程的自动化和机械化。机械化农业设备，如精确的播种机、喷灌系统和智能化的物联网传感器，可以精确控制土壤水分、温度和养分等因素，最大限度地满足作物的生长需求，减少资源浪费和环境污染的风险。同时，自动化系统还能够减少人工劳动的需求，提高生产效率和劳动力利用率。

其次，日本农业积极采用科学的种植管理技术，例如精密农业和温室种植。精密农业利用先进的技术，如无人驾驶飞机，卫星遥感和

GIS，实现对农田的精细化管理和监测，精确测定农田的土壤养分水平和植被健康状况，进而调整施肥和灌溉方案，最大限度地提高农作物的产量和品质。温室种植则利用恒温、恒湿和光照等条件来营造理想的生长环境，消除了季节限制，提供稳定一致的产量，减少对农药和化肥的使用，降低农业对外界环境的压力。

（2）资源合作共享。

日本农民资源合作共享是一个重要的举措，对提高农业绿色效率发挥了积极的作用。通过合作共享，农民之间可以共同利用农业资源和设施，实现资源的最大化利用，提高生产效率和环境可持续性。

首先，资源合作共享使农民能够共同利用设施设备。对于许多小型农户来说，单独购买昂贵的设备是一项巨大的经济负担。但是通过合作共享，农民可以共同投资和共享农业设备，如拖拉机、喷灌系统和播种机等，从而降低了个人承担的成本，提高了设备的利用率和效益。

其次，资源合作共享还带来了经验和技术的共享。农民之间可以交流种植管理经验、技术知识和最佳实践，共同解决农业生产中面临的问题。例如，他们可以分享使用生物农药、有机肥料以及其他环保措施的经验，减少对化学农药和化肥的依赖。这种经验和技术的共享不仅提高了农业生产的效率，还可以降低环境污染和对自然资源的消耗。

通过农民资源合作共享，农业绿色效率得到了显著提升。资源共享促进了农业生产的规模效益和专业化，减少了浪费和重复投资，提高了资源的利用效率。

（3）农业人才培养。

农业人才培养是提高农业绿色效率的关键因素之一。日本在农业人才培养方面积极探索和实施一系列措施，为农业绿色转型提供了坚实的人力资源支持。

首先，日本注重农业教育体系的建设。在学校教育中，农业科学和相关专业成为一个重要的学科领域。学生接受系统的农业知识培训，包括植物学、动物学、土壤学等基础科学知识，以及农业技术、农产品加工等实践技能。这种全面的教育使学生具备了理论和实践结合的能力，为未来从事农业生产和管理打下了坚实的基础。

其次，日本通过职业培训和技术指导，提供实践和专业技能的培训机会。农业职业培训学校和农业技术咨询机构为农业从业者提供专业技能的培训和更新知识的机会。农民可以学习先进的农业生产技术、绿色农业方法以及科学的种植管理技术，提高他们的专业水平。此外，技术指导专家定期走访农田，为农民提供现场指导和咨询，帮助他们优化农业生产流程，提高绿色效率。

另外，日本鼓励农民参与农业研究和创新。农业研究机构和大学开展与农业相关的研究项目，农民可以参与研究活动并与研究人员合作。这种合作促进了学术界和产业界的交流与合作，推动了农业技术的创新和应用，有助于提高农业生产的效率和环境可持续性。

总而言之，日本的农业人才培养为农业绿色效率的提高作出了重要贡献。通过系统的教育、职业培训和技术指导，以及农业研究，培养了一大批具备专业知识和技能的农业人才，为农业可持续发展提供了坚实的支撑，带来了高效、环保的农业生产实践。

（4）建立合理、集约的加工和流通体系。

相较于农业生产体系的绿色转型，农业加工和流通体系的绿色转型往往容易被忽视，但其是减少农产品产后损失和提高农产品附加值的重要途径。根据《绿色食物系统战略》，为建立合理、集约的加工和流通体系，首先需要充分利用数字技术对加工和流通环节进行改造，例如，电子标签技术可用于物流仓储的信息化升级，人工智能技术可用于打造非接触化和自动化的食品制造系统。其次，以食品适于长时间保存和远距离运输为方向，推动加工和流通环节的技术创新，具体举措包括研制具有防霉效果的功能性包装材料、利用发酵等生物技术开发耐储存的食材、针对鱼类加工开发新型冷冻和解冻技术等。最后，将健康和环保作为食品产业的价值增长点。日本政府认为，以研发替代肉和昆虫食品为代表的食品科技具有良好的发展前景，未来应进一步加大攻关力度。

9.1.3　澳大利亚经验

澳大利亚位于南半球，四季分明，夏天以十二月至二月为主，冬天则以六月至八月为主。因为地理位置的广袤，这里的温度差异很大。在澳大利亚，水资源是一个重要的限制因素。昆士兰西部地区拥有全球最大的自流井区，占地175万平方千米，但其水源含盐量较高，不适合用于农业生产，因此，对水资源的利用具有重要意义。

（1）资源节约和生态保护。

澳大利亚作为一个拥有广阔土地的国家，在农业绿色发展方面一直致力于节约自然资源和加强生态保护。澳大利亚国土面积达到769.2万平方千米，但耕地面积相对狭小，仅有2.35万平方千米，并以中南部为主。土壤因其有机质及营养元素含量偏低而引起的水土流失问题日益突出。此外，由于日益增长的气候变迁及人口增长的压力，澳大利亚的土地管理也受到了很大的挑战。令人担忧的是，据估算，仅新南威尔士州一项控制沙尘风暴的费用就达到了900万美元。而且，其降水量分布极不均衡，旱灾的区域很大，而且所占的比重也很大。[①]

为了应对这些挑战，澳大利亚十分重视对农业生产要素如土地、水资源和气候的保护和管理，这是其农业发展进程中的重点。首先，在土地保护方面，澳大利亚致力于采取可持续的土壤管理措施，包括合理轮作、有机肥料的使用以及植被保护。这些措施有助于提高土壤中的有机质，改善土壤的肥力，并减少土壤侵蚀的风险。同时，澳大利亚还鼓励农民采用现代化的农业技术，例如精确喷灌系统和温室种植，以最大限度地利用水资源，提高农业生产效率。

在水资源管理方面，澳大利亚采取了一系列措施来保护和合理利用水资源。例如，推行灌溉用水的限量化和有效利用，大力发展节水农业，鼓励农民使用滴灌和雨水收集系统，以减少用水量。此外，澳大利亚还积极进行水资源调配和水库建设，以确保水资源的合理分配和储存。

对于气候变化，澳大利亚致力于推动农业生产的气候适应性。通过采取合适的农业耕种方式、引进抗旱耐高温的作物品种、提供农业气象信息和农业保险等措施，帮助农民应对极端气候事件，降低农业灾害风险，并保证粮食生产的稳定性。

除了以上一系列的保护和管理措施，澳大利亚还鼓励农业生产的可持续发展。澳大利亚政府通过提供资金和技术支持，鼓励农民采用可再生能源，推行有机农业，减少农业化学物质的使用，以促进农业生产的环境友好型转变。

（2）农业信息化建设。

澳大利亚作为一个人口相对较少的国家，在农业绿色生产方面面

---

① 数据来源：辛竹琳，欧阳峥峥，林巧等：《澳大利亚农业绿色发展体系建设及对中国的启示》，载于《农业展望》2022 年第 6 期。

临着特殊的挑战。由于人口有限，农业工人的人数比较少。在当前农业作业方式改变的背景下，较高的人力成本已成为制约农事活动高效进行的主要因素。澳大利亚的农业已逐步向机械化、信息化的方向发展，以提高其农业生产力。

澳大利亚率先开展了农业信息化，并积极推广机器人、遥感、生物等新技术，旨在提高农业产量，减少人工劳动，提高农业生产效率。其中，机器人技术在农业生产中扮演着重要的角色。例如，自动驾驶拖拉机和农业机器人可以完成播种、施肥、除草和收割等作业，减轻人工劳动的负担，提高生产效率和准确性。此外，遥感技术的应用可以通过卫星图像和无人机等手段监测农田的生长状况、土壤湿度和病虫害等，为农民提供及时的决策支持，减少资源的浪费和损失。而生物科学技术的发展使得培育抗病虫害和适应气候变化的作物品种成为可能，提高了农作物产量和质量。

澳大利亚由于采用了新的农业技术，已经达到了高效、绿色、安全、环境友好的农产品生产水平。这样，既可以克服澳大利亚恶劣的自然环境，又可以确保其农业资源的节约性、高效性和可持续性。自动化和机械化的农业生产方式减少了对人力资源的依赖，降低了劳动力成本，并提高了生产效率。信息化技术的应用则方便了农民的生产管理和决策，促进了农作物的精准管理和资源的合理配置。这些技术的应用还可以降低化学杀虫剂和化肥的用量，降低环境污染，并改善农产品的质量和安全性。

（3）农业科研系统。

澳大利亚的农业科研机构主要由三个部门组成：一是以理论为主的国家级科技和工业研究机构；二是由各州农业局下属的初级产品司、科研机构、试验站等组成，负责对农业生产中出现的具体问题进行调查、解决；三是高校，科研与教学相结合，以基础理论为主，尽量与本州的农业、畜牧业生产相结合。目前，澳大利亚大约有 3000 名农业科研人员，大约三分之一由大学、三分之一由科技和工业研究机构、三分之一由非农机构组成。

澳大利亚的农业技术推广有三种机关：一是由州农业管理局负责，在该署之下设立了农村事业发展处，以统一管理农业技术。各州将其分成 6~7 个区域，区域内又分成若干个区域，每个区域内设有农村事业开发中心；本地区农业技术推广工作的主管部门为州农业农村局下属的直属部门，并对其进行垂直管理。协会将其研究结果整理成资料，通过信息中心销售，或免费发放给农户。二是民间组织，如农资公司、银行、食品加工企业等，向农户提供技术和管理咨询，并收取一定费用。三是科学研究、教育事业单位。科学研究与教学单位均设有生产性实验基地，并开展推广示范工作。推广人员将生产过程中出现的问题，及时地向科研、教育部门反映，并将研究、实验的结果推广到生产中，再将结果反馈给科研、教育部门。农业技术推广人员具备独立开展工作、为农民解决实际困难的能力。澳大利亚也有农民参加农业技术推广，这些农民要有专门的培训和技术能力，才能参加农业技术推广。

9.1.4　德国经验

德国是农业生产大国，国土总面积 3.6296×10^9 平方米，其中耕地面积约为 1.2272×10^7 平方米，人均耕地面积约为 1.5×10^3 平方米，耕地资源有限。在新的政策框架下，德国如何落实欧盟共同政策，尤其在耕地资源可持续利用方面有哪些做法，是什么政策机制发挥了重要作用，梳理清楚这些问题对各国农业可持续发展具有重要的借鉴意义。

（1）土地经营适度规模化。

德国在进行土地整理之前，基本上是分散零碎的小农田，阻碍了资本、技术、人才等生产要素向农业领域转移。土地合并，对于推进德国农业机械化，改善田间的道路状况，提高土壤的肥力，提高农业生产力具有十分重要的意义。如今德国的土地合并工作已从传统意义的土地合并与调整，转向农业环境保护、土地绿化、生物多样性保护和乡村公共休闲地（乡村公园）等建设方面。

在鼓励规模经营的同时，德国限制土地大规模购买，单个农场购买土地面积不得超过当地平均面积的 15 倍，大部分农场规模在 5×10^5 平方米以下，仍以中小家庭农场为主。2014 年德国家庭农场达 28.68 万个，平均每户经营面积 5.83×10^6 平方米（欧盟为 1.6×10^5 平方米）。其中，东部地区 90% 以上是经营面积超过 1×10^6 平方米的大农场，而西部地区以小型农场为主，平均规模不足 3×10^5 平方米。德国中小型家庭农场在经营数量上占优势，经营规模在 1×10^6 平方米以下的家庭农场数量为 25.14 万个，占比 87.66%；大型家庭农场在经营面积上占优势，超过 1×10^6 平方米的家庭农场数量虽然只占 12.34%，却占了 57.31% 的耕地面积。[①]

（2）耕作方式绿色化。

为了保护生态环境，德国按照欧盟政策框架推进绿色耕作方式。首先，实施种植多样化（3 种作物以上）、保持绿地和种植间作作物，以实现耕地资源可持续利用。与 2014 年相比，2015 年德国休耕地增加了 57%，豆类蛋白质作物增加了 74%，间作作物增加了 30%，初步显示了绿色补贴的政策实施效果。

---

① 数据来源：易小燕、陈章全等：《欧盟共同农业政策框架下德国耕地资源可持续利用的做法与启示》，载于《农业现代化研究》2018 年第 1 期。

其次，实行覆盖耕作，即利用作物秸秆残茬覆盖地表，在培肥地力的同时，用秸秆盖土、根茬固土，保护土壤，减少风蚀、水蚀和水分无效蒸发，提高天然降雨利用率。同时，一些农场也采用免耕播种的方式，在有残茬覆盖的地表实现开沟、播种、施肥、施药、覆土镇压复式作业，简化工序，减少机械进地次数，起到覆土保墒作用。

再次，积极施用有机肥和绿肥。农场主在运输半径合理，经济可行的情况下，一般都倾向于用有机肥做底肥，提高土壤有机质；同时，根据不同的作物留茬和生长季、地力状况种植不同的绿肥，有效保护土壤肥力。

最后，严格限制化学农药的使用总量和施用时间。德国新的施肥法即将实施，为减轻施肥对农业生态环境的影响，对施肥规定更严格更具体。如在8月（当年作物生长旺季过后）至来年2月（次年作物播种前）禁止使用氮肥和有机肥。考察的农场基本采用与自然环境相协调的病虫害防治措施，如利用抗病虫害品种、使用天敌益虫、采用物理防治措施等。

（3）耕地利用精准化。

德国农业生产日益推进精准化管理，既保护耕地质量，又注重生态环境的保护。德国农场已将地理信息系统、全球定位系统和遥感技术应用于农业各项活动。经精确定位，自动确定在地块上的相关位置，根据实地情况，准确地施用肥料和农药。同时3S技术的应用也为土地调查、土地保护提供了新的方法，这些新技术的应用可以满足土地保护法、施肥规定和休耕的要求，可使投入最佳化，既可减少20%～30%的生产费用，又有利于环境保护和农业的可持续发展。

例如德国 Gut Derenburg 农场从2002年开始逐步实施精准农业项目，主要包括三个方面内容：①根据地理信息系统和遥感技术来测定土壤中营养物质的含量，了解土壤的地力情况，针对土壤肥力差异进行区别施肥和有针对性的土壤改良措施；②在机械设备上安装探测仪，通过扫描作物群体了解其长势，在作物不同的生育阶段针对不同的苗情进行有区别地追施氮肥及生长调控剂，使其生长发育成熟尽量一致；③将农机与信息化管理相结合，即通过无线网络将配备电脑、卫星导航、无线通信等设备的农机接入互联网，实时记录农机状态，如位置、速度、工作状态、能耗、油箱油量、收割机储粮仓状态等，并通过无线连接互联网查看农场地图、道路位置、行驶路线、其他农机位置、与其他农机交互等，能实时了解每台农机的位置和状态，对农机作业做出合理规划安排，提高工作效率。①

（4）农业废弃物生态循环与资源化。

德国农场不断完善农业废弃物资源化利用的处理办法，保证德国畜禽养殖废弃物得以合理处理和利用，从而严控畜禽废弃物污染耕地。目前的处理方法主要以沼气发电和农田利用为主。养殖场附近均配备沼气发电设施，定期将圈内粪便、秸秆添加到沼气池，产生的沼气被输送到养殖场附近的居民家，作为生活能源，基本实现了废弃物能源化利用。此外，沼气发电上网定价，20年不变，保障了农场主的预期收益，已成为农场主的主要收入来源。如果畜禽养殖场采用农田利用的方式来处理和利用畜禽粪便，则需要审查养殖场配套农田的面积，种植作物种类，农田的地势、坡度以及土壤类型等各种内容，以确保配套的农田能够满足该养殖场畜禽粪便的处理。同时，养殖场对饲料添加剂和抗生素使用有严格的规定和流程，避免畜禽养殖废弃物对农田造成二次污染。

---

① 案例来源：易小燕、陈章全等：《欧盟共同农业政策框架下德国耕地资源可持续利用的做法与启示》，载于《农业现代化研究》2018年第1期。

（5）农业经营者准入制度化。

健全的农业教育体系为德国提供了大批高素质的农场主和农业人才。德国对农业经营者实行准入制度，任何农民必须经过教育，持证上岗。接受教育的方式主要有两种：一种是通过大学培养专门农业人才，另一种是通过职业教育和培训达到农业从业资格。农业职业教育分为初级、中级和高级三个层次，并且不同层次的职业教育学校培训的侧重点不同。

初级农业职业学校以培养实践操作技能为重点，学习 3 年后参加全德统一的职业资格考试，通过考试才能取得职业资格证书，成为正式的农民。在初级职业学校毕业后，可继续接受中级农业职业教育，学习 3 个学期。这期间主要学习农业经营管理。由中级农业职业学校毕业并工作 1 年后可进入高级农业职业学校学习，学制 1 年，主要学习企业管理和营销知识。另外，德国政府充分利用农村业余大学对农民进行教育和培训，同时还举办形式多样的学习班对农民进行专业知识和生产技能方面的培训，产、学、研紧密结合。

9.1.5　韩国经验

韩国重点发展亲环境农业，其内涵在于提升农产品质量，保障粮食供应，缓解产能过剩的问题，减少土壤、水资源等环境污染，实现农业可持续发展和环境的改善。在此基础上，韩国乡村建设强调生态效率的提升，重点关注生活环境的改善，实施"新村运动"，通过实施基本生活条件改善政策、居住环境改善政策、产业优化布局政策，制定了"基础村庄—自主村庄—自立村庄"的分级制度，实现环境改善、产业富民的双赢。

（1）建立法律制度。

韩国通过立法对农业生产进行规范，大力推进绿色农业发展。1997年，发布《环境农业培育法》，2001年修改为《亲环境农业培育法》，2009年修改为《亲环境农业促进法》，为绿色农业发展打下法律和制度基础。同时，建立严格的亲环境农业生产规程和亲环境农产品标志认证制度，以此促进生产者之间的相互监督，确保农产品的质量安全。

（2）强化政策补贴。

韩国通过实施绿箱政策补贴，加大对亲环境农业生产环节的补助，减少农民生产成本，引导耕地合理利用。在具体操作中，一方面，保持较高的生产补贴，农民种植1公顷水稻，国家财政补贴120万韩币，约合人民币7200元，种植其他农作物补贴约合9000元人民币。另一方面，拓宽生产资料补贴，促进秧苗、农机具能够以低于成本的价格向农户出售和租借。[①]

（3）推动技术升级。

建立智能农村，加强能源循环利用。研究太阳能、蓄电池、废弃物再利用等技术，推动农场生产能耗多样化，实现能源利用率、生产效率双提高的目标。引入热带作物种植技术，设立专家咨询系统，为特色农业发展提供咨询、建议服务。同时结合地方特点，在各级政府建立相应的农业研究机构，如农村振兴厅研究咖啡种植技术，全罗南道农业技术院研究芒果种植技术，古城郡农业技术中心研究香蕉种植技术等。

（4）培养专业人才。

健全农业技术推广体系，在不断强化农技培训的基础上，进一步

---

① 数据来源：李万超、冯啸、张栋：《国际乡村绿色发展经验与中国选择》，《金融发展评论》2021年第9期。

完善配套交通、设备、生活等多项保障措施，在各级农业部门打造人员多、素质高、服务"三农"意识强的人才团队。

9.1.6　法国经验

法国作为老牌发达国家，发展起步时间早，原始资本积累充足，拥有技术先进的工业和发达的服务业，产业体系较为完善，绿色农业方面更是走在世界前列。20 世纪 90 年代，为应对自然环境恶化和资源枯竭，法国积极探索新出路，促进农业绿色化转型。1992 年，法国提倡"农业的多功能性"，获得了其他欧盟国家的呼应，出台了《共同农业政策》和《农业环境计划》。在人类可持续发展思潮下，法国政府启动了一项国家环境计划，规定国家在环境保护和生态系统建设方面应采取的一系列具体措施，并促成了法国环境与能源控制署、环境研究所等相关公共机构的成立。法国农业由粗放型逐步向集约型过渡，农产品质量显著提高，生态性显著增强，农业层次随之提升。

（1）政策为引，保驾护航。

政府支持和法律保护是法国绿色农业发展的基础措施。20 世纪 90 年代，欧盟便开始制定和修订生态有机农业相关标准和法规。2018 年，欧盟委员会批准了最新修订的《关于有机产品的有机生产和标识的第 2018/848 号法规》。这一新法规扩大了法律监管的范围，改善了不同法规之间的协调与联系，加强了对有机农业链的整体监管作用。该法规的实施标志着欧盟有机农业法律框架的全面建立及其约束力，确立了更好、更新的农产品标准，为生态农业发展保驾护航。

法国国内则在欧盟的普遍要求下，结合本国农业实际情况，将推广和发展生态农业写入法律，把农业生产者的需求和保护消费者结合起来，进一步规范了农业市场秩序，激发了源头活力。2008 年，法国颁布了"生态农业 2012 年规划"，将生态农业面积扩大了 3 倍。2018 年，法国提出了生态农业优先研究计划，目的是创建一个自然与人类和谐共处发展的生态系统，进而促进生态农业转型和发展。2021 年，法国农业和食品部发布了"法国农业科技"计划，表示将会在 5 年内投资 2 亿欧元支持农业创新类项目，旨在更好地适应气候变化对农业的挑战，发展三大效益结合的生态农业。

（2）"三农"为表，科技为核。

以科技为核心，激发农民积极性是生态农业发展的根本措施。农业、农村、农民"三农"因素一直是农业发展的核心，先进的科技理念武装农民，农民积极性带动农业发展，农业发展又良性反哺农民，三者相互作用，促使农村发展。

法国政府一直以来都很重视增加生态农业方面的科研投入，并积极进行与之相关的农业技术性研究和推广。全国共设立 16 个农业研究中心，并建立了与农业专业高校合作的综合研究体系，及时转化研究成果。1959 年，法国颁布《农业推广宪章》，成立了农业科研成果推广署、国家农业发展署、全国农业推广和进步理事会及各层级农业协会，主要对农业发展提供专业指导和帮扶，着重加强对农业从业人员的知识培训以及对生产部门的技术支持，提高了农民生产积极性，发挥农民在农业发展中的主体作用。除此之外，科学技术的提升，化肥工业不断发展，农作物品种不断改良，也大大提高了法国农业的生产效率，为法国农业生态转型不断注入新的活力，引导着传统农业向生态农业转变。

（3）顾客为标，满足需要。

以市场消费者为目标，满足他们的需要是发展生态农业的必要措施。有机农业的兴起源于消费者对安全食品的追求。根据法国有机农业促进组织的调查结果，近八成法国消费者已购买过有机食品并打算继续购买，七成受访者认为生态农业是一种高效的方法，不仅可以解决环境问题，还能保护人体健康。近年来，法国的有机农产品需求不断增长，但仅 10% 左右的年增长率尚不能满足强大且细致的市场需求。因此，法国政府重视农业生产和产品结构的合理调整，努力实现不同地区间的农业发展格局合理化，采取专业化分工方式促进农业生产和提高商品化水平。

根据自然地理条件、历史习惯和技术水平的不同，法国政府制定了不同区域的农业发展布局规划。西部与山区的草地资源丰富，畜牧业可以成为这些地区的主要经济支柱。北方气候寒冷，甜菜是适宜大规模种植的农作物。巴黎盆地的土地肥沃，适合种植高质量小麦。南部地中海地区可扩大种植葡萄等经济作物。这样做不仅因地制宜，充分发挥了各地优势，而且塑造了各地特色品牌，增强了法国农业产品的多样性和国际竞争力，既适应了市场的多样化需求，又保障了生态农业经济的安全。

9.1.7　荷兰经验

20 世纪 80 年代以来，荷兰政府逐步调整以增产为目标的农业政策导向，更加注重农业的可持续性，出台并实施了严格的生态环境保护制度，控制养殖规模，限制化肥、农药使用，积极防治水土污染。经过近 40 年的发展，荷兰农业污染得到有效治理，同时在国际农产品市场依然保持领先优势，其转型经验值得我们借鉴。

（1）坚持种养结合的可持续发展模式。

应对畜禽粪污这一突出农业污染问题，从全国层面的宏观政策制定，到各地区层面的具体执行操作，荷兰始终坚持"以地定畜、种养结合"的畜禽养殖污染防治理念，使畜禽数量与区域内牧草种植面积及土地的自净能力相匹配。在产业结构布局方面，既优化产品结构，又根据不同区域的土壤结构特征，全面优化生猪、奶牛、家禽养殖区域布局。在养分管理方面，促进跨区域种养平衡，建立养分交易市场，通过财政补贴支持农场主将多余的粪便进行处理，或者通过运往粪肥短缺地区或者国外其他地区，促进畜禽粪肥在国家内部区域之间，以及荷兰与欧盟其他国家之间的流动，最终实现粪便的资源化利用。此外，荷兰政府积极支持小规模农户发展有机农业、休闲农业等生态环境友好型农业，有效发挥农业的生态功能，并解决小农的失业问题。

（2）强化循环利用技术推广应用。

推进可持续发展，技术创新和推广是关键。荷兰政府高度重视农业循环利用技术的研发和推广应用，特别是在无土栽培、精准施肥、雨水收集、水资源和营养液的循环利用等方面进行了大量的技术创新。如在畜禽污染治理方面，除了末端的粪污综合利用技术，荷兰农业科研部门还关注禽舍设计、饲料养分改进、养殖管理、粪污收集、养分提取等全过程的控制技术研发。例如瓦赫宁根大学的渔业研究中心，该中心聚集生态循环渔业养殖系统研究，从鱼的品种、饲料、微生物、设施设备等全链条进行研究，在实验室就能试验各种参数变化的具体影响，确保渔业养殖过程既不造成水体富营养化污染，又不浪费各方面的生产资料。同时，荷兰严格执行农业生产标准，先后发布《畜禽养殖污染防治可行技术》《土壤环境质量标准》等一系列规范性技术指导和应用手册，推动实施硝酸盐指令行动计划、农药削减计划、农业自然保护行动计划等各类农业环境治理行动。

（3）逐步建立健全政策法规体系。

为控制农业面源污染，荷兰政府先后颁布实施了一系列法律法规，构建起了较为完善的农业环境保护法规体系。如《动物粪便法》《土壤保护法》《水管理法》《自然保护法》等国家法规，明确规定了各相关利益主体的环境保护责任和义务，限定了种植养殖过程的养分施用和温室气体排放强度。同时，荷兰建立了全方位的监测体系，既有农场层面的登记、监测系统，又有全国层面的总量监测系统。如经济事务部采用行政手段和实地监督等手段对粪肥生产、运输、销售、使用各环节进行监测，并通过实验室对粪肥中的氮元素和磷元素进行强制化学分析，所有相关数据都输入到统一数据库进行关联分析。在国际土壤研究中心，科研人员在土壤环境监测方面做了大量开拓性工作，目前农户只要在手机上安装一个小程序，就能全面了解最近土壤监测点的详细土壤质量监测结果，并得到改进土壤质量的具体可行耕作技术和操作方法。另外，不符合农业生产标准的相关行为将受到严厉处罚，如违反粪肥处理的基本规则将会被视为经济犯罪受到调查，而且依据相关法律，农场生产主体还可能被起诉。

9.1.8　巴西经验

巴西幅员辽阔，国土面积居世界第五位，农业资源丰富，耕地面积和草场面积占比很大，具体来说，优质高产良田面积有 3.88×10^4 亿平方米，牧场面积有 2.2×10^4 亿平方米，这些得天独厚的资源为巴西农业发展提供了极好条件。巴西重视农业科技，注重发展以科技为支撑的高附加值农产品。基于自然资源禀赋优势，再加上对农业的重视，巴西成为世界主要农产品生产国和出口国。巴西生态农业发展迅猛的主要原因有两方面：一是巴西国内市场对有机农产品的需求迅速增加。巴西农业部报告显示，人们对有机农产品的需求每年以 20% 的速度在增长。二是巴西政府对关系到人类可持续发展的生态农业高度重视。

（1）以先进技术促进生态农业发展。

生态农业的发展需要许多相配套的生产技术与服务，其中生产技术及其创新无疑是最重要的。数十年来，巴西在生态农业科研创新方面颇有心得，如巴西法蒂玛圣母农场以种植咖啡为主，但同时也间作"胡椒＋橄榄油"，起到了防虫效果。此外，为了恢复土壤肥力，该农场通过种植多种绿肥农作物来还田，使土壤有机质含量得到提高。通过多种技术的更新，该农场咖啡产量从 20 年前的每平方公里的 720千克提高到了目前的每平方公里 1320 千克，产品质量也得到了很大提升。①

（2）以金融支持促进生态农业发展。

生态农业的发展虽然主要靠市场来推动，市场的作用占主导，但也离不开政府资金的支持与推动。巴西在金融方面为生态农业的发展提供了很大帮助，如巴西的东北银行成立了专门的"绿色基金"，支持生态农业发展；巴西发展银行和巴西银行也都为生态农业和农业多功能性发展提供了专项资金支持。

（3）以社会化服务促进生态农业发展。

为了促进生态农业发展，巴西注重对生态农业生产经营主体提供多种信息、咨询和培训服务；为了鼓励生态农业发展，巴西推出了技

---

① 案例来源：皮修平、周镕基：《生态农业的国际经验借鉴及发展途径研究——基于多功能农业视角》，载于《衡阳师范学院学报》2022 年第 4 期。

术推广示范服务，对生态农场的新型生产经营主体进行持续跟踪服务，以满足他们发展生态农业的需要。在培训方面，具体的培训内容有有机肥和绿肥的科学合理使用、生物防控技术的指导与大力推广、作物如何科学轮休与轮作、市场中生态农产品的需求信息如何有效获取等。为了实现培训目标，巴西农牧业公司在全国建立了 3000 多个生态农业技术推广站。其中，农业生物防控技术的推广大大减少了农药化肥等的使用量。上述促进农业生态化发展的措施，有助于农业生态功能的实现。

9.2　国内经验

9.2.1　产业融合提高农业绿色效率发展经验

农业与其他产业的融合，指的是利用跨界的资源和要素，对农业产业链进行延伸，提升价值链，对农业的多种功能进行开发，培育出农业新业态新模式，促进农业产业结构的优化升级、综合效益的提升，为农业的高质量发展注入新的动能。

（1）江西经验。

江西省在 2017 年全面启动了四年提升农业质量的行动，将城市现代农业作为发展的重点，政府努力构建生产供给、生态涵养、生活服务的和谐发展格局，实现了一二三产业的融合发展。

在推进农业供给侧结构性改革方面，江西深入推进改革，通过优化农业供给结构、提高农产品质量和安全，加强农业科技创新等措施，不断提高农业的生产效益和经济效益。同时，江西持续优化现代农业发展空间布局，推动农业产业的空间布局合理化，促进资源的优化配置和农业生产的集约化。

江西着力构建农业绿色全产业链，通过改善生产方式，减少农药和化肥的使用量，推广有机农业、绿色农业等环保和可持续发展的农业模式。此外，南昌注重一二三产业的融合发展，积极推动农村一二三产业的衔接，通过农业与农村旅游、农产品加工、农业科技服务等产业的协同发展，实现农业产业的增效和优化。

江西南昌以"全产业链"为指导思想，对六大产业链进行了深入的研究，并提出了"六大产业链"的工作方案，加速推进稻米、猪肉、水禽、水产、蔬菜、茶"六条绿色食品产业链"。同时，南昌还制定了一套行之有效的工作机制，实行一链一策，实行每周一次的调度。以加强统筹协调来解决产业发展中的问题。

目前，南昌已成功形成稻米、生猪、水禽、水产、蔬菜和茶叶六大绿色食品产业链。这些产业链的发展，使南昌市的绿色食品产值超过1000亿元，占据了全省总产值的三分之一。尤其是在水禽产业链方面，已经初具规模，从育繁到养殖再到加工的全产业链垂直整合，总资产达66亿元。

通过推动六大绿色食品产业链的发展，江西省不仅提高了农业绿色效率，还在经济上取得了显著的成绩。这种整合产业链、形成完整供应链的方式，使南昌的农产品在市场上更具竞争力，为农民增加了收入，在此基础上，促进了农业与农村经济的可持续发展。

这些措施和实践共同助推江西省现代农业做大做强，提高了绿色农业发展效率。通过推动农业供给侧结构性改革、优化发展空间布局以及构建绿色全产业链，南昌创建了一个绿色、高效和可持续的农业发展模式，为农业绿色效率的提升树立了良好的示范和引领作用。

（2）河南经验。

河南省为促进农业的可持续发展，提高农业的绿色效益，正在积极地促进各种业态的融合，形成一种新型的农业发展模式，如生态农业、绿色农业、循环农业等，这种农业的绿色发展模式有利于提高农产品及其加工副产物、农作物秸秆等的综合利用率，在降低资源消耗和污染排放的前提下，促进农业生产的节约集约，促进农民生活方式的绿色环保，从而形成一个资源节约、环境友好、产业高效、农民增收的农业发展新局面。

此外，河南还将农村的生态、文化、景观资源，如田园风光、耕作历程、民俗文化、土特产等进行整合，将生态农业、乡村旅游等发展壮大起来，提高农村的基础设施水平，加大农村的公共服务供给，从而促进农村生态改善、村落保护和历史文化的传承，使农业文明得以延续。

在垂直整合上，河南省把农业产业链作为一个重要的环节，大力发展农产品加工与流通，打造出一个高质量、高效益的农业产业集群，对中央厨房、直供直销、会员农场等多种经营模式进行发展和壮大，对第二三产业进行扩展和延伸，使农业生产从传统的原材料农业向现代的加工农业、效益农业转变。在横向融合上，河南省突出功能，实施"农业+"，推动农业与生态、文化、旅游、餐饮、信息等产业相结合，形成生态旅游、文化创意、科技教育、健康养老、特色餐饮、智慧农业等产业；推动"种植+"，推动林牧渔业相结合，形成林下种植，稻渔共生等循环农业，使河南省农业的发展方式与模式不断丰富。

（3）吉林经验。

长期以来，我国农业生产采取"高投入—高产出"的模式，这必然会给当地的生态环境造成一定的损害，并对其产品质量产生一定的影响。当前，"生态宜居"和"绿色发展"已成为我国乡村社会经济发展的主题。所以，加速中国农业生产模式的转型，推进农业的绿色化是当务之急。农业产业融合以规模化、集约化的农业生产经营模式为特征，对于推动农业绿色发展具有显著影响。由于产业融合产生的外部性，对农业环境产生有着重要影响，同时也影响农业的绿色发展。

吉林省乡村振兴战略规划（2018—2022 年）指出，吉林省的乡村产业布局应当根据各地的资源禀赋、发展基础等，划分中、东、西三大农业产业集聚区。中部农业产业集聚区侧重粮食、牲畜和家禽的生产加工，而东部侧重包括人参和蘑菇在内的"林特产品"的生产和加工；同时，西部农业产业集聚区突出发展谷物、豆类、肉类及其替代品的生产加工。此外，规划中还大力强调要依托区域中心村镇，引导人口、产业集聚式发展，在此基础上将当地打造成为拥有特色农产品的生产优势区和农产品加工业聚集园区。为了推进特色一二三产业的融合式发展，吉林省将在拥有自然资源禀赋和特色农产品的前提下，开展生产具有特色、生产聚集、产业整合、市场竞争激烈的各类国家级和省级特色农产品优势区。该规划同时指出，应将产业集聚和集聚发展打造成现代农业发展的动力源，具体而言，应围绕打造若干个农产品加工业的产业集聚，以推动现代农业的发展。因此，继续贯彻实施吉林省提出的乡村振兴五年规划，不断优化产业布局，打造一批产业集聚区，建立具有吉林特色的产业集聚高地，为吉林率先实现农业现代化提供产业支撑。

目前，吉林省各地市（州）农业产业集聚的发展已经呈现东、中、西三大区域不同发展格局。其中以通化、白山和延边州为代表的东部山地特色片区，其地处全省东部长白山区，包括延吉市、白山市全部，以及通化市南部等共计 16 个县（市、区）。目前东部产业集聚区的农林产品主要以人参、鹿茸、蓝莓等为代表，其主要原因是当地以高山、丘陵、山地为主要特征的自然条件限制了耕地面积的扩大。吉林省东部农业产业集聚区目前以山地特色农林产品为主要特色，目前已经发展了一批人参、黑木耳、蓝莓等生态特色食品标准化种植基地，并已经打造成为全省甚至全国著名的山地特色绿色食品生产与加工供应基地，形成以"长白山"系列为品牌的知名农林特色产品品牌集聚区。中部产业集聚区包括松原市的扶余市、长春市、吉林市、辽源市以及四平市等共计 30 个县（市、区），中部地区是全省商品粮核心区域，目前以玉米、水稻两种主要粮食作物为特征的种植带已经基本形成，农业产业集聚格局逐渐清晰。白城市全部，以及松原大部分地区共计 9 个县（市、区）为代表的西部地区由于受制于草原沙化、盐化、碱化等环境问题，正大力发展生态农牧产业。

（4）河北经验。

农业产业的发展是中国脱贫攻坚的关键所在，而绿色农业则是农业产业发展的题中之义。河北省作为农业大省，推动绿色农业的全面深化和全域覆盖，不仅是农业产业结构与经济发展方式迭代升级的重中之重，也是河北省由农业大省向农业强省高质量转型的必然要求。

河北省平山县在打好脱贫攻坚战的过程中，立足于当地的特色资源，坚持以问题为导向，注重针对性和可操作性，以重点突破为牵引，实现了发展模式的战略性转变，科学划分了开发和保护地，大力发展了特色农业，实现了农业与其他产业的有机结合，取得了显著成效。《乡村振兴战略》的出台，给平山县带来了发展农业特色产业的新机遇，全县上下围绕提升农业品质、效益、市场竞争能力，努力推进科技、绿色、品牌、品质农业的落地生根；与旅游农业和康养业相结合，形成特色突出，规模发展，高端带动，集聚发展的新型农业模式；加速推进从传统农业到现代农业的转型，为全面推进乡村振兴提供了坚实的产业基础。

平山县是山地大县，旅游大县，林业大县，位于太行山地区，位于河北省滹沱河的上游。现有 12 个镇、11 个乡、717 个村。总面积 2648 平方千米，其中可耕种的土地面积为 415000 平方千米，山地面积为 19.5300 平方千米。到 2020 年，全县经济总量达到 248 亿元。全县旅游业迅速发展，建成了 230 公里的大旅游圈，拥有 28 公里的滹沱河生态廊道，"十三五"期间，全县平均每年接待游客 1366 万人次，被授予"全国旅游示范县"称号。以两河乡两河村为主体、平山镇孟堡村为主体、回舍镇南庄村为主体，设施蔬菜的种植面积为 1.6667×10^6 平方米；食用菌生产大棚面积 500000 平方米，种植黑木耳、平菇（包括秀珍菇），已形成"田映绿"和"燕赵牧歌"等著名品牌，在国内享有较高声誉。

目前，平山县的主导特色产业以连片为核心，以"串珠"为特征，已初步形成了以水果、药材和鱼类为核心的连片产业，同时拥有以现代设备为核心的设施农业园区，以龙头企业为主导的特种蔬菜和食用菌产业，以销售和加工为主导的蜜蜂和核桃产业，以及以花椒和核桃为主导的产业结构。

平山县的特色农业是其农业和农村经济的主要组成部分，基础扎实，经验丰富。平山县根据区域优势，进行了科学的规划，充分发掘了各个乡镇的潜能，大力发展多种形式的特色农业，从而有效地防止了农产品的同质化；在 2020 年，该县农林牧渔业的就业人口占到了全县总人口的 64%，除粮棉油之外的特色产业产值占到了农林牧渔总产值的 75%，农业特色产业的规模发展具有了良好的态势。

平山县是一个传统的特色农业产业重镇，在过去的几年里，已经初步形成了以基地为核心的集约经营的特色水果产业发展模式，以农户为核心的普惠种植产业发展模式，以及以龙头为主导的种植、养殖产业发展模式，并取得了良好的经济和社会效益。

通过几年来的建设和发展，平山县农业特色产业的产业链已经基本成型，产业链上的各个环节都有了清晰的分工，逐步形成了一个由现代农业园区、农业龙头企业、农业专业合作社、家庭农场等带动的特色产业发展模式。

（5）辽宁经验。

锦州北镇市采取多种模式积极促进农业产业融合发展，支持和鼓励农民就业创业，拓宽增收渠道，助推乡村振兴。[①]

创新推广"市场＋经纪人＋基地"的产销融合发展模式。围绕构筑东北地区农产品交易高地，着力打造窟窿台蔬菜、沟帮子农产品等新型现代农产品交易市场，打造新型市场经纪人队伍。推进农业数字化转型发展，大力发展农村电子商务，实施"互联网＋"农产品出村进城工程，加快电子商务进农村。加强与京东商城等电商平台合作，培育农村特色电商产品品牌，促进线上线下融合发展。加强农村物流业建设，深入挖掘社会投入潜力，深化乡村邮政和快递网点普及，促进交通运输与邮政快递、供销资源整合，建设集批发市场、物流基地、冷链物流运输、第三方物流配送和市场信息化为一体的农产品物流产业。鼓励发展网红经济，支持直播带货。

创新推广"企业＋合作社＋农户"产加融合发展模式。立足畜禽、水稻等农产品原产基地资源优势，以农产品精深加工企业为引

---

① 案例来源：陆爽、李旸：《辽宁省北镇市：促进农业产业融合发展　助推乡村振兴》，学习强国平台。

领，鼓励企业通过与专业生产合作社紧密对接农产品生产基地，着力推进产业融合，构建全产业链和全价值链。充分发掘沟帮子熏鸡、北镇猪蹄国家非物质文化遗产"百年老字号"潜在价值，促进传统文化与现代生产经营理念有机结合。立足粮油、畜禽等农产品资源优势，扶持引导合作社和大户独立经营或与加工企业合作，拉长了产业链，提高了农产品附加值，有效带动更多农民增收致富。

创新推广"农业+旅游"农旅融合发展模式。立足农业和旅游两大产业资源优势，积极推进全国休闲农业与乡村旅游示范县创建，以农业为基础不断整合乡村旅游资源，积极助力农业休闲旅游基础设施和公共服务设施建设，发展文化休闲旅游综合体，全力助推三产融合，实现绿色、共享、可持续发展，为乡村全面振兴提供有力支撑。以全域旅游为抓手，以乡村旅游为着力点，大力推进休闲农业产业，培育了以广宁街道东一生态园为代表的一批思想教育、休闲度假、旅游观光、养生养老、农耕体验、田间采摘等休闲农业基地，建设成为一村一景、一村一韵的魅力村庄。

（6）山东经验。

蒙阴县位于沂蒙山区腹地，辖12个乡镇街区、345个行政村，57.6万人，素有"七山二水一分田"之说，是孟良崮战役发生地和支前模范"沂蒙六姐妹"的家乡，也是沂蒙精神的重要发源地。境内林木覆盖率73%，大小山头520座、河流178条、水库103座，有中国五大造型地貌之一的岱崮地貌。蒙阴县统筹推进自然生态、经济生态、社会生态、政治生态建设，大力发展生态循环的链条式农业，推进产业绿色转型，把生态富民理念融入经济社会发展各方面和全过程，先后被评为国家生态示范区、国家重点生态功能区、全国水土保持生态文明县、全国绿化模范县、省级生态县，是山东省县域经济科学发展试点县、山东省生态文明乡村建设示范县、山东省乡村文明行动示范县。①

构建"果—菌—肥"生态循环产业链条。蒙阴县将百万亩林果每年产生的 12 万吨果树枝变废为宝，以果木果枝为基料，粉碎制成菌棒菌袋，进行菌种培养后出菇，再利用"废菌包或细小果木枝条 + 畜禽粪便 + 微生物菌剂"的轻简化堆肥技术，制成生物有机肥进行还田，达到资源利用最大化、最优化，构建形成"果—菌—肥"循环农业模式，避免了化肥过量使用带来土壤酸化的影响，土壤有机质平均提高 35%，一亩大棚以 1 万个菌棒计算，纯收入可达 4 万元。目前，蒙阴县建成香菇养殖基地 1500 亩，年产菌棒 1000 万棒，产品出口日韩、欧盟等地区，被评为全国优秀香菇出口基地县。

构建"农—工—贸"生态循环产业链条。依托林果业和畜牧业等产业，蒙阴县积极推动特色产业"接二连三"。发展特色加工业。以精深加工为重点，以"中国罐头工业十强企业"的山东欢乐家食品有限公司为依托，开发形成果汁、果酒等 36 个系列 210 种产品，果品深加工能力达到 30 万吨，产品畅销全国各地，并出口美国、加拿大等 20 多个国家和地区。发展电商产业。以蒙阴蜜桃、板栗等为主打产品，探索构建"联配联送"模式，发展电商微商 5100 多家，电商网络零售额 6 亿多元，成为"中国电子商务示范县"和"国家电子商务进农村综合示范县"。发展全域旅游产业，依托良好的生态优势和山水林果优势，按照地域分布，每年抓 10 个示范村、20 个精品村、30 个重点村，梯次打造美丽乡村，打造"崮秀天下、世外桃源"的全域旅游品牌，并在央视推出县域形象宣传片，成为中国十佳休闲旅

---

① 案例来源：《蒙阴县：打造生态循环立体农业》，蒙阴县人民政府官网。

游名县，年接待游客突破 750 万人次，旅游总收入近 60 亿元。发展商贸、物流运输业。围绕果品冷藏，建成各类果品恒温储藏设施 90 处，建设大小果品交易场所 320 余处，果品储藏能力达 5 亿斤；围绕果品运输，发展大型运输车辆 2 万多辆，农业从业人员 6 万多人，车辆保有量和从业人员数均居全国县级城市前列，形成了覆盖山东省、辐射全国的物流运输网络。

大力推广"旅游＋""生态＋"等新模式，促进农商文旅等相关产业深度融合，构筑"农业新六产"。大力推广"互联网＋""旅游＋""生态＋"等新兴业态，促进农商文旅等相关产业深度融合，让产区变景区、果园变公园、农耕变体验、空气变人气。当前，蒙阴县 A 级景区达到 15 家，省级旅游特色村 12 个，成为"中国十佳休闲旅游名县"。"舌尖上的中国"拍摄地——椿树沟村，每天接待游客 2000 多人。"岱崮地貌"列为中国第五大造型地貌，沂蒙山地质公园评为世界地质公园，年接待游客 500 多万人次。

9.2.2　科学技术提高农业绿色效率发展经验

科学技术在农业绿色发展中扮演着重要的角色。它不仅能够提供先进的生产技术，促进农业生产的高效和可持续发展，还能够保障农产品的质量和安全，在提高社会效益、促进农村经济发展的同时，实现农业与生态环境的和谐共生。

（1）湖南经验。

湖南省注重技术创新，在推进农业科技进步方面取得了显著成效。通过加强农业科研和示范推广，引进和培育高效节水、无公害、有机农业技术，提高农业生产的科技含量和质量，进一步提升了生产效率和农产品的品质。

湖南省中方县站坪村的金枣园，采用水肥一体化装置，只要控制好电源，就能将水肥混合在一起，不到半个小时，就能将 60 公顷土地全部浇灌完毕。水肥一体化技术是用微机装置来控制的，它可以依据不同的作物以及不同的天气情况，来制订出一套适合的施肥计划，从而精确地控制施肥量、施肥时间、施肥次数等。它还可以用滴灌的方式提供养分以满足植物的正常生长需求，实现了自动化操作省肥、节约水资源、省工省力的目的。

此外，在绿色防控推进农药减量增产方面，湖南省中方县积极提升农作物病虫害监测预警能力，推进专业化统防统治和绿色防控，普及科学用药技术，推广新型高效植保机械，实现农药减量增效，切实保障粮食生产安全、农产品质量安全和农业生态环境安全。

湖南泸阳镇的光之华农场，从外表根本看不出这是一家养猪公司，也没有传统养猪公司那种令人作呕的恶臭，将传统养猪公司"脏乱差"的标签彻底撕了下来。农场一年能出一千两百头猪，猪粪会在棚子里发酵，然后用来种植猕猴桃。这样，整个养殖场既能达到种植、养殖的目的，又能做到资源生态回收，还能使粪便"零排放"。湖南省积极推动畜禽养殖垃圾的处置与资源化，使规模化养殖场粪便的处理量与资源利用率得到了显著提升。利用畜禽粪污的资源化利用，实现种养结合、农牧循环、综合利用，为绿色农业发展打开了大门，进而提升了绿色农业发展的效率。

（2）山西经验。

山西省忻州市忻府区化肥使用量由每年的 5.13 万吨减少到每年的 4.6 万吨，肥料利用率由每年的 37.5% 提高到每年的 40.3%，农业非点源污染得到了有效控制。忻府区耕地质量显著提高，确保粮食产量稳定在六亿两千万斤左右。目前，内蒙古自治区通过"三品一标"认证，实现了31万公顷以上的农产品质量安全，有力推动了农业的绿色化。①

首先，针对缓解非点源污染问题，忻府区针对不同区域的土壤条件、作物增产潜力及养分一体化管理需求，开展了精细化的实验与示范，并在全国范围内推广了一套较为成熟的减量增效技术，6年来，该技术的覆盖面已达95%以上，实现了N、P、K三种肥料的配比及用量的精确控制，有效缓解了非点源污染。

其次，就提高耕地质量而言，忻府区每年都要进行超过85%的农田还田，既实现了稻草资源的高效利用，又提高了耕层的营养价值。大力发展种养循环，将秸秆作为饲料，将畜禽粪便作为肥料，使其成为有机肥，其使用面积达到了20万公顷，超过了全部耕地的20%。

最后，在助力绿色发展，提升农业绿色效率方面，忻府区通过农机农艺集成科技创新，对"配方肥+有机肥+种肥同播+秸秆还田"、"秸秆深翻还田+有机肥+水肥一体化+配方肥"等技术模式进行研究，逐渐形成了一套适用于玉米等粮食作物，甜糯玉米、辣椒等经济作物的肥料减量增效模式。目前，忻府区已实现了机械化施肥、种肥同播50多万公顷，指导并鼓励农户将缓释肥、水溶性肥、生物肥、碳氢肥等新型高效肥料，用于甜糯玉米、辣椒、甜瓜等特色产业，为忻府区的粮食产量连续十年增加，以及特色产业的绿色发展奠定了坚实的基础。

绿色农业科技能够促进农业可持续发展，摒弃过去粗放式的农业生产模式，在提升农业产量和效益的同时坚持绿色、可持续发展，提

---

① 案例来源：《忻府区：推进化肥减量增效，助力农业绿色发展》，人民融媒体平台。

高农业绿色效率。

（3）四川经验。

农业产业是一地经济发展的基础。四川作为中国农业大省，面临"农业大而不强"和农业发展水平不均衡的问题。建设中国农业强省是四川未来农业发展的主要方向，因此推动农业高质量发展，激发农业要素活力，找到适合的农业发展模式，积极将农业与科技融合是推动农业强省建设的关键点之一。

遂宁市作为四川省仅有的几个没有农科所的城市，为促进农业技术进步，全市每年引进近 850 个新品种，并对 30 个新品种进行推广，并对其进行了 500 余次的安全评价。通过科研院所的合作，通过指导选育、委托选育、合作选育、采购技术成果等方式，引进筛选农作物新品种，其中，"遂薯 524""川优 6245""正昊 235""云海 365"通过了省级、国家级审定（注册），"巴优 99"通过了引种注册，"矮晚柚""永红矮晚柚"通过了"植物新品种"的保护。

到 2020 年年底，遂宁市拥有各类农机具 650000 多台，年底农机总功率达到 132.5 万千瓦。目前，全市主要作物的种植、收获机械化程度已达到 66%，高于全省平均值 2 个百分点；农业机械的服务范围已经从种植业扩展到了畜牧业、水产、蔬菜、水果、花卉、中药材、食用菌等行业。

甘薯是遂宁市的重要粮食作物，在农业生产中占有重要地位。遂宁市为加速甘薯产业的发展，与四川农业大学、省农科院、绵阳市农科院等研究单位建立长期技术合作，在前期研究的基础上，通过对易薯 524 的脱毒、纯化和复壮化，引进了川薯 294、南薯 017、川香薯等新品种，实现了甘薯产业的快速发展。到 2020 年年末，全县已建成脱毒马铃薯种苗 100 余公顷，并依托"五二四"专业合作社，遂宁市龙婷生态农业有限公司、安居区博天苗种种植农民专业合作社、四川俊成生态农业开放有限公司等，完成了 2333 余公顷的示范性种植。

遂宁市在大力发展特色蔬菜、优质柑橘、道地药材等方面，依托四川绿然、四川可士可、遂宁天地网等特色产业，到 2020 年，全市蔬菜种植面积达 5.8 万公顷，水果种植面积达 5.07 万公顷，中草药种植面积达 0.47 万公顷，产品远销全国。遂宁是成渝地区的"菜篮子""国家冬春季蔬菜"的重要基地，蓬溪县"天红"菌菜现代产业园获省级国家级产业园称号。

遂宁市农乡局自 2019 年起，为进一步明确各产业的功能分区及发展方向，组织专门的队伍，对各行业进行了详细的土地质量调查，摸清了各行业的"家底"，并提出了相应的对策建议。该调查共收集了 2157 份土壤样品，得到了土壤质地、地貌特征（点）、耕层厚度、灌溉保证率、土壤类型 5 种基本资料，并对土壤 pH 值、碱解氮、有效磷、速效钾、有机质、铅、镉、铬 8 种指标进行了分析，确定出具有特色、优势聚集、适宜生长的作物品种，并绘制出农作物适宜种植的土壤区划图和工业布局图，建立了遂宁市耕地质量评价土壤样点的基本资料库，并完成了一份遂宁市适宜种植作物土壤的分区报告，以及 785 份各种图片。

为推动农产品初加工向原产地、向园区集聚，与市场对接，形成"产加工、户与农户、产品与市场"的良性循环，遂宁市围绕"粮头食尾"，大力发展农产品深加工，壮大农产品深加工及现代农业冷链物流，初步建成了农产品加工区及仓储物流集聚区，农产品原产地初加工比例达 56%，全市冷链物流设施面积达 216000 平方米，库容达 44000 吨，初步实现了农产品由低端到高端的转型。

（4）山东经验。

山东省的农业生产水平在全国居于领先地位，尤其 2000～2017

年间山东省的农业总产值稳居全国第一，但自 2018 年后，出现农业总产值下滑和资源不合理利用、区域发展不协调等问题。提升农业绿色生产效率和加大资源的有效利用程度是解决这些问题的重点。山东省具备农业绿色生产的基础条件和优势，2016 年山东省多个地级市被选为第一批国家农业可持续发展试验示范区，如枣庄市。2020 年山东省多个地级市荣获国家生态文明建设示范市县称号，如临沂市蒙阴县、日照市东港区、济南市济阳区、滨州市惠民县；多个地级市被评为"绿水青山就是金山银山"实践创新基地，如青岛莱西市、潍坊峡山生态经济开发区、威海市环翠区。

桓台县位于山东省中部，面积 509 平方公里，人口 50 万人，耕地面积 44.5 万公顷，粮食种植面积 70 万公顷，1990 年建成江北"吨粮首县"，1996 年建成"小麦千斤县"，到 2015 年，已建立了一个以小麦和玉米为主要原料的标准化种植基地，并已实现了 30 万公顷的绿色食品原料（小麦和玉米）标准化种植。2018 年《中共中央 国务院关于实施乡村振兴战略的意见》提出："促进小农户和现代农业发展有机衔接。统筹兼顾培育新型农业经营主体和扶持小农户，采取有针对性的措施，把小农生产引入现代农业发展轨道。"桓台县从粮食生产关键环节、关键技术社会化服务入手，建立"公司＋合作社＋小农户"服务模式，重点服务小农户，逐步实现粮食从种到收的全程社会化服务，实现小农户与现代农业的有机衔接。2021 年桓台县域小麦单产 512.66 公斤。[①]

为了提高粮食生产效率，山东省桓台县普及测土配方施肥技术，示范精准配肥。此外，桓台县制定了小麦和玉米专用肥配方，向社会

---

① 案例来源：《山东省桓台县：发展农业社会化服务，促进粮食生产绿色发展》，人民网。

发布，普及应用测土配方施肥技术；建立了精准配肥点，试点向种粮大户等新型农业经营主体开展精准配肥服务，提高施肥针对性，减少肥料用量，降低生产成本。测土配方施肥技术实现全覆盖，2020年秋种全县精准配肥面积达到3万公顷。

2008年桓台县引进小麦宽幅精播机械，结合实际进行改进，2011年，圆盘式双行式播种小麦宽幅精播机研发成功，在山东省率先实现了全县小麦宽幅精播机的全覆盖。为了解决单株播幅偏窄、播种深度不均匀的问题，技术人员已经成功地开发出了宽幅播深的精确控制器。并获国家专利。全县小麦新型宽幅精播机械达到600余台，落实新型宽幅精播25万公顷以上。

桓台县落实粮食病虫害统防统治，提高防治效果和作业效率。2014年桓台县率先在全省开展小麦根病春季统防统治，控制和减轻了小麦根病发生，目前该项技术已成为常规技术。桓台县提高整合资金实行小麦"一喷三防"飞防作业，每年落实面积30万公顷；在"一防双减"工程中，每年对玉米地进行十万公顷的飞防，有效地控制了玉米地的病虫害。

桓台县大力推进精准施肥、深松整地、病虫害防治等技术，有效地提高了农艺工作的质量和效率，使肥料、农药的使用逐年下降。2020年全县化肥施用量（折纯量）1.6887万吨，比2015年减少0.3123万吨；2020年全县农药总投入量为287.976吨，比2015年减少129.055吨。

（5）黑龙江经验。

为进一步夯实黑龙江大粮仓的"绿色"根基，彰显"有机"本色。2022年伊始，由黑龙江省农业科学院为依托单位的省绿色有机农业协同创新与推广体系正式启动。近年来，绿色农业已成为我国新时代农业改革发展的"风向标",绿色发展理念已经逐步融入农业农村发展各个方面,作为乡村振兴战略的具体实践,与"创新、协调、绿色、开放、共享"的新发展理念一脉相承。黑龙江省具有独特的气候条件和良好的生态环境,具备了发展绿色有机农业、生态健康食品的天然优势。黑龙江省委、省政府高度重视农业科技工作,做出了要发展"科技农业、绿色农业、质量农业、品牌农业"四个农业的重要部署。黑龙江省绿色有机农业协同创新与推广体系就是要围绕黑龙江省绿色有机农业新理念、新技术、新成果,将科技链和产业链高度融合,促进科技成果转化落地,为加速推进黑龙江省绿色有机农业健康发展、高质量发展贡献科技力量。

在黑龙江省绿色有机农业协同创新与推广体系的试验基地,延寿县信合有机稻米专业合作社,体系岗位专家们调研了有机水稻产业发展需求,为促进有机稻米产业高质量快速发展,增加企业经济效益献计献策。通过信合有机稻米专业合作社理事长、有机水稻覆膜技术创始人姚宏亮介绍,专家们了解了有机水稻覆膜技术具有增产、除草、防虫、抗倒伏、抗病、保肥、节水、促早熟、保护生态环境等优点,但是在实际生产中也存在着诸多问题。体系专家们通过实际调研与合作社在原有覆膜有机水稻栽培技术基础上共同研发了起垄覆膜种稻技术,该技术采用超早育秧技术,秧龄达到 50 ~ 55 天左右,带蘖下田;水稻移栽前,在田间起垄覆膜,提高地温的同时有利于保水控草;垄宽 70 厘米,垄上双行水稻,水稻在田间呈宽窄行分布,有利于通风透光,提高水稻光能利用率,提高水稻产量。秋收季节通过机械现场实收,获得了折合亩产 724.62 公斤的好成绩。[1]

---

[1]　案例来源:《端稳绿色有机"金饭碗"推动黑龙江农业高质量发展》,三农帮平台。

（6）浙江经验。

科技创新助推农业农村现代化的浙江实践。浙江以数字化改革为牵引实施"双强行动"助推农业农村现代化，通过科技强农、机械强农政策，全力抓好农业农村高质量发展，不断提升农业生产水平、农村治理水平和公共服务水平，促进农民收入持续快速增长，为进一步推进农业农村现代化奠定重要产业基础和物质基础。

要实现农业生产现代化，数字化、科技化必不可少。嘉兴桐乡市通过数字手段上线"兴羊富民"数字应用，科技赋能打造湖羊种、产、加、销一体化全产业链管控，将湖羊打造成地区特色农产品品牌。一是智慧养殖。桐乡围绕"四化同步""六高集成"，建设湖羊"未来农场"，通过智能装备电子耳标、物联网平台数据采集等方式，选取优质种羊，提高布病防控、饲养技术水平，并汇总历年出栏量、肉产量等数据，开发湖羊集群建设项目。二是直产直销。桐乡发挥"浙江湖羊"地理标志农产品作用，打造数字化平台，展示冷鲜、分割、熟制等产品，直接发布产供销信息，从农户—贩运户—企业—消费者的传统模式转型为农户—企业的直产直销模式，有效提高农户收益。三是智能监管。桐乡从强制免疫、疫苗检测、检疫监管、流通调运四大块进行监管，确保对湖羊养殖场、屠宰场进行有效风险预警，实现"流调溯源＋风险预警"新机制；构建数字化追溯体系，通过对生产、屠宰、调运、消费全过程监管，实现闭环管理。"兴羊富民"数字应用2022年1月在桐乡上线以来，已覆盖市镇村场（户）四级主体4000多个，建设未来羊场2家，智慧羊棚11个，带动低收入农户年户均增收3600元以上，一般农户年户均增收2400元以上。①

---

① 案例来源：傅昌銮，孙鑫悦：《科技创新推动浙江农业农村现代化》，载于《中国社会科学报》，2022年11月1日。

9.2.3　农业政策提高农业绿色效率发展经验

在党的二十大报告中，第一次提出"加快建设农业强国"，这是党中央以全面建设社会主义现代化国家为目标而做出的重大决策，为新时代、新征程上的农业农村现代化指明了前进的方向。守护这片蓝天，守护这片纯净，坚持生态优先，绿色发展，一代代人不懈奋斗，为建设一个青山常在、水常流、空气常新的美丽中国而奋斗。

（1）山东经验。

改革开放以来，由于农业发展过于粗放，曾造成了农业面源污染严重、土壤退化加剧、农产品质量安全事故时有发生的局面。在对这一突出问题进行有效治理的同时，也在对其进行深入研究。因为人们认识上的渐进性，这些政策更多的是对当时农业生产中所面对的具体问题和主要矛盾从某个方面做出的必要反应，因此，必然会出现各管一段、各管一块，甚至会出现交叉重叠等问题，从而很难将农业发展方式粗放、农产品供给适应性差的情况完全转变过来。

面对这种情况，习近平总书记在 2020 年年底召开的中央农村工作会议上提出"要深入推进农业供给侧结构性改革，推动品种培优、品质提升、品牌打造和标准化生产"的要求。随后，作为一项从更高层面和更深层面上推动农业绿色发展的公共政策，在全国范围内快速开展了"三品一标"工程，这标志着我国农业绿色发展已经进入了综合改革的新时期。

农业绿色发展综合改革，重点是绿色和稳定。实施"三品一标"工程，不能仅仅是单纯的绿色，要在推动农业绿色发展的同时，保证以食品为代表的其他重要农产品，在数量、质量、品种三个层面上实现有效供给的有机统一。这不仅是国家发展现代农业的第一要务，也是系统规划农业绿色发展的基本遵循。

山东在全国率先出台了农产品"三品一标"提升工程实施方案，对全省农产品的品种培育、质量提升、品牌创建、标准化生产等工作目标、重点任务和具体举措进行了系统的规划。

目前，山东种业的研究和开发仍以研究机构为主，但种业的市场化和产业化程度还不高，尤其是种业的规模还不大。山东省的种业在2020年实现了89.63亿元的销售收入，仅德国的拜尔公司就实现了106.7亿美元的销售收入，比山东省所有公司的销售收入都要高出8倍以上。要构建出一个以企业为主体，高校院所、种业企业等优势创新资源共同参与的产学研协同创新现代育种体系，构建出一个"政产学研金服用"密切合作的创新生态，构建出一个共享的技术平台，从而构建出一个有较强竞争能力的种业集群。

黄河三角洲作为我国第2个国家级农业高技术开发区，肩负着率先实施"盐碱地综合整治"等重大战略任务。为贯彻习近平总书记对东营的重要指示，以"黄三角"为依托，以"三江平原"为核心，以"三江平原"和"四江源"为重点，黄河三角洲以耐盐碱的功能粮食、中草药、牧草、肉牛等为重点，吸引国内外种业强企、名企、龙头企业入驻，构建一个全链条、全周期的种业生态系统，促进盐碱地种业从大到强。在此基础上，综合提高盐碱土的绿色化发展技术，进行盐碱土水稻改良示范、水肥结合示范，构建"粮经饲"相结合的滨海盐碱土多元种植技术体系。

山东的一些农业产品，如大豆、玉米、马铃薯等，由于其自然禀赋、产业集群效应和育种研究开发等，在国内都有比较优势，因而具有很大的发展潜力。但受产业政策、农民种植习惯和机械化程度等因素的影响，其开发潜力尚未充分发挥。要充分发挥黄豆及其他深加工企业的带动作用，大力发展黄豆条条连作方式，完善黄豆生产补贴政策，搭建网上销售平台，积极发展山东黄豆贸易，打造"山东大豆"品牌。要进一步提升玉米的生产技术和烘干能力，培育抗腐烂、抗毒素的玉米新品种，为玉米的全产业链开发提供更优质的原料。要争创国家马铃薯全产业链发展试点项目，充分利用省内机关企业在育种方面的优势，构建一套推动马铃薯全产业链发展的机制，对马铃薯的蛋白、纤维、变性淀粉和功能食品进行深度加工，提升马铃薯的深度加工水平，在全国范围内起到带头作用。

（2）海南经验。

在全球气候变化、土壤退化、地下水污染等环境问题日益突出的背景下，由传统农业发展到绿色循环农业已成为当务之急。FAO 海南"畜牧－沼气（蚯蚓）－作物"的绿色循环农业技术支持计划于 2020年在三亚开展，实施时间 2 年。该项目意在突破传统单一栽培方式的限制，实现低资源消耗、低污染物排放和高效率的综合利用。

绿色循环农业发展技术援助项目不仅可以节约资源，增加农民收入，而且对环境也很好，还克服了疫情的影响，引进了 30 余名当地农技人员，通过培训，掌握了养蚯蚓、粪肥、沼液等技术。海南各地市、县、乡的 450 多位农民走出了"田间学校"。该技术能最大限度地利用农业废弃物，在绿色农业和循环农业方面具有广泛的应用前景。在"畜牧—沼气（蚯蚓）—作物"这一可复制可持续的基础上，海南可与其他区域或国家开展合作，对"畜牧—沼气（蚯蚓）—作物"这一方式大力推广。

联合国粮食和农业组织出资 21 万美元，免费向海南开展"绿色循环农业"计划。为了保证该项目的顺利进行，海南省农业厅在

2020年度和2021年度分别拨出了30万元的专项经费，三亚市"南繁科技研究院"则拨出了33万元的硬件设备。

该项目拟以三亚市"崖州北岭"黑山羊饲养场为依托，以"沼气"工程与"蚯蚓"生化处理技术为核心，以"黑山羊饲养场"为核心，利用"蚯蚓"处理畜禽粪便、粪便、沼液为"芒果"等作物的高效利用，形成一套完整的技术与方法体系。在项目实施过程中，示范区内的沼液、沼渣综合利用率达到了100%，化肥用量降低了30%以上，使土壤的理化性质得到了极大的改善，使区内所生产的芒果的品质得到了明显提升。项目将养殖业、农业农村能源建设、种植业有机地结合在一起，制定了沼渣沼液养分管理技术规范，并以参与式培训的方式向农户普及，达到资源低消耗、污染物低排放、资源高效利用的目的，达到农业经济生态和社会效益的最大化。

海南具有得天独厚的自然资源，占据了中国近半数的热带陆地面积，空气、水、环境等都是世界一流的，因其独特的地理位置和气候条件，海南的生态循环农业成为一个重要的发展方向，也是一个显著的亮点。项目的开展将显著提高海南畜禽粪便资源化利用水平，实现农业废物的能量与肥料资源的多层次综合利用，形成一套以"农夫田径场"为核心的生态循环农业标准体系，提升农户、农业企业、政府部门的安全生产能力，并带动其观念与行为的转变，是FAO国际经验在中国应用的新典范。

海南有80%的土地在农村、60%的户籍人口是农民、20%的GDP来自农业，海南的农业农村事业大有可为。该项目的开展，将为海南打造生态循环农业示范省增添新的元素、新的内容，并将在未来以"碳达峰、碳中和"为核心，推进农业的绿色转型，推进农业的高质量发展，使"绿色"成为农业最亮丽的底色。

（3）内蒙古经验。

近年来，内蒙古大力发展富碳农业，通过对工业企业的二氧化碳进行回收，实现了农业生产环节的资源化，提高了农业的经济效益，促进了农业的绿色化、高质量发展，从而有效地降低了二氧化碳的排放量，促进了乡村振兴与"双碳"的协调发展。

内蒙古在发展富碳农业方面有着得天独厚的条件，二氧化碳气体和肥料在附近运输，降低了生产成本。收集企业会将本地的煤化工企业中二氧化碳进行回收，并对其进行进一步的提纯和压缩，从而变成二氧化碳液态，或者变成干冰，用于农业生产。对于企业来说，这是一种将废物转化为资源的方式，它的副产物可以提高收入，而对于农民来说，二氧化碳气体肥料可以提高产量。

在内蒙古自治区内，当地农民经常在作物上使用二氧化碳气体肥料。二氧化碳气体肥料对作物的作用主要有以下几个方面：一是二氧化碳气体能使作物长势旺盛，抗病性提高，农药使用可降低 50% ~ 60%，从而有效地保证了农产品的绿色安全；二是粮食的品质得到了显著的改善，粮食的干物含量和含糖量都提高了 20% 以上，粮食的味道变得更好了，同时粮食的价格也得到了一定的提高，粮食的储藏期也得到了很大的改善，这有利于粮食的品牌化；三是蔬菜的产量大大提高，可以提前 10 天上市，并且水果蔬菜的病害较少，能使果实的收获期大大延长，从而大大提高了设施农业的经济效益；四是二氧化碳气体肥料能使作物根系发育，增强植株的抗倒性，并使土壤有机质含量升高，从而达到改良土壤的目的。富碳农业对于提升农产品品质、拓展市场等方面有着重要的作用。一般的温室在 27 ~ 28 摄氏度时要打开通风，增加二氧化碳后，可将温度降到 32 ~ 33 摄氏度时再打开通风，减少温室内的病虫害。作物在二氧化碳浓度高于 1000ppm

时，在水分适宜的条件下，45 摄氏度以上时仍然能进行光合作用，同时高温闷棚能够有效杀灭病虫菌。小番茄和茄子的采收时间由原来的 4~5 个月增加到 8 个月。

在内蒙古林格尔县呼和浩特市清源种养专业合作社的温室内，设置了 30 立方米的二氧化碳气体储存箱，施用二氧化碳肥料，取得了显著的成效。以前的草莓，在大棚里，只有三个月的时间，果实成熟后还经常被红蜘蛛和其他害虫缠身。施用二氧化碳气体肥料后，再也没有病虫害发生，果实的成熟时间延长了 2 个月，产量提高了 50% 以上。

发展富碳农业，通过对工业企业产生的二氧化碳进行回收，既能促进农业增效、农民增收和农村产业升级，又能有效降低企业碳排放，为"双碳"做出贡献。

（4）广东经验。

为加快推进绿色种养循环农业试点，推动畜禽粪污资源化利用和农业绿色发展，根据《财政部关于下达 2022 年农业资源及生态保护补助资金预算的通知》和《农业农村部办公厅财政部办公厅关于开展绿色种养循环农业试点工作的通知》部署要求，结合广东省实际，广东省制定了《广东省 2022 年绿色种养循环农业试点实施方案》。

奖补内容。结合当地畜禽粪污资源化利用主推技术模式，对下列工作内容进行奖补：一是对粪肥收集、堆沤处理、施用到田等重点环节服务；二是根据当地实际需要开展畜禽养殖场对接到农田的沼液管道设施输送与施用模式试验示范；三是对开展有机肥资源调查、粪肥还田试验示范、效果监测、粪肥质量抽查、宣传培训和项目管理等基础性工作。补贴政策实施范围仅限耕地和园地（不包括林地和草地），优先安排粮食和蔬菜生产，特别是保障粮食安全的需要，兼顾水果、茶叶、南药等经济作物。项目资金不得用于补助畜禽养殖主体畜禽粪污处理设施建设和运营,粪肥还田利用机械可通过农机购置补贴应补尽补。

补贴标准。一是粪肥还田服务补贴,项目县因地制宜合理测算各环节成本费用,补贴标准不超过本地区粪肥收集处理施用总成本的30%。对提供粪肥收集、处理和施用全环节服务的专业化服务主体,可依据还田面积按亩均标准打包奖补;二是商品有机肥施用服务补贴,对确有必要实施商品有机肥施用服务的,优先选用以本县畜禽粪便为主要原料生产的商品有机肥。商品有机肥每吨补贴不超过350元,补贴资金不超过项目资金总额的10%;三是从养殖场对接到邻近农田铺设的畜禽粪污输送管道设施可按一定标准予以补贴,需制定相关建设方案和资金测算;四是试验监测、宣传培训和项目监管等基础性工作所需各项费用予以直接补助。

(5)江苏经验。

加快农业绿色发展。加快推进生态循环农业建设,推广农牧(渔)种养结合生态循环发展模式,开展省绿色优质农产品基地建设,加强绿色食品、有机农产品认证和管理。发展林业循环经济,推进林木种苗和林下经济高质量发展。推进水稻、蔬菜绿色高质高效创建,开展实施农田排灌系统循环生态化改造试点。推进农作物秸秆综合利用,促进畜禽粪污资源化利用,示范推广全生物降解地膜及一膜多用等地膜减量替代技术。推进化肥农药减量增效,建设有机肥替代化肥示范区(片)。到2025年,农作物秸秆综合利用率稳定达到95%以上,畜禽粪污综合利用率达到95%,重点区域化肥农药施用量实现负增长。推进农业节水,推广水肥一体化、浅水勤灌等灌溉模式。实施耕地质量保护提升行动,开展耕地土壤酸化治理。落实养殖水域滩涂规划，推广水产生态健康养殖技术，推进养殖尾水达标排放或循环利用。完善相关水域禁渔管理制度，严格落实长江"十年禁渔"。加快一二三产业融合发展，促进农业向生态、生活功能拓展。

为全面推进乡村振兴，2023 年江苏省委省政府明确要求"大力推进畜禽粪污资源化利用，建设绿色种养循环农业试点县 16 个，促进种养循环、农牧结合"。省农业农村厅坚持问题导向，谋定主攻目标，以接续实施绿色种养循环农业试点为抓手，在六个方面精准发力、创新实施，扎实推进粪肥就地就近还田利用，把"堵点变通点、痛点变亮点"，确保全省畜禽粪污综合利用率稳定在 95% 以上。一是在强化政府主体责任上精准发力。二是在培育社会化服务组织上精准发力。三是在"链式合作"机制构建上精准发力。四是在扶持政策创设上精准发力。五是在优化技术模式上精准发力。六是在监督管理上精准发力。

9.3　国内外经验启示

（1）提升科技水平，推动农业绿色效率增长。

利用科技手段一直是国内外提高农业绿色效率不可或缺的方式之一。在美国，私人企业和政府部门通过农业科技投资来提高农业科技水平，私人企业主要聚焦于经济效益较高的农业科技研究领域，而政府部门则致力于投资社会效益较大的基础性和应用性研究。这种联合的投资模式极大地推动了绿色农业科技的进步与应用，为绿色农业产业的发展带来了巨大的潜力。日本重视农业人才的培养，为绿色农业科技的发展提供了坚实的人力资源支持，在学校有农业教育体系的建设，在农场为农民提供专业职业培训和技术指导，在农业科研研究所推动农业技术的创新和应用，这一系列措施环环相扣，为农业可持续发展打下了坚实的基础。在国内，湖南省采用了水肥一体化装置，实现了自动化操作省肥、节约水资源、省工省力的目的；山西省推广了一套较为成熟的农业肥料减量增效技术，有效缓解了耕地污染；四川省通过与科研院所合作，筛选引进农作物新品种，打造重要绿色农业产业园。农业科技水平的提高不仅能够促进高效的农业生产和可持续发展，还能实现农业与生态环境的和谐共生。

（2）完善农业生产体系，打造绿色农业发展新局面。

不断完善农业生产体系，培育出农业新业态新模式，对于提升农业绿色效率有重要意义。在生产模式上，日本由于山地较多，土地资源短缺，所以采用集约化的生产模式，利用现代化的技术和科学知识，不断推进农业生产的高效化和可持续发展。美国则致力于完善农业生产体系，通过提高农业机械化水平，以及智能化设备的广泛应用，使农田作业更为精准化和自动化，降低了人力成本，节约了时间和资源。在中国，促进一二三产业的融合发展是绿色农业发展的新方向，江西省提出"六大产业链"的工作方案，创建了一个绿色、高效和可持续的农业发展模式；河南省正形成新型的农业发展模式，如生态农业、绿色农业、循环农业等，创造一个资源节约、环境友好、产业高效、农民增收的农业发展新局面；吉林省为推进特色一二三产业的融合式发展，开展生产具有特色、生产聚集、产业整合、市场竞争激烈的各类国家级和省级特色农产品优势区。积极促进农业产业结构的优化升级、综合效益的提升，能够为农业的高质量发展注入新的动能，有效提升农业绿色效率。

（3）节约资源保护生态，扩大绿色发展格局。

节约资源、保护生态有助于实现资源的最大化利用，提高生产效率和环境可持续性。日本农民资源合作共享使农民能够共同利用设施设备，带来了经验和技术的共享，农民之间可以交流种植管理经验、技术知识和最佳实践，共同解决农业生产中面临的问题，这种经验和技术的共享不仅提高了农业生产的效率，还可以降低环境污染和对自然资源的消耗。澳大利亚为应对耕地狭小的问题，十分重视对农业生产要素如土地、水资源和气候的保护和管理，采取了一系列措施来保护和合理利用水资源，鼓励农民采用可再生能源，推行有机农业，减少农业化学物质的使用，以促进农业生产向环境友好型转变。节约资源和保护生态促进了农业生产的规模效益和专业化，提高了资源的利用效率。

（4）坚持农业政策导向，引领绿色农业高质量发展。

党的二十大提出"加快建设农业强国"，这是党中央以全面建设社会主义现代化国家为目标而做出的重大决策。为此，各地方政府积极响应二十大的号召。山东省率先出台了农产品"三品一标"提升工程实施方案，对全省农产品的品种培育、质量提升、品牌创建、标准化生产等工作目标、重点任务和具体举措进行了系统的规划；海南省开展绿色循环农业技术支持计划，最大限度地利用农业废弃物，实现低资源消耗、低污染物排放和高效率的综合利用；内蒙古大力发展富碳农业，通过对工业企业的二氧化碳进行回收，实现了农业生产环节的资源化，提高了农业的经济效益，促进了农业的绿色化、高质量发展，从而有效地降低了二氧化碳的排放量，促进了乡村振兴与"双碳"的协调发展。绿色农业政策的导向为各地因地制宜发展农业提供正确的方向，为加快建设农业强国注入新活力。

第 10 章

政策建议和研究展望

10.1 政策建议

基于上述章节研究结论，本书认为要推动长江经济带绿色农业协同发展，既要从全域视角出发，有效提高长江流域整体农业绿色效率水平，也需因地制宜，针对不同区域优势制定差异化的绿色农业发展思路。

10.1.1 优化农业资源配置和投入结构，推动农业绿色效率增长

根据研究结论，长江经济带农业绿色效率值整体呈波动上升趋势，但仍存在农业绿色效率损失的问题，主要原因是农业生产过程中投入要素和非期望产出的冗余。为了进一步提高长江经济带的农业绿色效率，要优化长江经济带农业资源配置和投入结构。

第一，优化农业科技投入。农业科技创新是提高农业生产效率的重要途径。要优化农业投入结构，首先需要加大对农业科技研发和创新的投入。投入科技研发资金，建设农业科研机构和实验基地，培养高水平科研人才。通过加强科研和技术创新，可以不断提升农业生产技术水平，推动农业现代化进程。同时，将科技成果广泛应用于农业生产实践中，通过示范推广和培训，将先进的农业技术和管理模式传递给广大农民。例如，发展精准农业技术，利用遥感、地理信息系统等技术手段，实现农田的精确施肥和灌溉，提高农作物产量和品质。

第二，合理利用土地资源。土地是农业生产的基础，合理利用土地资源对于农业可持续发展至关重要。优化农业投入结构需要重视土地资源的保护和合理利用。首先，加强土地利用规划和管理，科学合理布局农田和农业用地。根据土地的质量、水资源、生态环境等因素，合理确定农作物种植结构和农业发展布局，确保土地利用的高效和可持续。其次，推广多种经营模式，提高土地的综合利用效益。多种经营可以通过农作物轮作、农林牧结合、农田与渔业结合等方式，提高土地的资源利用效率，增加农民的收入。此外，加强农田水土保持和生态修复工作，通过合理的水土保持措施和生态恢复措施，减少水土流失和土地退化，保护农田生态环境。

第三，优化农业投入结构。优化农业投入结构是提高农业生产效率和可持续发展的重要手段。首先，加大对农业基础设施建设的投入。提高农田水利设施、农业机械装备和农产品加工设施的水平，改善农业生产条件，提高生产效率和产品质量。其次，注重农业技能培训和人才引进。加强农民的农业生产技能培训，提高农业从业人员的综合素质和管理水平，有助于提升农业劳动生产率和创新能力。此外，推动农业产业结构调整，加强农产品加工和农业产业链的发展，提高农产品的附加值和市场竞争力。通过加强农产品的深加工和品牌建设，提高农产品的附加值和市场竞争力，增加农民的收入。

第四，促进农业废弃物资源化利用。具体而言，可以有如下做法：推进农作物秸秆资源化利用，指导长江经济带以县为单元编制全量化利用实施方案，提高秸秆综合利用的区域统筹水平。坚持农用为主、五料并举，积极推广深翻还田、捡拾打捆、秸秆离田多元利用等技术，指导创设秸秆还田离田利用政策机制，培育秸秆资源化利用产业化龙头企业，推进秸秆产业化发展；推进农膜废弃物资源化利用，坚持源头控制、因地制宜、重点突破、综合施策；不断完善农膜回收网络，加大农用地膜新国家标准宣贯力度，加快推广应用加厚地膜。探索应用全生物可降解地膜；开展农业面源污染综合治理示范区建设，抓好长江经济带重点流域农业面源污染综合治理示范区建设，可以以县为单位，坚持源头控制与过程防治相结合、农艺措施与工程措施相结合、面上推进与示范创建并举，推动农业面源污染示范区建设与农业发展有机结合，打造一批生态循环农业模式。

10.1.2 建立健全农业绿色效率的监测和评估体系，监管好化肥农药的使用

加强监测和评估对于长江经济带农业绿色效率的提升至关重要。建立健全的监测和评估体系能够及时了解农业绿色效率的变化情况，为政策制定和决策提供科学依据。同时，加强对农业政策的监测和评估可以确保政策的有效实施和效果的持续改进，推动农业向更加绿色、可持续的方向发展。

首先，应该建立综合的农业绿色效率监测指标体系，包括农业资

源利用效率、环境污染情况、社会经济效益等方面的指标。这些指标可以反映农业生产的绿色化水平和可持续性，为政策制定提供科学依据。其次，需要建立定期和动态的监测机制，及时收集和整理相关数据。可以利用遥感技术、地理信息系统等现代技术手段，对农田面积、作物种植情况、农业投入使用情况等进行遥感监测和空间分析，实现对农业绿色效率的实时监测。同时，还应该加强对农业生态环境的监测，包括土壤质量、水质状况、生物多样性等方面的监测，以评估农业生产对环境的影响。在监测的基础上，还需要进行全面的评估和分析。可以采用定量和定性相结合的方法，对农业绿色效率进行评估。在定量评估方面，可以利用数据统计和数学模型，分析农业生产过程中的资源利用效率、生产效益和环境效益等指标。此外，还可以进行经济效益评估，分析农业绿色发展对农民收入和农村经济发展的贡献。在定性评估方面，可以采用问卷调查、专家访谈等方法，了解农民和相关利益相关者对农业绿色效率的认知和评价。通过综合定量和定性评估的结果，可以全面了解农业绿色效率的现状和问题，并为政策制定和决策提供科学依据。最后，还应加强对农业政策的监测和评估，确保政策的有效实施和效果的持续改进。可以建立政策评估指标体系，对农业政策实施的效果进行评估。比如，可以对农业产业发展政策、农业补贴政策、农业环境保护政策等进行评估，了解政策对于农业绿色效率的影响和推动作用。通过监测和评估，可以发现问题和不足之处，并及时采取措施进行调整和改进，推动长江经济带农业绿色效率的提升。

随着人们对环境保护和可持续发展的关注不断增加，对于农业绿色效率的监测和评估需求也日益迫切。长江经济带作为中国重要的农业生产区之一，具有丰富的农业资源和潜力。然而，农业生产过程中存在着一系列的环境问题，如过度使用化肥农药、土壤污染、水资源浪费等，这些问题给农业可持续发展带来了挑战。对于化肥农药的监管，具体而言，可以有如下做法：第一，推进化肥农药减量增效，支持长江经济带实施化肥使用量负增长行动，选择一批重点城市开展化肥减量增效示范，加快技术集成创新，集中推广一批土壤改良、地力培肥、治理修复和化肥减量增效技术模式，探索有效服务机制，在更高层次上推进化肥减量增效；第二，推进农药减量增效，支持长江经济带实施农药使用量负增长行动，建设一批病虫害统防统治与绿色防控融合示范基地、稻田综合种养示范基地，选择一批重点城市开展果菜茶病虫全程绿色防控试点，大力推广一批行之有效简便易行的绿色防控技术，扩大绿色防控覆盖范围。推进统防统治减量，推行政府购买服务等方式，扶持一批农作物病虫防治专业服务组织，推进高效药械减量，示范推广高效药械、低毒低残留农药，引导农民安全科学用药；第三，推进有机肥替代化肥，支持长江经济带在果菜茶优势产区、核心产区和知名品牌生产基地，全面实施有机肥替代化肥政策，集中打造一批有机肥替代化肥、绿色优质农产品生产基地，加快形成一批可复制、可推广、可持续的组织方式和技术模式。

10.1.3　优化农业生态治理与创新体系，推进农业绿色转型发展

根据对长江流域特点的深入调查和分析，为了促进长江经济带绿色农业协同发展，优化农业生态治理与创新体系尤为关键。

首先，需要深入调整农业结构，优化生态治理体系，以适应长江

流域的特殊环境条件。这包括通过科学合理的规划和布局，合理安排农业产业发展的优先次序，使其与区域特点相匹配。在这个过程中，需要大力培育特色农业，通过挖掘和发展当地农业的独特特点和优势，为农产品赋予独特的品牌价值。同时，还要推进农业综合开发，通过整合资源，提高农业的综合效益。

其次，需要加强农业科技创新的驱动力。建立健全农业科技协同创新联盟，促进农业科技创新成果的快速转化和应用。这不仅包括改进传统农业生产技术，还包括推动农业发展从以产量为主导到数量质量效益并重的转变，注重农业科技创新和可持续发展。通过引入先进的农业生产技术和管理方法，提高农业生产的效率和质量，降低资源消耗，减少环境污染。

最后，需要引导长江流域不同地区发挥各自的比较优势，构建各具特色的农业现代化新格局。具体而言，长江下游地区应以农业资源的精细开发为导向，大力发展现代精准高效农业。这包括采用先进的农业技术和管理方法，实施精确施肥、精确灌溉等措施，提高农业生产的精准性和效率。长江中游地区应充分发挥农业资源的综合优势，加快推进规模化农业，通过整合农业生产要素和优化农业布局，提高农业生产的规模化程度和综合效益。长江上游地区应依托特色农业资源优势，着力发展现代生态农业，通过保护生态环境、推广有机农业等方式，实现农业的可持续发展。优化农业生态治理要继续加强生态保护和修复治理，更要重视支持绿色发展示范、生态产品价值实现机制试点等工程项目，要重视支持引导、鼓励地方建立横向生态保护补偿机制，推广一批典型经验案例，推动建立长江全流域横向生态保护补偿机制，要重视支持引导、鼓励地方探索市场化多元化生态保护补偿机制。

10.1.4　建立健全绿色农业标准体系，促进长江经济带农业绿色发展

　　建立绿色农业标准体系是促进农业可持续发展和提高农产品质量与安全的重要举措。在此过程中，首先需要制定完善的农业投入品与产地环境技术标准。这些标准应当精确规定农业投入品的使用方法和限制，确保其符合环境友好和绿色农业发展的要求。比如可以详细规定农药使用剂量和时间限制，禁止过量使用；设定化肥施用标准以防止超标污染；设计覆盖率阈值管控农膜使用强度；对土壤重金属及农药残留设限值，定期监测质量；对养殖区周边水源设置禁区和养分控制标准；监测水质指标保障农产品质量。同时，对农业生产过程中的产地环境也应制定相应的技术标准，以确保农产品的质量和安全。为了推进农业标准化生产，需要重点清理与农业绿色发展不适应的标准和行业规范。这些不适应的标准可能存在对化学农药、化肥等农业投入品的过度依赖，或对环境保护和生态可持续性的要求不足等问题。通过清理这些不适应的标准和规范，可以引导农业向绿色化、生态化的方向转变，提高农产品的品质和营养价值。当然也需要吸收新技术新知识，落实标准要有前瞻性与连续性，以科学方法促进标准优化完善。

　　此外，完善农产品质量安全认证管理也是建立绿色农业标准体系的重要一环。在认证过程中，应加强对农产品质量安全的管控，确保农产品符合相关的标准和要求。为了提升绿色农产品认证的公信力，需要建立统一的绿色农产品市场准入标准，确保认证程序的公正性和透明性。这样可以增强消费者对绿色农产品的信任度，促进绿色农产

品的销售和市场发展。为了加强农产品质量安全监管，应建立农产品质量安全追溯制度。该制度能够追踪农产品的生产、加工、运输和销售等环节，确保农产品的来源可追溯，防止农产品质量问题的发生。同时，还应加强对农产品生产主体的规范、引导和转变，提高其对农产品质量安全的重视和管理意识。通过加强质量安全监管，可以有效提升农产品的质量和安全水平，增强农业绿色发展的质量效益和竞争力。

10.1.5 完善农业生态补贴补偿制度，强化农业绿色发展制度保障

完善农业生态补贴补偿制度是实现农业绿色发展的重要举措，旨在创新体制机制、形成激励有效、约束有力的绿色发展制度环境，并完善农业支持保护制度，建立以绿色生态为导向的农业补贴制度。具体来说，可以明确将生态环境保护目标写入农业补贴政策的制定原则和实施方针中，例如明确补贴标准将根据农业生态环境保护情况划分等级，重点支持生态保护用地和绿色农业技术等。同时，也可以探索以生态效益为导向的新型农业补贴模式，比如可以通过以生态边际收益为标准计算生态补偿费用，从而直接激励农户建立起生态保护的能力。这将有力促进农业生态环境从被动承载角色，转变为农业发展的主动推进者。传统农业补贴过于侧重直接支持农产品价格或增产措施，促使部分地区采取效率主义的"种地至上"发展模式，忽视环境承载限制。但从长远来看，这并不利于建立高质量、效率和可持续的农业体系。因此，需要进一步优化农业补贴方式，促进农业绿色转型。一方面可以逐步减少直接影响农产品价格的"黄箱补贴"，转向

生态治理和重点支持生态保护设施建设及优质农产品生产等"绿箱补贴"。同时也可以探索以支付环境服务为导向的新机制，比如根据区域生态功能区规划，给予不同生态功能区不同程度的补贴支持。这将有效促进农业优化布局和生态效率的协同提升。另一方面，也可以研发绿色保险制度，比如大气污染事件损害保险、水土流失保险等，弥补由人为因素导致的环境损害给农户带来的经济损失。这将有力推动农业从走"损人"模式，向"利他"模式转变。

但长此以往，农业补贴主要依靠财政资金支持，这也难以保证资金的持续供给，探索多元化融资机制成为迫切问题。一方面，可以鼓励社会各界向生态环境保护机构或基金会等捐赠，支持农业绿色项目建设。同时开展农业环境保护专项债券发行，吸引社会资金参与。这将紧扣民意，也利于促进社会参与度。另一方面，也可以推进农村金融体系改革，鼓励农业银行等金融机构开设"绿色信贷"产品，根据农业项目的环境影响给予不同备贷率和利率优惠政策。同时也可以探讨建立公私合作的"生态补偿基金"，依靠居民缴纳"生态补偿费"等资本充实。这将极大拓宽农业环境项目的资金渠道。

10.1.6　强化农业绿色发展意识，构建流域农业现代化发展新格局

长江经济带绿色农业建设近年来虽取得一定成效，但由于既往农业污染、重化工污染及城镇化迅速发展等造成绿色功能严重退化，其绿色环境保护形势仍旧严峻。因此，要强化农业可持续发展理念，扭转农户传统生产行为，推广农业低碳技术，加快绿色农业产业转型升级。一方面，综合考量长江经济带资源环境承载力，在推进绿色农

业、工业和城镇化发展之前，需要对长江经济带的资源环境承载力进行全面评估。这包括土地资源、水资源、空气质量、生态保护等方面的评估。通过科学准确的评估结果，可以为决策者提供重要的参考，确保发展的可持续性和生态平衡。建立流域农业污染防治联动协作机制，长江经济带各级政府、相关部门和行业应建立一个联动协作机制。该机制可以包括定期召开联席会议、建立信息共享平台、制订联合行动计划等。各方应共同制定目标、任务和责任，并建立有效的沟通渠道，确保各项工作有序推进。协调推进流域内绿色农业、工业以及城镇化良性互动。同时，加大绿色农业生产相关知识的宣讲力度，线上线下相融合完善农业绿色化宣传普及。针对不同的受众群体，可以设计不同形式和内容的宣传活动，加强培训和知识普及，创新宣传形式和内容，强化专家和技术人员的宣传力量，建立宣传平台，加强监测和评估，加强与农业机构和组织的合作，增加政策支持和激励措施，可以提高农业绿色化宣传的效果和影响力，推动长江经济带农业绿色化发展。

另一方面，结合长江流域地理区位特点，深入调整其农业产业结构，充分识别并发挥流域内上中下游地区的比较优势，推动形成长江经济带上中下游优势互补的农业产业分布格局，培育具有长江流域地区特色的绿色农业。长江流域自上而下分为上游、中游和下游三个地区，每个地区都具有独特的自然资源和经济条件。上游地区拥有丰富的山地和水资源，适宜发展特色农产品和生态农业；中游地区土地肥沃，适宜发展粮食和经济作物；下游地区气候温暖，适宜发展蔬菜、水果和水产养殖等。在调整农业产业结构时，应充分发挥上中下游地区的比较优势，优化农业产业结构。通过发展特色农产品、加强粮食和经济作物的种植以及发展蔬菜、水果、水产养殖和农旅融合等产业，可以实现上中下游地区农业产业的优势互补，提高农业经济效益和资源利用效率。为了培育具有长江流域地区特色的绿色农业，需要加强农业科技创新支持。通过加大对农业科研机构和高校的科研经费投入，推动农业技术的示范和推广，以及推进农业机械化和信息化发展，可以提升长江流域农业的竞争力和可持续发展能力。此外，加强上中下游地区之间的农业合作交流，组织农业产业对接和合作洽谈会，建立农业合作组织和平台，促进农业专家和技术人员之间的交流和培训，可以实现上中下游地区农业产业的互利共赢，实现农业产业分布格局的优化和协同发展。

10.1.7　坚持绿色理念指导农业现代化，推动农业绿色效率增长

长江经济带农业绿色效率虽表现为上升趋势，但从长远来看发展绿色农业最重要的就是扭转农业生产者行为，强化其绿色技术采纳意愿，促进农业绿色生产转型。因此，有必要加强绿色农业教育，强化农业可持续发展观念，用绿色理念指导农业农村现代化生产。一方面，要完善绿色农业知识宣传结构，通过线下宣讲、纸质媒体、网络媒体加大对绿色文明建设思想和农业绿色生产相关知识的宣传，提高农户对绿色农业的认同感和参与感。同时，应积极推广农业新型经营主体的农业绿色发展理论，加强新型农业经营主体的示范带动作用，进一步帮助农户转变生产观念。绿色农业作为可持续农业发展的一种模式，旨在保护环境、提高农产品质量和安全。然而，农户对绿色农业的了解程度不足，缺乏对其的认同感和参与意愿。因此，需要进行全方位的宣传，向农户传递绿色农业的理念和重要性。通过线下宣讲，可以在农村地区的农民培训中心、农业示范园和农民合作社等场

所，组织专家和技术人员进行讲座和培训，向农户普及绿色农业的概念、原则和实施方法，并介绍绿色农产品的市场前景和消费需求。这样的交流互动能够让农户更加深入地了解绿色农业的价值和意义。此外，纸质媒体如农业期刊和农村报纸，以及网络媒体如农业信息网站、农业微信公众号和农业短视频平台，也是传播绿色农业知识的重要渠道。通过邀请专家和农业技术人员撰写文章，介绍绿色农业的最新发展和成功案例，提供实用的技术指导和操作方法，可以向农户传递绿色农业的理念和实践经验。这些文章可以结合当地实际情况，针对不同的农作物和养殖方式，提供具体的建议和指导，帮助农户更好地实施绿色农业生产。

另一方面，应注重与农校类高校的合作，通过定期定向引进农业高素质人才，不断提高农户素养和知识水平，带动农业绿色生产。农校类高校作为农业领域的学术研究和人才培养中心，具备丰富的专业知识和先进的研究成果。通过与这些高校的合作，可以促进农业领域的学术化发展，将学术研究成果转化为实际应用，为农户提供更加科学、先进的农业生产方法和技术支持。在农校类高校与农户的合作中，应注重交流与互动，建立双向的学术合作机制。农户可以向高校提出自己的需求和问题，高校则可以根据农户的实际情况进行研究和开展相应的培训和指导。这种双向的合作可以更好地满足农户的需求，推动农业绿色生产的发展。另外，要加强高校教育与实践相结合的机制建设，提高农业高素质人才的培养质量。高校应当加强实践教学环节，组织学生参与实地调研和农业生产实践，增强他们的实际操作能力和绿色农业的实践经验。同时，要加强实践教学与学术研究的结合，鼓励学生在农业领域进行创新性的研究工作，培养他们的科研能力和创新意识。通过这样的机制建设，可以培养出更多具备实践经验和创新能力的农业高素质人才，为农业绿色生产的发展提供强有力的人才支持。

10.1.8　权衡农村劳动供给数量，提高农村人力资本质量

本书研究中发现乡村劳动力流动到城市一定程度上促进了农业绿色效率的提升，但在分析门槛效应的过程中发现农村劳动力输出对农业绿色效率的影响存在区间效应，起始乡村劳动力输出数量增加会显著提升农业绿色效率，但当其跨过某个门槛值后，这种促进作用开始削弱，这似乎与经济学中由税率和税收收入组成的拉弗曲线有一定的相似之处。因此，在鼓励乡村为城镇化建设输出人力资本的同时有必要给农村留有一定数量的人力资本满足保持农业生产力的要求，一味地输出劳动力可能对农业绿色效率产生反作用。其实，在农业生态化发展过程中，乡村劳动力投入在农业整个产业链中都起着不可替代的作用，加强农村人力资本积累，既着眼长远，又把握好当下。

从长远看，在推进农业绿色发展全局中，要更加注重提升农村教育质量和资源均衡，为乡村振兴人力资本蓄积提供源头活水，不断提升农村地区可持续发展能力和农村居民增收能力，加快缩小城乡差距，夯实共同富裕基础。农户的农业经营方式、知识素养以及农户本身作为劳动力要素投入生产均会对农业绿色效率产生较大的影响。此外，时代进步促进传统性粗放型农业向生态型、集约型农业的转换的进程，这对乡村劳动力提出了较高的科学文化知识要求。因此，在过去粗放型农业生产过程中形成的乡村人力资本，已很难适应现代生态型农业的发展要求。并且，乡村劳动力人口红利正在逐渐减弱，如何使农村留住人才对于建设生态三农颇为关键。本书特此提出要合理控制乡村劳动力向城市输出数量，在提倡乡村劳动力往城市输入的同

时，也要促进高素质劳动力向农村地区输出，倡导教育反哺。在促进城市化发展的同时务须兼顾农村地区的平衡发展，特别是农业生态问题，培养和引进农业绿色经营和管理人才，培养专注于生态农业发展的职业农民，带领乡民实现生态振兴和农业丰收，以及农村经济和生态环境均衡发展。在推动乡村劳动力向城市迁移的同时，采取措施控制迁移规模，以保持农村地区的基本劳动力和人口稳定，确保其正常的社会经济运转。加快推进农业农村现代化，农业农村现代化水平的提高将创造更多高质量就业创业机会，要通过完善激励政策，优化就业创业环境，吸引更多乡村人才回流，造就一大批家庭农业经营、农村合作社和龙头骨干企业的"农二代"接班人，促进乡村青年由身份标识向职业认同转变。同时，应积极促进高素质劳动力向农村地区输出，以实现农村地区的人才补充和发展。高素质劳动力的引进将为农村地区带来先进的知识、技术和管理经验，推动农业生产和农村经济的现代化发展。要注重培养能够引领一方、带动一片的农村实用型人才带头人，在农业实践中壮大新一代乡村企业家队伍、电商人才队伍、乡村工匠队伍，使农村人力资本在与新技术、新产业、新模式的结合中重塑乡村发展新动能。此外，倡导教育反哺的理念也非常重要，即通过教育培养的人才回馈其所在的农村地区，为当地的发展作出贡献。通过教育反哺，可以促进农村地区的人力资源开发和教育水平提升，进一步推动农村地区的发展。在推进城市化发展的过程中，务须兼顾农村地区的平衡发展，特别是农业生态问题的解决。农村地区作为农业的主要生产基地，需要注重保护生态环境，推动农业向绿色、可持续的方向发展。为此，需要培养和引进农业绿色经营和管理人才，他们具备专业的知识和技能，能够提供科学的农业生产方法和环境保护措施。同时，还需要培养专注于生态农业发展的职业农民，要以生态为导向，注重农田生态系统的平衡和农产品的质量安全，推动农村地区实现生态振兴和农业丰收。更要推动农民从务农向农业工人和乡土科学家转变，通过劳动技能和知识培训，引导农民从传统的农民、农民工向现代农业工人、新型农业经营主体身份转换；通过先进农业生产资料和农业机械设备使用培训、技术服务培训，促进农民提高自身科技知识、管理经验、技术技能等综合素质，成为有效掌握农业新科技、新机械、新农艺的现代农民；通过加大基层科研专项财政投入力度，激发广大青年农业科技工作者创新活力，大力培育乡土科学家，帮助更多农民从知识的应用者转变为知识的创造者。

10.1.9　加强农村金融建设，注重规模和效率的提升

绿色农业生产过程中的资金单靠农户自有资金难以支撑，主要依靠金融资源的支持。本书研究发现农村金融对农业绿色效率具有显著影响。同时，农地规模经营对农业绿色效率的影响也受到农村金融发展水平的约束。因此，必须加强农村金融的建设。在农村金融规模方面，金融资源配置占比低下、农村金融机构向乡镇地区下沉不足等问题突出，故有必要提高农村金融机构网点的覆盖面积，支持和鼓励各金融机构网点向乡镇下沉，政府应制定相关政策和法规，鼓励金融机构增加乡镇地区的网点数量，提供相应的财税优惠和奖励措施，以吸引金融机构积极参与农村金融服务。同时向金融机构提供贷款、担保等金融工具，以降低金融机构进入乡镇地区的运营成本，并提供相应的风险补偿机制，鼓励金融机构扩大在农村地区的业务规模。而农村金融机构针对农村居民的特殊需求，可以创新金融产品和服务模式，如农村小额贷款、农业保险、农村电商金融等，以满足农村居民的多

样化金融需求。同时也要加强信息技术支持，推进金融科技的应用，提高农村金融服务的便捷性和效率，例如推广移动支付、互联网金融等技术手段，让农村居民能够更便利地享受金融服务，政府和金融机构形成合力来提升农村金融服务的数量和质量。

此外，还应大力发展村镇银行、贷款公司、资金互助社等新型农村金融机构，放宽农村地区金融机构准入门槛，降低注册资本要求和监管要求，吸引更多金融机构进入农村地区，满足农户贷款需求。在农村金融效率方面，农村金融机构在市场化背景下，由于信息不对称、交易成本高、面临风险较大等原因，往往会出现资本从农村地区流出或资本流向非农产业，出现农村金融效率的伪提升，但这种效率的伪提升，反而抑制了农地规模经营对农业绿色效率的提升作用。应充分发挥政策导向作用，通过构建以政策性金融为主导的财政支农体系，强化政策性金融对农业生产的财政支持力度，在农村金融领域，政策性金融机构可以通过直接融资和间接融资等方式，向农业生产提供资金支持和金融服务，弥补传统金融机构在农村地区的不足，促使农村金融资源向农村地区回流，当前，由于农村金融机构的经营风险较高和收益较低，导致它们更倾向于将资金投向城市地区，而忽视了农村地区的金融需求。政府应加强监管和引导，通过制定明确的政策和规定，促使农村金融机构改善其业务结构，优化资源配置，更好地满足农村地区的金融需求，改善农村金融机构的"吸储外放"现象，实现真正意义上的农村金融效率提升。

10.1.10 促进农地规模经营，强化农村金融对农地规模经营的支持

本书研究结果证明农地规模经营在农村金融影响农业绿色效率

的过程中存在显著的中介效应。农地的规模经营是提高农业生产效益和资源利用效率的关键举措之一。规模经营可以实现农业生产的集约化、标准化和专业化，降低生产成本，提高农产品质量和市场竞争力，促进农业可持续发展。为了推动农地的规模经营，必须强化农村金融对农地规模经营的支撑作用。因而要推进农业的绿色发展就必须推广农地的规模经营以及强化农村金融对农地规模经营的支撑作用。

促使农地流转机制的完善和成熟是推进农地规模经营的重要途径。农地流转是指农户将自己的土地经营权流转给农业经营主体或其他农户进行规模化经营。通过流转，可以实现农地的集约化利用，提高土地利用效率，增加农民收入。各地区应切实落实和完善农地的"三权"分置制度，明确土地所有权、承包权和经营权的界定，确保流转交易的合法性和可靠性。同时，需要建立健全农地流转交易平台，提供高效、透明、可靠的交易环境，为农地流转提供便利和保障。要加大农地流转的法律保障。农地流转涉及土地权益的转移和农民的利益保护，需要建立健全的法律框架和制度机制。各地区应制定相关法律法规，明确农地流转的权利义务，规范流转的程序和条件，保障各方的合法权益。同时，要加大执法力度，打击违法违规的行为，维护农地流转市场的秩序和公平竞争环境。此外，还应加强法律援助和纠纷解决机制的建设，为农地流转中出现的纠纷提供及时有效的解决途径，保障各方的合法权益。同时要注重农村承包土地经营权抵押贷款、金融服务渗透土地流转环节等方面的金融制度和服务创新，提供个性化的金融产品和服务，满足农户的融资需求，降低融资成本，提高融资可获得性，解决农户贷款难的问题。

10.1.11 积极发挥地区联动发展优势，促进农业绿色协同发展

由长江经济带农业绿色效率的时空演变特征可知，当前农业绿色效率的地区分化效应较为明显。尤其地区行政边界的存在将长江经济带划分成了多个相对独立的子市场，制约了技术、知识、资本等生产要素流动，农业协同发展受限。因而，要推动长江经济带农业绿色的协同发展，就要打破地区行政界线，根据地区农业比较优势合理配置农业生产资源。经济发展水平和生产技术较高的下游地区可以积极发展外向型农业。这些地区可以充分利用先进的农业科技和管理经验，提高农业生产效率和产品质量，从而增加农产品的出口。同时，下游地区可以向中上游地区输送人才、管理理念和农业绿色生产先进技术。这种技术和经验的输入可以辐射带动农业绿色效率较低区域的发展，提升其农产品质量和竞争力。中上游地区则可以依托自身的不同优势向下游地区提供自然资源和廉价劳动力等。例如，中上游地区可能拥有更丰富的土地资源和水资源，可以向下游地区提供这些资源以支持其农业生产。此外，中下游地区还可以通过技术培训和合作项目，帮助上游地区提升农业生产技能和管理水平。这种合作和资源共享可以共同促进农业增效、农民增收以及农村增绿。此外，为有效治理农业污染排放问题，各地方政府应加强合作，建立区域农业污染防治联动协作机制，加强农业经济投资行为的监管和甄别，叫停高污染、高排放的农业生产活动。制定政策和法规，打破地区行政界线，为各地区之间的农业合作和资源共享提供便利。政府还应加强区域合作机制的建设，建立农业合作交流平台，促进各地区之间的信息共享

和技术交流。同时，政府应加大投资力度，支持农业科技创新和人才培养。通过加强科技研发和推广示范，提高农业生产技术水平和绿色效率。此外，政府还应加强农业基础设施建设，提供农业生产所需的基础设施支持，包括灌溉设施、农田整理设施和农产品加工设施等。同时，政府可以引导和支持企业参与农业产业链的发展，培育农业龙头企业，推动农业产业化和现代化进程。

10.1.12　实施差异化农业绿色发展政策，因地制宜推动农业绿色发展

各影响因素的空间非平衡性特点决定了各地区不能在促进农业绿色效率增长上采取一刀切的政策激励措施，并且各地区资源要素及经济基础等也均不相同，应根据长江经济带上、中、下游地区的农业资源优势及现行发展特点，实施差别化的农业绿色发展政策。

中上游地区应坚持城乡融合发展，加快培养新型职业农民和新型农业经营主体，健全农村社会化服务体系，缓解农村劳动力缺口矛盾；根据地区地理环境和农业生产特点决定农业经营合理规模，引进低碳农业机械以降低农业生产的非期望产出排放，改善农业环境。城乡融合发展是中上游地区推动农业绿色效率协同发展的重要战略方向。城乡融合发展旨在促进城市与农村的互动与互补，实现资源要素的优化配置和农业生产方式的转变。中上游地区应积极推动农村产业结构调整，引导农村劳动力向非农产业转移，培养新型职业农民和新型农业经营主体。通过提供职业培训和技术支持，提高农民的专业素质和经营管理水平，推动农业向现代化、产业化方向发展。同时，中上游地区还应健全农村社会化服务体系，为农业生产和农民生活提供

全面的支持。这包括完善农村基础设施建设，改善农村通信、交通、水利等基础设施条件，提高农村生活品质和生产效率。此外，还需要加强农村金融、教育、医疗等社会服务的供给，提高农民的社会保障水平和生活质量。此外，中上游地区应根据地区的地理环境和农业生产特点，合理确定农业经营的规模。根据土地资源的利用状况和农产品市场的需求，科学规划农业生产布局，避免过度扩张或资源浪费。同时，中上游地区还可以引进低碳农业机械和技术，以降低农业生产过程中的非期望产出排放，减少对环境的负面影响。通过提高农业生产的效率和环境友好性，实现农业绿色效率的提升。

下游地区在注重各因素正向反馈的同时，应持续推动农业生产的技术进步与制度创新，加强地区农业生产合作与交流，辐射带动周边地区农业绿色发展。这意味着要通过合理的资源配置和科学的农业生产方式，实现农业生产要素的优化组合，从而提高农业生产的效益。为了实现这一目标，下游地区应持续推动农业生产的技术进步与制度创新。技术进步是推动农业绿色效率的关键因素之一。下游地区应加强科研机构和农业企业的合作，加大研发投入，推广先进的农业生产技术和管理模式。例如，引进先进的农业机械和设备，提高农业生产的自动化水平；推广节水灌溉技术，提高水资源利用效率；应用遥感和地理信息系统等技术手段，实现农业精准管理和精准施策。此外，下游地区还应加强农业生产的制度创新，建立健全的农业支持政策和市场机制，激励农民积极投入农业生产，提高农业生产的竞争力和盈利能力。另外，下游地区还应加强地区农业生产合作与交流，辐射带动周边地区农业绿色发展。地区间的农业生产合作与交流可以促进资源共享和优势互补，提高整个地区的农业生产效率。下游地区可以通过建立农业产业合作联盟、农业技术交流平台等机制，加强与周边地区的合作与交流。例如，可以推动农产品的流通和销售合作，实现农产品的区域品牌建设和市场拓展；还可以推动农业科技成果的共享与转化，促进农业技术的普及与应用。通过这些合作与交流，下游地区可以辐射带动周边地区的农业绿色发展，形成良性互动的农业生产格局。

10.1.13　引导高质量工业反哺农业，优化农业农村财政支出结构

本书研究发现工业化水平及财政支出对农业绿色效率整体存在抑制效应。因此各地区应扭转工业化水平和财政支出对农业绿色效率的负向影响。首先，通过立法和严格执法减少工业部门对农业水土资源的污染，以引导高质量工业反哺农业。工业化进程中，工业部门的发展往往伴随着资源消耗和环境污染。因此，通过制定和执行环境法规，加强对工业企业的监管，减少其对农业水土资源的污染是至关重要的。同时，还可以通过鼓励和支持高质量工业企业与农业产业链的深度融合，实现工业对农业的反哺，促进农业的绿色发展。其次，世界银行的研究报告指出，环境污染治理投入占同期地区 GDP 的 1% ~ 1.5% 时，能够缓解环境持续恶化；当比重上升到 2% ~ 3% 时，环境才得以改善。然而，地方政府的生产性投资偏好挤占和挪用了农业环境治理资金，导致农业面源污染加剧。因此，有必要优化农业农村的财政支出结构，规范农业资金的使用范围。政府应加强财政管理，确保农业环境治理资金的专款专用，避免被挪作他用。同时，建立健全的监督机制，加强对农业环境治理资金使用情况的审计和监测，确保其有效投入农业绿色发展中。此外，为了拓展农业绿色补偿资金的来

源，可以通过资源税地方收入、土地出让金、农村金融等渠道进行筹措。资源税地方收入是一种有效的财政来源，可以通过合理制定资源税政策，将一部分税收收入用于农业绿色补偿。土地出让金是农村土地利用中的重要收入来源，可以将一定比例的土地出让金用于农业绿色发展，以实现资源的再利用和环境的保护。此外，农村金融也是一种重要的资金来源，可以通过建立农村绿色金融机制，引导资金向农业绿色发展倾斜。为了确保农业绿色补偿的财政纵向和横向转移制度的完善，还需要进一步探索和完善相关机制。在财政纵向转移方面，中央政府可以通过制定政策和提供财政支持，将农业绿色补偿资金向农业绿色发展相对滞后的地区倾斜，以促进区域之间的均衡发展。在财政横向转移方面，可以建立跨部门合作机制，加强农业、环境、财政等部门之间的沟通与协调，确保农业绿色补偿资金的合理分配和使用。这些措施的实施将有助于扭转工业化水平和财政支出对农业绿色效率的负向影响，推动长江经济带农业向绿色、可持续发展的方向迈进。

10.1.14 重视地区收敛效应，强化长江经济带空间联系网络

当前长江经济带各地区间地理区位、经济基础及行政壁垒的差异显著，各地区之间存在各自为政、互不衔接问题，不利于流域内资源共建共享。因此，要弱化地区之间的行政壁垒，推动区域内资本、技术、人才资源自由流动，着力构建流域内发达地区与欠发达地区的农业产业合作机制，破解上、中、下游农业绿色发展的空间失衡规制。更要进一步贯彻落实长江经济带发展重大战略部署，以保护长江流域生态环境、提高资源能源利用效率为根本，加强区域绿色协调发展顶

层设计，结合区位特点加快转变农业发展方式，强化工业结构调整及空间布局管控，积极探索新时期绿色城镇化发展道路。遵循长江流域资源环境承载能力，制定各类绿色发展专项规划，协调推动流域农业现代化、城镇化和工业化深度融合良性互动。中上游地区可充分利用其自然资源及人口优势向下游地区输入农业生产要素及廉价劳动力，中上游地区可以将农业生产要素，如种子、肥料、农药等农业生产资产，以优惠价格或补贴的方式向下游地区提供。同时，可以鼓励农业企业在下游地区设立农业生产基地，将产业转移至下游地区。这样可以充分利用中上游地区的资源和技术优势，提高下游地区的农业生产水平，中上游地区可以通过劳务输出的方式向下游地区输送廉价劳动力，可以组织农民就业培训，提供农业技能和就业指导，鼓励农民到下游地区从事农业劳动。同时，可以促进中上游地区的农业企业与下游地区的农民合作社或合作农场建立合作关系，提供就业机会和稳定收入。中上游地区可以向下游地区输送先进的农业技术和管理经验。可以组织技术培训和交流活动，邀请中上游地区的专家和技术团队到下游地区进行技术指导和支持。同时，可以建立农业科研合作平台，促进技术创新和知识共享，推动农业技术的传递和应用。中上游地区可以向下游地区提供资金支持和金融合作。可以设立专项资金，用于支持下游地区的农业发展项目，包括农业基础设施建设、农业科技推广、农村金融服务等。

10.1.15　加强绿色农业的技术创新与应用，改善农业劳动力投入结构

长江经济带作为中国重要的经济区域，农业发展的绿色化和可持

续化对于区域经济的健康发展具有重要意义。为此，应该加大对农业技术创新的支持力度，提高农业技术水平，以实现农业资源的高效利用、降低污染物排放、增加农业产出的目标。首先，农业技术创新是推动绿色农业发展的关键。通过加大对农业科技研究和创新的支持，可以提高农业生产的科学性和精细化管理水平。建立农业科技创新平台，整合科研资源，加强农业技术研究和创新，同时加强科研资金的投入，支持农业科技创新项目的开展。此外，引进和培养农业科技人才，提升其创新能力和技术水平，也是推动农业技术创新的重要举措。其次，注重科技成果在实际生产中的转化是至关重要的。仅仅在实验室中获得的科技成果无法发挥应有的作用，需要将其转化为实际的生产力。因此，建立科技成果转化机制，加大对农业科技成果的转化和推广力度是必要的。推进绿色农业技术示范项目，选择代表性的农业生产区域，建立绿色农业示范基地，开展新技术和新模式的示范推广，引导农民采用绿色农业技术。同时，加强技术培训和推广，向农民和农业从业者传授先进的农业技术知识和操作技能，利用现代信息技术手段，开展远程教育和在线培训，提升农民的技术水平。鼓励农民参与技术推广，建立农民技术推广员制度，培养一批农民技术骨干，引导他们在本地区进行技术示范和推广，促进农业技术的广泛应用。再次，坚持精准治污、科学治污、依法治污，着力解决市民关心的大气、水、固废等治理问题，加快补齐生态环境短板。推进大气污染防治，强化污染物协同控制和区域协同治理，加强细颗粒物和臭氧协同控制，还市民蓝天白云、繁星闪烁。农业机械化是提高农机生产效率、降低污染物排放的重要手段之一。长江经济带地区应加快农业机械化进程，完善农业机械化政策，降低农业机械化的投资成本，推广高效节能的农业机械设备，提高农机的生产效率和能源利用效率。

同时，加强农机维修与技术服务体系建设，提高农机的使用寿命和维修质量。此外，优化农业劳动力投入结构也是推动绿色农业发展的重要环节。加强农业劳动力转移，鼓励农民从事非农产业和现代服务业，提供培训和就业服务，帮助农民转移就业，减少农业劳动力的过剩现象。最后，农业人才的培养和支撑对于推动长江经济带农业绿色发展至关重要。建立农业人才培养体系，设立农业人才培训机构，加强农业专业教育，培养高素质的农业人才。重视农业科研院所和高校之间的合作，建立农业科技人才培养基地，推动农业科技与实际生产的紧密结合。同时，鼓励农民和农业从业者参与终身学习，提升其农业技能和综合素质，不断适应农业现代化的发展需求。

10.2　本书研究展望

由于研究时间、研究技术手段以及研究能力受限，本书虽取得了些许成果，但是仍存在一些不足，有待进一步深入探讨，主要体现如下：

（1）农业碳排放指标测算不够精确。在构建农业绿色效率的评价指标体系时，由于无法直接获取到农业污染排放的官方统计数据，对于农业碳排放的测算采取的是先将碳排放源与各自的碳排放系数相乘，得到各碳排放源的碳排放量，再与之加总获得总碳排放量的方法。但是由于碳排放系数主要参考于现有文献，采用不同的系数进行核算时结果将出现差异，继而影响农业绿色效率的最终测算值。同时，受到数据可获得性的限制，在对农业碳排放进行测算时未考虑到农药、农作物秸秆等引发的碳排放。基于此，在后续的研究中，农业碳排放指标的测算方式有待进一步改进。

（2）农业绿色效率影响因素选取不够全面。受限于实证数据的可获得性，本书主要是从宏观层面考察影响农业绿色效率的重要因素。但农户作为农业生产活动决策的基本单元，其对农业绿色生产技术的应用以及绿色生产的认知等会直接影响到地区农业绿色发展水平。因此，在之后的研究中可以对微观农业生产经营主体的生产行为展开调查，从微观层面农户生产行为转型上探讨如何提升长江经济带农业绿色效率。

（3）还未对"十四五"时期的农业绿色效率作评估。本书的分析主要基于"十五"至"十三五"时期的数据，然而，随着社会经济的发展和政策环境的变化，"十四五"时期将带来新的挑战和机遇。因此，在未来的研究中，应该考虑以下方面：首先，结合"十四五"规划的目标和政策导向，进一步探讨农业碳排放的减少和绿色效率的提升路径，以适应新的发展需求。其次，加强对新时期农户层面的研究，深入了解农户对绿色生产技术的采纳和应用情况，以及其对农业绿色效率的影响因素。此外，还可以考虑引入新的数据源和研究方法，以提高农业碳排放指标的测算精确性，并综合考虑更全面的影响因素，以更准确地评估和提升农业绿色效率。

参考文献

［1］冉光和，王建洪，王定祥.我国现代农业生产的碳排放变动趋势研究［J］.农业经济问题，2011，32（2）：32-38，110-111.

［2］李裕瑞，杨乾龙，曹智.长江经济带农业发展的现状特征与模式转型［J］.地理科学进展，2015，34（11）：1458-1469.

［3］尚二萍，许尔琪，张红旗，等.中国粮食主产区耕地土壤重金属时空变化与污染源分析［J］.环境科学，2018，39（10）：4670-4683.

［4］江孝君，杨青山，耿清格，等.长江经济带生态—经济—社会系统协调发展时空分异及驱动机制［J］.长江流域资源与环境，2019，28（3）：493-504.

［5］樊慧丽，付文阁.水足迹视角下我国农业水土资源匹配及农业经济增长——以长江经济带为例［J］.中国农业资源与区划，2020，41（10）：193-203.

［6］王伟新，许蒋鸿，王晓萱，等.长江经济带现代农业—区域经济—生态环境耦合关系的时空分异［J］.农业现代化研究，2020，41（1）：64-74.

［7］Todorovic M. , Mehmeti A. , Scardigno A. Eco-efficiency of agricultural water systems：Methodological approach and assessment at meso-level scale［J］. Journal of Environmental Management，2016，165（5）：

62 – 71.

［8］Ball V. E. , Nehring R. Levels of Farm Sector Productivity: An International Comparison ［J］. Journal of Productivity Analysis, 2001, 15 (1): 5 – 29.

［9］Bravo – Ureta B. E. , Solís D. , López V. H. M. Technical efficiency in farming: a meta-regression analysis ［J］. Journal of Productivity Analysis, 2007, 27 (1): 57 – 72.

［10］Dubey A. , Lal R. Carbon footprint and sustainability of agricultural production systems in Punjab, India, and Ohio, USA ［J］. Journal of Crop Improvement, 2009, 23 (4): 332 – 350.

［11］杨刚, 杨孟禹. 中国农业全要素生产率的空间关联效应——基于静态与动态空间面板模型的实证研究 ［J］. 经济地理, 2013, 33 (11): 122 – 129.

［12］彭代彦, 文乐. 农村劳动力老龄化、女性化降低了粮食生产效率吗——基于随机前沿的南北方比较分析 ［J］. 农业技术经济, 2016 (2): 32 – 44.

［13］章德宾. 不同蔬菜种植规模农户农业生产效率研究: 主产区 2009—2016 年的调查 ［J］. 农业技术经济, 2018 (7): 41 – 50.

［14］叶文忠, 刘俞希. 长江经济带农业生产效率及其影响因素研究 ［J］. 华东经济管理, 2018, 32 (3): 83 – 88.

［15］乔志霞, 霍学喜. 农业劳动力老龄化对土地利用效率的影响 ［J］. 华南农业大学学报 (社会科学版), 2017, 16 (5): 61 – 73.

［16］苏昕, 刘昊龙. 农村劳动力转移背景下农业合作经营对农业生产效率的影响 ［J］. 中国农村经济, 2017 (5): 58 – 72.

［17］傅东平, 王鑫. 农业生产效率、收敛性与气候变化——以

广西为例 [J]. 生态经济, 2017, 33 (5): 155 – 159.

[18] Pierluigi Toma, Pier Paolo Miglietta, Giovanni Zurlini, Donatella Valente, Irene Petrosillo. A non-parametric bootstrap-data envelopment analysis approach for environmental policy planning and management of agricultural efficiency in EU countries [J]. Ecological Indicators, 2017, 83: 132 – 143.

[19] E. Nikolaeva. Efficiency Analysis of Agricultural Cooperation in Russia [J]. Procedia – Social and Behavioral Sciences, 2018, 238: 364 – 373.

[20] Sayema Haque Bidisha, Md. Amzad Hossain, Rubaiyat Alam, Md. Mehedi Hasan. Credit, tenancy choice and agricultural efficiency: Evidence from the northern region of Bangladesh [J]. Economic Analysis and Policy, 2018, 57: 22 – 32.

[21] 林文声, 王志刚, 王美阳. 农地确权、要素配置与农业生产效率——基于中国劳动力动态调查的实证分析 [J]. 中国农村经济, 2018 (8): 64 – 82.

[22] 刘魏, 张应良, 李国珍, 田红宇. 工商资本下乡、要素配置与农业生产效率 [J]. 农业技术经济, 2018 (9): 4 – 19.

[23] 张莉侠, 俞美莲, 王晓华. 农业科技创新效率测算及比较研究 [J]. 农业技术经济, 2016 (12): 84 – 90.

[24] 吉小燕, 刘震, 蓝菁, 于金娜. 剥离环境因素和随机因素的退耕户农业生产技术效率分析——基于陕西省吴起县农户调查数据 [J]. 农业技术经济, 2016 (12): 76 – 83.

[25] 卢华, 胡浩, 傅顺. 农地产权、非农就业风险与农业技术效率 [J]. 财贸研究, 2016, 27 (5): 75 – 82.

［26］吴晨. 不同农业经营主体生产效率的比较研究［J］. 经济纵横，2016（3）：46 – 51.

［27］Monica K. Kansiime, Piet van Asten, Koen Sneyers. Farm diversity and resource use efficiency: Targeting agricultural policy interventions in East Africa farming systems［J］. NJAS – Wageningen Journal of Life Sciences, 2018, 85: 32 – 41.

［28］吕洪渠，任燕燕. 环境影响、空间依赖与中国农业技术效率变化［J］. 华东经济管理，2017，31（8）：77 – 84.

［29］袁航，段鹏飞，刘景景. 关于农业效率对农户农地流转行为影响争议的一个解答——基于农户模型（AHM）与CFPS数据的分析［J］. 农业技术经济，2018（10）：4 – 16.

［30］Elena Toma, Carina Dobre, Ion Dona, Elena Cofas. DEA applicability in assessment of agriculture efficiency on areas with similar geographically patterns［J］. Agriculture and Agricultural Science Procedia, 2015, 6: 704 – 711.

［31］徐辉，孔令成，张明如. 新型职业农民农业生产效率的三阶段DEA分析［J］. 华东经济管理，2018，32（8）：177 – 184.

［32］开燕华，王霞，曾铖. 长三角城市群现代农业发展效率评价——考虑社会和工程功能的PCA – DEA模型的研究［J］. 经济问题探索，2018（6）：155 – 163.

［33］曲昊月，庄丽娟. 农业生产服务、技术进步与技术效率——基于35个经济体的实证研究［J］. 经济问题探索，2018（3）：169 – 177.

［34］潘彪，田志宏. 购机补贴政策对中国农业机械使用效率的影响分析［J］. 中国农村经济，2018（6）：21 – 37.

［35］郑德凤，郝帅，孙才志. 基于 DEA – ESDA 的农业生态效率评价及时空分异研究［J］. 地理科学，2018，38（3）：419 – 427.

［36］王耀中，江茜. 生产性服务业对农业现代化效率的影响［J］. 商业研究，2016（1）：22 – 30，192.

［37］Rilong Fei，Boqiang Lin. Energy efficiency and production technology heterogeneity in China's agricultural sector：A meta-frontier approach［J］. Technological Forecasting and Social Change，2016，109：25 – 34.

［38］Agita Gancone，Jelena Pubule，Marika Rosa，Dagnija Blumberga. Evaluation of agriculture eco-efficiency in Latvia［J］. Energy Procedia，2017，128：309 – 315.

［39］Roberto Solazzo，Michele Donati，Licia Tomasi，Filippo Arfini. How effective is greening policy in reducing GHG emissions from agriculture? Evidence from Italy［J］. Science of The Total Environment，2016，573：1115 – 1124.

［40］Greta Falavigna，Alessandro Manello，Sara Pavone. Environmental efficiency，productivity and public funds：The case of the Italian agricultural industry［J］. Agricultural Systems，2013，121：73 – 80.

［41］Subhash C. Ray，Arpita Ghose. Production efficiency in Indian agriculture：An assessment of the post green revolution years［J］. Omega，2014，44：58 – 69.

［42］Byomkesh Talukder，Gary W. vanLoon，Keith W. Hipel. Energy efficiency of agricultural systems in the southwest coastal zone of Bangladesh［J］. Ecological Indicators，2019，98：641 – 648.

［43］侯孟阳，姚顺波. 1978 ~ 2016 年中国农业生态效率时空演变及趋势预测［J］. 地理学报，2018，73（11）：2168 – 2183.

[44] 郑德凤，郝帅，孙才志. 基于 DEA – ESDA 的农业生态效率评价及时空分异研究 [J]. 地理科学，2018，38（3）：419 – 427.

[45] 解春艳，丰景春，张可. 互联网技术普及对区域农业环境效率的影响 [J]. 华东经济管理，2017，31（11）：78 – 83.

[46] 冉启英，周辉. 环境约束下农业全要素能源效率研究：基于 SBM – TOBIT 模型 [J]. 经济问题，2017（1）：103 – 109.

[47] 陈红，关博，孙文娇. 我国粮食主产区不同环境规制下农业生产效率研究 [J]. 商业研究，2017（3）：167 – 174.

[48] 董明涛. 我国低碳农业发展效率的评价模型及其应用 [J]. 资源开发与市场，2016，32（8）：944 – 948，1000.

[49] Sara A. Baguskas, Rachel E. S. Clemesha, Michael E. Loik. Coastal low cloudiness and fog enhance crop water use efficiency in a California agricultural system [J]. Agricultural and Forest Meteorology, 2018, 252：109 – 120.

[50] Qingling Geng, Qingfu Ren, Rachael H. Nolan, Pute Wu, Qiang Yu. Assessing China's agricultural water use efficiency in a green-blue water perspective：A study based on data envelopment analysis [J]. Ecological Indicators, 2019, 96：329 – 335.

[51] 马剑锋，王慧敏，佟金萍. 技术进步与效率追赶对农业用水效率的空间效应研究 [J]. 中国人口·资源与环境，2018，28（7）：36 – 45.

[52] 周辉，冉启英，王宏森. 我国农业全要素能源效率及其影响因素分析 [J]. 生态经济，2016，32（7）：133 – 138.

[53] Zhiyang Shen, Tomas Baležentis, Xueli Chen, Vivian Valdmanis. Green growth and structural change in Chinese agricultural sector during

1997 – 2014 [J]. China Economic Review, 2018, 51: 83 – 96.

[54] İlkay Unay – Gailhard, Štefan Bojnec. The impact of green economy measures on rural employment: Green jobs in farms [J]. Journal of Cleaner Production, 2019, 208: 541 – 551.

[55] Muditha Karunarathna, Clevo Wilson. Agricultural biodiversity and farm level technical efficiency: An empirical investigation [J]. Journal of Forest Economics, 2017, 29: 38 – 46.

[56] 姜学民, 刘锦. 提高农业生态经济综合效率确保我国粮食持久安全 [J]. 生态经济, 2015, 31 (9): 14 – 18, 60.

[57] 张可, 丰景春. 强可处置性视角下中国农业环境效率测度及其动态演进 [J]. 中国人口·资源与环境, 2016, 26 (1): 140 – 149.

[58] 王宝义, 张卫国. 中国农业生态效率测度及时空差异研究 [J]. 中国人口·资源与环境, 2016, 26 (6): 11 – 19.

[59] 洪开荣, 陈诚, 丰超, 等. 农业生态效率的时空差异及影响因素 [J]. 华南农业大学学报 (社会科学版), 2016, 15 (2): 31 – 41.

[60] Elkington J. Cannibals with Forks: The Triple Bottom Line of 21st Century Business [M]. Oxford: Capstone Publishing, 1997.

[61] Rodrigo Maia, Cristina Silva, Emanuel Costa. Eco-efficiency assessment in the agricultural sector: The Monte Novo irrigation perimeter, Portugal [J]. Journal of Cleaner Production, 2016, 138: 217 – 228.

[62] Pedro Laterra, Gisel C. Booman, Liliana Picone, Cecilia Videla, María E. Orúe. Indicators of nutrient removal efficiency for riverine wetlands in agricultural landscapes of Argentine Pampas [J]. Journal of Envi-

ronmental Management, 2018, 222: 148 – 154.

[63] Benjamin M. C. Fischer, Stefano Manzoni, Laura Morillas, Monica Garcia, Steve W. Lyon. Improving agricultural water use efficiency with biochar – A synthesis of biochar effects on water storage and fluxes across scales [J]. Science of The Total Environment, 2019, 657: 853 – 862.

[64] Daniel Kyalo Willy, Milu Muyanga, Thomas Jayne. Can economic and environmental benefits associated with agricultural intensification be sustained at high population densities? A farm level empirical analysis [J]. Land Use Policy, 2019, 81: 100 – 110.

[65] Yu Bai, Congcong Hua, Jianling Jiao, Min Yang, Fangyi Li. Green efficiency and environmental subsidy: Evidence from thermal power firms in China [J]. Journal of Cleaner Production, 2018, 188: 49 – 61.

[66] Long Liang, Yichao Wang, Bradley G. Ridoutt, Rattan Lal, Guishen Zhao. Agricultural subsidies assessment of cropping system from environmental and economic perspectives in North China based on LCA [J]. Ecological Indicators, 2019, 96: 351 – 360.

[67] 王子成. 农村劳动力外出降低了农业效率吗? [J]. 统计研究, 2015, 32 (3): 54 – 61.

[68] 姚增福, 刘欣. 要素禀赋结构升级、异质性人力资本与农业环境效率 [J]. 人口与经济, 2018 (2): 37 – 47.

[69] 冯丹萌, 许天成. 中国农业绿色发展的历史回溯和逻辑演进 [J]. 农业经济问题, 2021 (10): 90 – 99.

[70] Rodrigo M, Cristina S, Emanuel C. Eco-efficiency assessment in the agricultural sector: the Monte Novo irrigation perimeter, Portugal

［J］. Journal of Cleaner Production，2016，138（2）：217 - 228.

［71］Sultan D，Tsunekawa A，Haregeweyn N. Efficiency of soil and water conservation practices in different agro-ecological environments in the Upper Blue Nile Basin of Ethiopia［J］. Journal of Arid Land，2018，10（2）：249 - 263.

［72］郑德凤，郝帅，孙才志. 基于 DEA - ESDA 的农业生态效率评价及时空分异研究［J］. 地理科学，2018，38（3）：419 - 427.

［73］George V，Spyros N，Basil M. A DEA approach for estimating the agricultural energy and environmental efficiency of EU countries［J］. Renewable and Sustainable Energy Reviews，2014，40：91 - 96.

［74］田伟，杨璐嘉，姜静. 低碳视角下中国农业环境效率的测算与分析——基于非期望产出的 SBM 模型［J］. 中国农村观察，2014（5）：59 - 71，95.

［75］姚增福，唐华俊，刘欣. 要素积累、人力资本与农业环境效率间门槛效应研究——低碳约束下面板门槛模型检验［J］. 重庆大学学报（社会科学版），2017，23（4）：26 - 36.

［76］Skarżyńska A. Technical，economic and environmental efficiency of production of selected plant products in the agricultural polish regions［J］. Social Science Electronic Publishing，2017，1（3）：117 - 137.

［77］Reinhard S，Lovell C A K，Thijssen G. Econometric estimation of technical and environmental efficiency：An application to Dutch dairy farms［J］. American Journal of Agricultural Economics，1999，81（1）：44 - 60.

［78］惠婷，陈晓楠，宋健峰. 基于水足迹的作物生产生态效率评价——以陕西省为例［J］. 生态学报，2021，41（8）：3078 -

3091.

[79] Gancone A, Pubule J, Rosa M, et al. Evaluation of agriculture eco-efficiency in Latvia [J]. Energy Procedia, 2017, 128: 309 – 315.

[80] Pena C R, Serrano A L M, Britto P A P, et al. Environmental preservation costs and eco-efficiency in Amazonian agriculture: Application of hyperbolic distance functions [J]. Journal of Cleaner Production, 2018, 197: 699 – 707.

[81] Benedetta C, Donatella V, Giulio F, et al. Assessing agricul-tural eco-efficiency in Italian Regions [J]. Ecological Indicators, 2020, 116: 106483.

[82] Juan – Javier M M, Francisco V M, Maria T S D. Assessment of the operational and environmental efficiency of agriculture in Latin Ameri-ca and the Caribbean [J]. Agricultural Economics, 2018, 64: 74 – 88.

[83] Truc L L, Pai – Po L, Ke C P, et al. Evaluation of total factor productivity and environmental efficiency of agriculture in nine East Asian countries [J]. Agricultural Economics, 2019, 65: 249 – 258.

[84] 李兆亮, 罗小锋, 薛龙飞, 等. 中国农业绿色生产效率的区域差异及其影响因素分析 [J]. 中国农业大学学报, 2017, 22 (10): 203 – 212.

[85] 郑丽楠, 洪名勇. 中国农业生态效率的时空特征及驱动因素 [J]. 江西财经大学学报, 2019 (5): 46 – 56.

[86] Aigner D, Lovell C A K, Schmidt P. Formulation and estima-tion of stochastic frontier production function models [J]. Journal of econo-metrics, 1977, 6 (1): 21 – 37.

[87] Meeusen W, Broeck J. Efficiency estimation from Cobb – Doug-

las production functions with composed error [J]. International economic review, 1977, 18 (2): 435 – 444.

[88] 匡远配, 张容. 农地流转对粮食生产生态效率的影响 [J]. 中国人口·资源与环境, 2021, 31 (4): 172 – 180.

[89] 叶璐, 王济民. 农业全要素生产率国内外研究综述 [J]. 世界农业, 2020 (2): 50 – 58.

[90] 王宝义, 张卫国. 中国农业生态效率的省际差异和影响因素——基于 1996 ~ 2015 年 31 个省份的面板数据分析 [J]. 中国农村经济, 2018 (1): 46 – 62.

[91] Färe R, Grosskopf S, Lovell C A K, et al. Multilateral productivity comparisons when some outputs are undesirable: a nonparametric approach [J]. The Review of Economics and Statistics, 1989, 71 (1): 90 – 98.

[92] Haag S, Jaska P, Semple J. Assessing the relative efficiency of agricultural production units in the Blackland Prairie, Texas [J]. Applied Economics, 1992, 24 (5): 559 – 565.

[93] Moutinho V, Madaleno M, Robaina M. The economic and environmental efficiency assessment in EU cross-country: Evidence from DEA and quantile regression approach [J]. Ecological Indicators, 2017, 78 (7): 85 – 97.

[94] Angulo – Meza L, González – Araya M, Iriarte A, et al. A multiobjective DEA model to assess the eco-efficiency of agricultural practices within the CF + DEA method [J]. Computers and Electronics in Agriculture, 2019, 161: 151 – 161.

[95] Picazo – Tadeo A J, Gómez – Limón J A, Reig – Martínez E.

Assessing farming eco-efficiency: adata envelopment analysis approach [J]. Journal of Environmental Management, 2011, 92 (4): 1154 – 1164.

[96] 任红霞. 基于 DEA 模型的农业生态效率综合测度 [J]. 统计与决策, 2019, 35 (6): 99 – 103.

[97] Liu Y, Zou L, Wang Y. Spatial-temporal characteristics and influencing factors of agricultural eco-efficiency in China in recent 40 years [J]. Land Use Policy, 2020, 97: 104794.

[98] Pishgar – Komleh S H, Čechura L, Kuzmenko E. Investigating the dynamic eco-efficiency in agriculture sector of the European Union countries [J]. Environmental Science and Pollution Research, 2021: 1 – 13.

[99] 汪亚琴, 姚顺波, 侯孟阳, 等. 基于地理探测器的中国农业生态效率时空分异及其影响因素 [J]. 应用生态学报, 2021, 32 (11): 4039 – 4049.

[100] 王圣云, 林玉娟. 中国区域农业生态效率空间演化及其驱动因素——水足迹与灰水足迹视角 [J]. 地理科学, 2021, 41 (2): 290 – 301.

[101] Tone K, Tsutsui M. An epsilon-based measure of efficiency in DEA-a third pole of technical efficiency [J]. European Journal of Operational Research, 2010, 207 (3): 1554 – 1563.

[102] 陈菁泉, 信猛, 马晓君, 等. 中国农业生态效率测度与驱动因素 [J]. 中国环境科学, 2020, 40 (7): 3216 – 3227.

[103] 熊鹰, 许钰莎. 四川省环境友好型农业生产效率测算及影响因素研究——基于超效率 DEA 模型和空间面板 STIRPAT 模型 [J]. 中国生态农业学报 (中英文), 2019, 27 (7): 1134 – 1146.

[104] 刘华军, 石印. 中国农业生态效率的空间分异与提升潜力

[J]．广东财经大学学报，2020，35（6）：51 – 64．

[105] 谌贻庆，王华瑞，陶春峰．江西省农业生产效率评价及影响因素研究［J］．华东经济管理，2016，30（7）：21 – 28．

[106] Bonfiglio A，Arzeni A，Bodini A. Assessing eco-efficiency of arable farms in rural areas［J］. Agricultural Systems，2017，151：114 – 125．

[107] 王宝义，张卫国．中国农业生态效率的省际差异和影响因素——基于1996～2015年31个省份的面板数据分析［J］．中国农村经济，2018（1）：46 – 62．

[108] 吴梵，高强，刘韬．农业科技创新、空间溢出与农业生态效率［J］．统计与决策，2020，36（16）：82 – 85．

[109] Brauw A D，Huang J，Rozelle S. The feminization of agriculture with Chinese characteristics［J］. Ifpri Discussion Papers，2015，49（5）：689 – 704．

[110] Ahmed M H，Melesse K A. Impact of off-farm activities on technical efficiency：Evidence from maize producers of eastern Ethiopia［J］. Agricultural&amp；Food Economics，2018，6（1）：3 – 15．

[111] 杨金阳，周应恒，黄昊舒．农地产权、劳动力转移和城乡收入差距［J］．财贸研究，2016，27（6）：41 – 53．

[112] 刘华珂，何春，崔万田．农村劳动力转移减贫的机理分析与实证检验［J］．农村经济，2017（11）：57 – 62．

[113] 周晓时．劳动力转移与农业机械化进程［J］．华南农业大学学报（社会科学版），2017，16（3）：49 – 57．

[114] 吴伟伟，刘耀彬．非农收入对农业要素投入结构的影响研究［J］．中国人口科学，2017（2）：70 – 79，127 – 128．

［115］Sklenicka P, Janovska V, Salek M, Vlasak J, MolnarovaK. The Farmland Rental Paradox：Extreme Land Ownership Fragmentation as a New Form of Land Degradation ［J］. Land Use Policy, 2014, 38（5）：587－593.

［116］Deininger K, Monchuk D, Nagarajan H K, Singh S K Does Land Fragmentation Increase the Cost of Cultivation？Evidence from India ［J］. The Journal of Development Studies, 2016, 90（1）：1－17.

［117］杨晖, 徐研. 土地经营规模与农村家庭教育投资行为——基于全国31个省887个行政村的实地调查 ［J］. 社会学研究, 2016, 31（6）：169－190, 245.

［118］刘燕, 吕世辰. 农村劳动力转移与随迁子女教育需求探析 ［J］. 理论探索, 2018（4）：72－79.

［119］张燕, 邓义. 信息不对称对我国农村劳动力转移的制约及经济法规制——基于经济人假设和促进现代农业可持续发展视角 ［J］. 湖北社会科学, 2009（4）：79－82.

［120］李启平, 韩绍凤. 农村劳动力就业路径与动力因由：基于低碳农业产业体系 ［J］. 改革, 2011（4）：82－87.

［121］杜如宇, 范莹, 栗滢超, 等. 河南省农村劳动力转移、农地规模经营与农业生态环境耦合协调性研究 ［J］. 河南农业大学学报, 2019, 53（3）：480－487.

［122］王跃梅, 姚先国, 周明海. 农村劳动力外流、区域差异与粮食生产 ［J］. 管理世界, 2013（11）：67－76.

［123］杨肃昌, 范国华. 农户兼业化对农村生态环境影响的效应分析 ［J］. 华南农业大学学报（社会科学版）, 2018, 17（6）：52－63.

[124] 侯孟阳，姚顺波．中国农村劳动力转移对农业生态效率影响的空间溢出效应与门槛特征 [J]．资源科学，2018，40（12）：2475－2486.

[125] 张杨，陈娟娟．农业生态效率的国际比较及中国的定位研究 [J]．中国软科学，2019（10）：165－172.

[126] 苏昕，刘昊龙．农村劳动力转移背景下农业合作经营对农业生产效率的影响 [J]．中国农村经济，2017（5）：58－72.

[127] 张聪颖，霍学喜．劳动力转移对农户测土配方施肥技术选择的影响 [J]．华中农业大学学报（社会科学版），2018（3）：65－72，155.

[128] Bashir M K, Mehmood Y. Institutional credit and rice productivity: a case study of District Lahore, Pakistan [J]. China Agricultural Economic Review, 2010 (4): 412－419.

[129] 李晓阳，许属琴．经营规模、金融驱动与农业全要素生产率 [J]．软科学，2017（8）：5－8.

[130] Hu Y, Liu C, Peng J. Financial inclusion and agricultural total factor productivity growth in China [J]. Economic Modelling, 2021 (96): 68－82.

[131] 崔慧霞．土地流转中的农村金融效应分析 [J]．上海金融，2009（5）：11－13.

[132] 李光跃，彭华，高超华，等．农地流转促进适度规模经营的基本思考——基于四川省的调查分析 [J]．农村经济，2014（7）：52－55.

[133] 尹鸿飞，张兵，徐章星．信贷可得性对农户农地流转行为的影响——基于中介效应模型的实证分析 [J]．世界经济文汇，2020

（5）：89 – 104.

［134］Karlan D, Osei R, Osei – Akoto I, et al. Agricultural decisions after relaxing credit and risk constraints ［J］. The Quarterly Journal of Economics, 2014（2）：597 – 652.

［135］应瑞瑶, 郑旭媛. 资源禀赋、要素替代与农业生产经营方式转型——以苏、浙粮食生产为例［J］. 农业经济问题, 2013（12）：15 – 24, 110.

［136］姚增福, 唐华俊, 刘欣. 规模经营行为、外部性和农业环境效率——基于西部两省770户微观数据的实证检验［J］. 财经科学, 2017（12）：69 – 83.

［137］马贤磊, 车序超, 李娜, 等. 耕地流转与规模经营改善了农业环境吗？——基于耕地利用行为对农业环境效率的影响检验［J］. 中国土地科学, 2019（6）：62 – 70.

［138］Rodrigo Maia, Cristina Silva, Emanuel Costa. Eco-efficiency assessment in the agricultural sector：The Monte Novo irrigation perimeter, Portugal ［J］. Journal of Cleaner Production, 2016, 138：217 – 228.

［139］Pedro Laterra, Gisel C. Booman, Liliana Picone, Cecilia Videla, María E. Orúe. Indicators of nutrient removal efficiency for riverine wetlands in agricultural landscapes of Argentine Pampas ［J］. Journal of Environmental Management, 2018, 222：148 – 154.

［140］Benjamin M. C. Fischer, Stefano Manzoni, Laura Morillas, Monica Garcia, Steve W. Lyon. Improving agricultural water use efficiency with biochar – A synthesis of biochar effects on water storage and fluxes across scales ［J］. Science of The Total Environment, 2019, 657：853 – 862.

［141］ Daniel Kyalo Willy, Milu Muyanga, Thomas Jayne. Can eco-
nomic and environmental benefits associated with agricultural intensification
be sustained at high population densities? A farm level empirical analysis
［J］. Land Use Policy, 2019, 81: 100 - 110.

［142］ Yu Bai, Congcong Hua, Jianling Jiao, Min Yang, Fangyi
Li. Green efficiency and environmental subsidy: Evidence from thermal pow-
er firms in China ［J］. Journal of Cleaner Production, 2018, 188: 49 -
61.

［143］ Long Liang, Yichao Wang, Bradley G. Ridoutt, Rattan Lal,
Guishen Zhao. Agricultural subsidies assessment of cropping system from en-
vironmental and economic perspectives in North China based on LCA ［J］.
Ecological Indicators, 2019, 96: 351 - 360.

［144］ 王子成. 农村劳动力外出降低了农业效率吗？［J］. 统计
研究, 2015, 32 (3): 54 - 61.

［145］ 姚增福, 刘欣. 要素禀赋结构升级、异质性人力资本与农
业环境效率 ［J］. 人口与经济, 2018 (2): 37 - 47.

［146］ 邢俊霞. 财税政策支持产业生态化发展存在问题及对策研
究 ［J］. 商业经济, 2023 (5): 161 - 163.

［147］ 唐一帆, 吴波. 财政支农促进了农业绿色发展吗？——基
于 PVAR 模型的实证检验 ［J］. 湖南农业大学学报 (社会科学版),
2022, 23 (6): 46 - 54.

［148］ 黄志斌, 杨建州. 乡村振兴背景下福建省财政支农对粮食
产量的影响研究 ［J］. 农业展望, 2022, 18 (10): 38 - 47.

［149］ 冯俊华, 张沁蕊, 刘静洁. 生态环境保护与农业发展区域
时空差异研究——基于陕西农业环境技术效率测算的分析 ［J］. 价格

理论与实践，2020（11）：169 - 172.

[150] 程翠云，任景明，王如松. 我国农业生态效率的时空差异 [J]. 生态学报，2014，34（1）：142 - 148.

[151] 王蕾，于成成，王敏，等. 我国农业生产效率的政策效应及时空差异研究——基于三阶段 DEA 模型的实证分析 [J]. 软科学，2019，33（9）：33 - 39.

[152] 洪开荣，陈诚，丰超，等. 农业生态效率的时空差异及影响因素 [J]. 华南农业大学学报（社会科学版），2016，15（2）：31 - 41.

[153] 张子龙，鹿晨昱，陈兴鹏，薛冰. 陇东黄土高原农业生态效率的时空演变分析——以庆阳市为例 [J]. 地理科学，2014，34（4）：472 - 478.

[154] 周亮，徐建刚，张明斗，等. 粮食增产背景下淮河流域农业生产效率时空变化分析 [J]. 地理科学，2013，33（12）：1476 - 1483.

[155] 付永虎，刘铁，刘俊青，等. 基于灰水足迹的粮食主产区农业环境效率与水环境可持续性测度与评估 [J]. 中国农业资源与区划，2021，42（1）：77 - 87.

[156] 王海飞. 基于 SSBM - ESDA 模型的安徽省县域农业效率时空演变 [J]. 经济地理，2020，40（4）：175 - 183，222.

[157] 李兆亮，罗小锋，薛龙飞，等. 中国农业绿色生产效率的区域差异及其影响因素分析 [J]. 中国农业大学学报，2017，22（10）：203 - 212.

[158] 杜辉，黄杰. 中国农业能源效率的区域差异及动态演进 [J]. 中国农业资源与区划，2019，40（8）：45 - 54.

［159］李博，张文忠，余建辉．碳排放约束下的中国农业生产效率地区差异分解与影响因素［J］．经济地理，2016，36（9）：150－157．

［160］漆雁斌，韩绍，邓鑫．中国绿色农业发展：生产水平测度、空间差异及收敛性分析［J］．农业技术经济，2020（4）：51－65．

［161］李欠男，李谷成，高雪，等．农业全要素生产率增长的地区差距及空间收敛性分析［J］．中国农业资源与区划，2019，40（7）：28－36．

［162］邓灿辉，马巧云，魏莉丽．基于碳排放的河南省粮食绿色全要素生产率分析及对策建议［J］．中国农业资源与区划，2019，40（9）：12－19．

［163］李海鹏，罗丽，张雄，等．中国农业能源效率动态演变及其影响因素［J］．中国人口·资源与环境，2020，30（12）：105－115．

［164］侯孟阳，姚顺波．1978～2016年中国农业生态效率时空演变及趋势预测［J］．地理学报，2018，73（11）：2168－2183．

［165］Liu Y，Richard Shumway C，Rosenman R，et al. Productivity growth and convergence in US agriculture：new cointegration panel data results［J］．Applied Economics，2011，43（1）：91－102．

［166］Alexiadis S. Convergence in agriculture：evidence from the European regions［J］．Agricultural Economics Review，2012，11（389－2016－23460）：84－96．

［167］严立冬，邓远建，蔡运涛，等．绿色农业发展的外部性问题探析［J］．调研世界，2009（8）：11－14．

[168] 方方. 京津冀地区农业生产效率的时空格局及收敛性研究[J]. 世界地理研究, 2019, 28 (5): 130-140.

[169] 葛鹏飞, 王颂吉, 黄秀路. 中国农业绿色全要素生产率测算[J]. 中国人口·资源与环境, 2018, 28 (5): 66-74.

[170] 侯孟阳, 姚顺波. 空间视角下中国农业生态效率的收敛性与分异特征[J]. 中国人口·资源与环境, 2019, 29 (4): 116-126.

[171] 石晓丽, 史文娇. 气候变化和人类活动对耕地格局变化的贡献归因综述[J]. 地理学报, 2015, 70 (9): 1463-1476.

[172] 黄祖辉. 探寻双循环新格局下应对气候变化与农业高质量转型发展之路[J]. 西北农林科技大学学报 (社会科学版), 2021, 21 (2): 161-174.

[173] Liu X., Liu Y., Liu Z., et al. Impacts of climatic warming on crop-ping system borders of China and potential adaptation strategies for regional agriculture development [J]. Science of the Total Environment, 2021, 755: 142-165.

[174] 王利民, 刘佳, 张有智, 等. 我国农业干旱灾害时空格局分析[J]. 中国农业资源与区划, 2021, 42 (1): 96-105.

[175] 刘华军, 邵明吉, 吉元梦. 中国碳排放的空间格局及分布动态演进——基于县域碳排放数据的实证研究[J]. 地理科学, 2021, 41 (11): 1917-1924.

[176] 郑云, 黄杰. 中国农业生态效率空间关联网络特征及其驱动因素研究[J]. 经济经纬, 2021, 38 (6): 32-41.

[177] 亚当·斯密, 杨兆宇. 国富论[M]. 北京: 华夏出版社: 西方经济学圣经译丛, 2013.

[178] 江孝君，杨青山，耿清格，等．长江经济带生态—经济—社会系统协调发展时空分异及驱动机制［J］．长江流域资源与环境，2019，28（3）：493－504.

[179] 龙花楼，张英男，刘彦随，等．中国现代农业与乡村地理学研究进展［J］．经济地理，2021，41（10）：49－58.

[180] 吴国华，周国华，龙花楼，等．从"四地"期刊载文审视中国农业与乡村地理学研究发展特征［J］．地理科学，2021，41（9）：1634－1644.

[181] 王亚飞，郭锐，樊杰．中国城市化、农业发展、生态安全和自然岸线格局的空间解析［J］．中国科学院院刊，2016，31（1）：59－69.

[182] 陈明星，周园，汤青，等．新型城镇化、居民福祉与国土空间规划应对［J］．自然资源学报，2020，35（6）：1273－1287.

[183] 刘彦随，冯巍仑，李裕瑞．现代农业地理工程与农业高质量发展——以黄土丘陵沟壑区为例［J］．地理学报，2020，75（10）：2029－2046.

[184] 房艳刚，刘继生．基于多功能理论的中国乡村发展多元化探讨——超越"现代化"发展范式［J］．地理学报，2015，70（2）：257－270.

[185] 刘建志，房艳刚，王如如．山东省农业多功能的时空演化特征与驱动机制分析［J］．自然资源学报，2020，35（12）：2901－2915.

[186] 房艳刚，刘本城，刘建志．农业多功能的地域类型与优化策略——以吉林省为例［J］．地理科学进展，2019，38（9）：1349－1360.

［187］刘彦随，张紫雯，王介勇．中国农业地域分异与现代农业区划方案［J］．地理学报，2018，73（2）：203－218．

［188］陆大道，刘彦随，方创琳，等．人文与经济地理学的发展和展望［J］．地理学报，2020，75（12）：2570－2592．

［189］Aparicio J，Ruiz J L，Sirvent I. Closest targets and minimum distance to the Pareto-efficient frontier in DEA［J］．Journal of Productivity Analysis，2007，28（3）：209－218．

［190］田云，张俊飚，李波．中国农业碳排放研究：测算、时空比较及脱钩效应［J］．资源科学，2012，34（11）：2097－2105．

［191］李波，张俊飚，李海鹏．中国农业碳排放时空特征及影响因素分解［J］．中国人口·资源与环境，2011，21（8）：80－86．

［192］朱兆良．集约农业区应避免农副产品和水质污染［J］．前进论坛，2000（4）：10－11．

［193］李彦华，焦德坤，刘婧，等．中国省际能源利用效率再测度［J］．科技促进发展，2020，16（7）：856－863．

［194］李繁荣．马克思主义农业生态思想视域下的农业剩余劳动力研究［J］．福建师范大学学报（哲学社会科学版），2012（1）：20－24，34．

［195］卢成．刘燕，吕世辰．农村劳动力转移与随迁子女教育需求探析［J］．理论探索，2018（4）：72－79．

［196］王晓东，李繁荣．农村劳动力流动正向驱动乡村绿色发展研究——基于新中国成立70年历史的分析［J］．经济问题，2019（12）：104－113．

［197］赵德昭．FDI、第三方效应与农村劳动力转移的空间集聚——基于中国省际面板数据的空间计量检验［J］．南开经济研究，

2014（6）：105－124．

[198] 张昊民，何奇学．高管薪酬激励与组织绩效：基于管理者过度自信的"遮掩效应"[J]．现代财经（天津财经大学学报），2017，37（6）：65－77．

[199] 刘方媛，崔书瑞．东北三省工业化—信息化—城镇化—农业现代化—绿色化的"五化"测度及其协调发展研究[J]．工业技术经济，2017，36（8）：35－42．

[200] 李文华，熊兴．乡村振兴战略背景下农地规模经营与农业绿色发展[J]．资源开发与市场，2018，34（11）：1563－1570．

[201] 张琦，冯丹萌．绿色减贫：可持续扶贫脱贫的理论与实践新探索（2013－2017）[J]．福建论坛（人文社会科学版），2018（1）：65－73．

[202] 陈晓玲，李小庆．中国省级政府效率研究——基于空间面板数据分析[J]．财贸研究，2013（4）：118－125．

[203] 魏佳容．减量化与资源化：农业废弃物法律调整路径研究[J]．华中农业大学学报（社会科学版），2019（1）：116－122，168．

[204] 吴传清，宋子逸．长江经济带农业绿色全要素生产率测度及影响因素研究[J]．科技进步与对策，2018，35（17）：35－41．

[205] 龚继红，何存毅，曾凡益．农民绿色生产行为的实现机制——基于农民绿色生产意识与行为差异的视角[J]．华中农业大学学报（社会科学版），2019（1）：68－76，165－166．

[206] 张永华．基于乡村绿色发展理念的农业产业结构优化驱动力分析[J]．中国农业资源与区划，2019，40（4）：22－27．

[207] 黄志辉．工业化与城市环形扩张过程中的生态与游耕——珠三角与北京郊区的代耕菜农[J]．广东社会科学，2013（6）：200－

206.

［208］温忠麟，叶宝娟．中介效应分析：方法和模型发展［J］．心理科学进展，2014，22（5）：731-745.

［209］Mackinnon D P，Krull J L，Lockwood C M. Equivalence of the Mediation，Confounding and Suppression Effect［J］. Prevention Science，2000，1（4）：173-181.

［210］范长煜．遮掩效应与中介效应：户籍分割与地方城市政府信任的中间作用机制［J］．甘肃行政学院学报，2016（3）：98-110.

［211］Douglas G，Tian C，Pan W，Hui Z. Introduction to mediation analysis with structural equation modeling［J］. Shanghai Archives of Psychiatry，2013，25（6）：390-394.

［212］张伟，黄颖，何小伟，等．贫困地区农户因灾致贫与政策性农业保险精准扶贫［J］．农业经济问题，2020（12）：28-40.

［213］郑旭，张琴．金融支持农地流转：机理及制约因素分析——以新绛县、温江区、杨凌区和益阳市为例［J］．农村经济，2015（2）：57-61.

［214］罗必良，汪沙，李尚蒲．交易费用、农户认知与农地流转——来自广东省的农户问卷调查［J］．农业技术经济，2012（1）：11-21.

［215］张应良，欧阳鑫．农户借贷对土地规模经营的影响及其差异——基于土地转入视角的分析［J］．湖南农业大学学报（社会科学版），2020（5）：18-27.

［216］Wu Y，Xi X，Tang X，et al. Policy distortions，farm size，and the overuse of agricultural chemicals in China［J］. Proceedings of the National Academy of Sciences，2018（27）：7010-7015.

［217］亚当·斯密. 国富论［M］. 北京：华夏出版社，2004：16.

［218］解运亮，刘磊. 中国农村金融发展的区域差异及其成因分析［J］. 经济问题探索，2013（6）：79－85.

［219］Coluccia B，Valente D，Fusco G，et al. Assessing agricultural eco-efficiency in Italian Regions［J］. Ecological Indicators，2020（116）：106483.

［220］Angulo－Meza L，González－Araya M，Iriarte A，et al. A multiobjective DEA model to assess the eco-efficiency of agricultural practices within the CF＋DEA method［J］. Computers and Electronics in Agriculture，2019（161）：151－161.

［221］李波，张俊飚，李海鹏. 中国农业碳排放时空特征及影响因素分解［J］. 中国人口·资源与环境，2011（8）：80－86.

［222］朱丽君，杨前进，王光宇. 基于 LCA 的安徽省低碳农业发展评价与影响因素分析［J］. 河南农业科学，2016（9）：64－68.

［223］温忠麟，张雷，侯杰泰，等. 中介效应检验程序及其应用［J］. 心理学报，2004（5）：614－620.

［224］Hansen B E. Threshold effects in non-dynamic panels：estimation，testing and inference［J］. Journal of Econometrics，1999（93）：345－368.

［225］王宝义，张卫国. 中国农业生态效率的省际差异和影响因素——基于 1996～2015 年 31 个省份的面板数据分析［J］. 中国农村经济，2018（1）：46－62.

［226］钟晨，张晓朴. 农村金融机构效率提升有助于新型城镇化建设吗［J］. 财经科学，2017（7）：30－39.

［227］Dagum C. A new approach to the decomposition of the Gini income inequality ratio ［J］. Empirical Economics，1997，22（4）：515 – 531.

［228］刘华军，杜广杰. 中国经济发展的地区差距与随机收敛检验——基于 2000～2013 年 DMSP/OLS 夜间灯光数据［J］. 数量经济技术经济研究，2017，34（10）：43 – 59.

［229］杨骞，王珏，李超，等. 中国农业绿色全要素生产率的空间分异及其驱动因素［J］. 数量经济技术经济研究，2019，36（10）：21 – 37.

［230］漆雁斌，韩绍，邓鑫. 中国绿色农业发展：生产水平测度、空间差异及收敛性分析［J］. 农业技术经济，2020（4）：51 – 65.

［231］陈彦光. 基于 Moran 统计量的空间自相关理论发展和方法改进［J］. 地理研究，2009，28（6）：1449 – 1463.

［232］Lefever D W. Measuring geographic concentration by means of the standard deviational ellipse ［J］. American Journal of Sociology，1926，32（1）：88 – 94.

［233］石慧，孟令杰，王怀明. 中国农业生产率的地区差距及波动性研究——基于随机前沿生产函数的分析［J］. 经济科学，2008（3）：20 – 33.

［234］Sala-i – Martin X. The classical approach to convergence analysis ［J］. The Economic Journal，1996：1019 – 1036.

［235］Brunsdon C，Fotheringham A S，Charlton M. Geographically weighted regression：a method for exploring spatial non-stationarity ［J］. Geographical Analysis，1996，28（4）：281 – 298.

［236］Fotheringham A S，Charlton M，Brunsdon C. The geography of parameter space：an investigation of spatial non-stationarity ［J］. International Journal of Geographical Information Systems，1996，10（5）：605 – 627.

［237］Brunsdon C，Fotheringham A S，Charlton M. Geographically weighted regression：a natural evolution of the expansion method for spatial data analysis ［J］. Environment and Planning A，1998，30（6）：957 – 973.

［238］钱丽，肖仁桥，陈忠卫. 碳排放约束下中国省际农业生产效率及其影响因素研究 ［J］. 经济理论与经济管理，2013（9）：100 – 112.

［239］舒晓波，冯维祥，廖富强，等. 长江中游城市群农业生态效率时空演变及驱动因子研究 ［J］. 水土保持研究，2022，29（1）：394 – 403.

［240］林毅夫，蔡昉，李周. 中国奇迹：发展战略与经济改革 ［M］. 上海：上海三联书店和上海人民出版社，1994.

［241］彭青秀. 促进低碳农业发展的财政政策研究 ［J］. 财政研究，2015（7）：34 – 39.

［242］石泓，余志刚. 我国现代农业发展中公共财政支持效率评价 ［J］. 学术交流，2009（9）：82 – 84.

［243］方松海，王为农. 成本快速上升背景下的农业补贴政策研究 ［J］. 管理世界，2009（9）：91 – 108.

［244］Wu Y，Xi X，Tang X，et al. Policy distortions，farm size，and the overuse of agricultural chemicals in China ［J］. Proceedings of the National Academy of Sciences，2018（27）：7010 – 7015.

［245］亚当·斯密. 国富论［M］. 北京：华夏出版社，2004.

［246］焦长权，董磊明. 从"过密化"到"机械化"：中国农业机械化革命的历程、动力和影响（1980～2015 年）［J］. 管理世界，2018，34（10）：173－190.

［247］吴其玥，吴兆丹，瞿思雨，谈心阳，景晓栋. 基于 Super－SBM 模型的几内亚湾农业生态效率及其影响因素分析［J］. 世界农业，2022，（11）：47－59.

［248］缪建群，周雪晧，黄国勤. 基于 DEA 和障碍度模型的江西省农业生产有效性评价［J］. 生态科学，2022，41（3）：172－177.

［249］Esther S., Daniela G., Nicola M. Eco-efficiency assessment and food security potential of home gardening：A case study in padua, Italy［J］. Sustainability，2018，10（7）：2124－2135.

［250］揭懋汕，郭洁，陈罗烨，等. 碳约束下中国县域尺度农业全要素生产率比较研究［J］. 地理研究，2016，35（5）：898－908.

［251］李波，张俊飚，李海鹏. 中国农业碳排放时空特征及影响因素分解［J］. 中国人口·资源与环境，2011，21（8）：80－86.

［252］郭海红，刘新民. 中国农业绿色全要素生产率的时空分异及收敛性［J］. 数量经济技术经济研究，2021，38（10）：65－84.

［253］沈能，王艳. 中国农业增长与污染排放的 EKC 曲线检验：以农药投入为例［J］. 数理统计与管理，2016，35（4）：614－622.

［254］Ariel Rubinstein. Perfect equilibrium in a bargaining model［J］. Econometrica，1982，1（50）：97－110.

［255］Youhua Chen, Xiao-wei Wen, Bo Wang, Pu-yan Nie. Agricultural pollution and regulation：How to subsidize agriculture？［J］. Journal of Cleaner Production, 2017 (164): 258 – 264.

[256] Liguo Zhang, Xuerong Li, Jiangli Yu, Xiaoli Yao. Toward cleaner production: What drives farmers to adopt eco-friendly agricultural production? [J]. Journal of Cleaner Production, 2018 (184): 550 – 558.

[257] Sara F. Sarkar, Jacquelyne S. Poon, Etienne Lepage, Lori Bilecki, Benoit Girard. Enabling a sustainable and prosperous future through science and innovation in the bioeconomy at Agriculture and Agri – Food Canada [J]. New Biotechnology, 2018 (40): 70 – 75.